yukacinnamon
'80s Girly Culture Guide

ゆかしなもんの
'80s
ガーリー
カルチャーガイド

昭和的ガーリー文化研究所 ゆかしなもん

g
グラフィック社

My Birthday おまじないかわら版
2学期のためのとっておき
ゼッタイかなう㊙おまじない
成績がグーンとアップする
さかさオメガのおまじない
修学旅行でラブハプニングがある
ピンクの糸DEラブ
2学期こそ、きっと彼ができる
パルパラパンのじゅもん
文化祭でステキな人と出会える
縁結びハンカチ
体育祭で優勝てきちゃう！
赤いリボンのおまじない
ラッキーアミュレット
BM
おまじないかわら版
「My Birthday」10月号特別付録
おまじないグッズがせいぞろい
魔女っこ
人気グッズ
セレク
アイドルゆめのクッキング
熊井明子
楽しいクッキング
おもしろトランプゲーム
まんが こんにちはホッペちゃん
小学館
SEVENTEEN
INGENUE
Lemon Village

はじめに

　こんにちは、「昭和的ガーリー文化研究所」のゆかしなもんです！ 本書を手に取っていただいて、ありがとうございます。私は2010年から「昭和的ガーリー文化研究所」という名前の武露愚(ブログ)を始めて、自分が好きだった80年代のファンシーグッズや玩具、漫画や映画、アイドルといった「'80sガーリーカルチャー」を懐古＆発信してきました。「当時の女の子カルチャーのパワーとかわいらしさを、何としても後世のために記録に残しておかねば！」と思ったのがきっかけです。と言ってしまうとおこがましいのですが、実際は大人になるとなかなか語ることがなくなってしまう少女時代の思い出の世界に、どっぷり浸かれる場所を作りたかった、というのが本音でした。キラキラした80年代の思い出のかけらを集める――つまり、当時のファンシーグッズや雑誌、少女漫画ふろくを集めるといった活動の結果として、コレクションの展示を行なう「ゆかしなEXPO」を開催したり、3冊の単独著書『'80sガーリーデザインコレクション』『'80sガーリー雑誌広告コレクション』『'80s少女漫画ふろくコレクション』を出版しました(いずれもグラフィック社)。これらの著書3部作はおかげさまでとても好評で、「懐かしい」「何度も繰り返し読んでいる」「友達にプレゼントした」といったうれしいお声をたくさんいただきました。そして今回、既刊の3部作では紹介しきれなかった重要なカルチャーやコンテンツを伝えるという目的と、「'80sガーリーカルチャー」初心者へのガイド本として、あらためてもう少し広い、全体像としての80年代を捉えた本書を作ることにしました。

　「'80sガーリーカルチャー」と一言で言っても、その世界は本当に多岐に渡り、同時にとても奥深いものです。なるべく幅広いコンテンツを網羅しようと試みましたが、ゆかしなもんのセレクトによって構成した内容のため、載せられなかったカルチャーやコンテンツも多分にあります、ごめんなさい！ 80年代を駆け抜けた一人の女の子、ゆかしなもんの視点で集めた世界観ということで、本書をお楽しみいただけましたら幸いです。

　もう40年ぐらい時が経ってしまった「'80sガーリーカルチャー」の記録を追うこと、集めること、本に載せるという作業は、とても困難を極めました。と同時に、こうやって書籍として残しておくことの重要性をあらためて感じたりもしました。掲載にあたり、メーカー、作家さん、関係者のみなさまには多大なるご協力を賜り、厚く御礼申し上げます。親愛なる読者のみなさまには、本書から「'80sガーリーカルチャー」の熱きパワーと魂をぜひ感じ取っていただき、キラキラとした懐かしい思い出に浸ったり、新たな出会いとなればうれしく思います。最後に一言、「私たちの80年代は終わらない!!」

昭和的ガーリー文化研究所
ゆかしなもん

1章　少女漫画

2章　ガールズアニメ

3章　ガールズトイ

4章 ファンシーグッズ

5章 お菓子

6章 少女向け実用書

'80s Girly Culture Guide

CHAP.,1 少女漫画

80年代の少女漫画界隈はとにかくアツかった!
さまざまな雑誌が発刊されて、名作がたくさん生まれ、
さらにはメディアミックスにも発展した時代。
ふろく文化も忘れちゃいけません!
「なかよし」「りぼん」「ちゃお」の3大少女漫画誌を中心に、
思い出に残る少女漫画カルチャーに迫ります♡

あなたは何読んでた?

'80s人気少女漫画雑誌カタログ

少女漫画雑誌の全盛期だった80年代は、
数多くのタイトルが刊行されていた華やかなりし時代！
お小遣いを握りしめて本屋さんに買いに行ったり、クラスのみんなでワイワイ回し読みしたり…。
私たちの胸をアツくした、懐かしの80年代少女漫画雑誌の人気タイトルを振り返ります♪

3大少女漫画誌

積極的なメディアミックス戦略で人気を獲得

「ちゃお」（小学館）1985年12月号

「250万乙女」を熱狂させた最強の作家陣

「りぼん」（集英社）1981年4月号

華やかなヒロインたちを輩出した日本最古の漫画雑誌

「なかよし」（講談社）1986年5月号

日本を代表する小中学生女児向けの「3大少女漫画誌」として知られるのが「なかよし」（講談社）、「りぼん」（集英社）、「ちゃお」（小学館）である。現存する漫画雑誌としては最も歴史の古い1954年12月創刊の「なかよし」は、70年代後半から80年代にかけて、いがらしゆみこ、たかなし♡しずえ、あさぎり夕など人気作家を輩出。華麗な絵柄や、恋愛ものを中心としたロマンあふれるストーリー性で80年代には125万部を突破した。「なかよし」創刊の翌年（1955年8月）に登場したのが「りぼん」。70年代後半から80年代にかけて、陸奥A子などに代表される詩的な絵柄と作風が特徴の「おとめちっく」ブームが到来。80年代に入ってからも、一条ゆかり、池野恋、小椋冬美ほか個性豊かなスター作家が台頭し、恋愛、ファンタジー、スポーツ、ギャグなどオールジャンルを内包するバラエティに富んだ内容で80年代には部数200万部を突破。その後も255万部を記録する快進撃を見せる（1993年）。3誌のなかで最も後発となる「ちゃお」は1977年9月に「別冊少女コミック」の増刊として刊行。月刊誌となってからは、上原きみこ、三浦浩子、河野やす子ほかによる正統派の作品を展開。80年代には赤石路代、あらいきよこの作品のアニメ化や、「週刊少女コミック」（小学館）で活躍していたあだち充、川原由美子による新連載などで高い年齢層の読者も獲得し、部数は50万部に達した。

スター作家による
ドラマティックな名作を量産

1981年6月号

1983年23号 (5月27日号)

「週刊マーガレット」
(集英社)

「月刊　別冊マーガレット」(集英社)

1964年、「週刊マーガレット」の別冊として創刊されたのが月刊誌「別冊マーガレット」(集英社)。主な読者層は女子中高生だが、20代の読者も多数。80年代には槇村さとる(「ダンシング・ゼネレーション」)、くらもちふさこ(「いつもポケットにショパン」)、亜月裕(「伊賀野カバ丸」※連載開始は79年)、多田かおる(「愛してナイト」)、いくえみ綾(「POPS」)、紡木たく(「ホットロード」)、聖千秋(「イキにやろうぜイキによ」)に代表されるようにスター作家、メガヒット作品を連発し、テレビアニメや映像化も多数。華やかでドラマティックな作品群に多くの読者が魅了された。

バラエティ豊かな作風で
少女漫画ブームを牽引

「週刊マーガレット」(集英社)は、1963年創刊。主に女子中高生がターゲットで、70年代の名作「ベルサイユのばら」(池田理代子)、「エースをねらえ!」(山本鈴美香)などで人気を確立し、80年代は岩館真理子(「おいしい関係」)、山下和美(「ハイスクール☆コネクション」)、富塚真弓(「赤い屋根のポプラ荘」)、星野めみ(「笑って! 殿下」)、有吉京子(「SWAN」)ほかによる恋愛、スポ根からギャグ、ラブコメまでバラエティに富んだ内容で少女漫画ブームを牽引。88年に月2回刊行へリニューアルし、雑誌名が「Margaret」に変更される(90年に元の「マーガレット」に戻る)。

「週刊少女フレンド」(講談社)

「生徒諸君!」を生んだ
少女向け週刊誌のパイオニア

1983年3号 (1月20日号)

学園モノから海外モノまで
乙女心ときめくラインナップ

「別冊少女フレンド」(講談社)

1984年8月号

「週刊少女フレンド」(講談社)は日本初の少女向け週刊誌として1962年に創刊。70年代には「はいからさんが通る」(大和和紀)、「アリエスの乙女たち」(里中満智子)などのヒット作が登場。77年連載開始の「生徒諸君!」(庄司陽子)は映像化され、少女漫画史を代表する学園モノ作品となった。ほかに吉田まゆみ、板本こうこ、西尚美などが人気を博すが、96年に惜しまれながら休刊。「別冊フレンド」(講談社)は「週刊少女フレンド」の姉妹誌として1965年に創刊された月刊誌(当初の雑誌名は「別冊少女フレンド」)。まさき輝(「おはよう空!」)、美村あきの(「すくうるでいず」)、小野弥夢(「Lady Love」)、松本美緒(「彼女の彼」)、伊藤ゆう(「39℃ショック」)など、等身大の学園モノから海外が舞台の物語まで現代的な魅力にあふれた意欲作が多く連載された。

「週刊少女コミック」（小学館）

豪華絢爛の連載作品で少女漫画ファンを魅了

1983年7号（3月20日号）

「別冊少女コミック」（小学館）

1983年3月号

唯一無二の作品力が「別コミ」の真骨頂

「週刊少女コミック」（小学館）は1968年に月刊誌として創刊。その後隔週刊化を経て70年に週刊となり、78年に再度隔週刊化。70年代には竹宮惠子、萩尾望都、高橋亮子、市川みさこらが執筆。80年代は「陽あたり良好！」（あだち充）、「青春白書」（上原きみこ）、「ジョージィ！」（井沢満＋いがらしゆみこ）、「ライジング！」（氷室冴子＋藤田和子）「闇のパープル・アイ」（篠原千絵）など作家性の高い強力な連載陣が魅力だった。「別冊少女コミック」（小学館）は1970年に「少女コミック（週刊少女コミック）」の増刊として発行。80年代には「ファミリー！」（渡辺多恵子）、「吉祥天女」、「BANANA FISH」（吉田秋生）、「前略・ミルクハウス」（川原由美子）、「ぺぱーみんと・エイジ」（前田恵津子）などヒット作を発表し続け、「週刊〜」とは違った独自のラインナップで人気を博した。

「ジュリエット」（講談社）

「フレンド」系王道の恋愛ものが満載

1987年9月号

「デラックスマーガレット」（集英社）

読み切り作品の楽しみ方を広めた「デラマ」

読み切り系

1982年5月号

80年代は、連載ものがメインの少女漫画雑誌とは別に、単発の「読み切り作品」がメインの派生誌が多く登場した。「デラマ」の愛称で知られる「デラックスマーガレット」（67年創刊、集英社）や「別冊フレンド」から派生した「ジュリエット」（84年創刊、講談社）などがとくに有名。人気作家による新作や、新人作家の作品が多く掲載され、毎号フレッシュな作品が手軽に読めることで漫画ファンの人気を集めた。

「LaLa」(白泉社)

マニアックな世界観と美しさで新風を巻き起こした

1981年9月号

「花とゆめ」(白泉社)

熱狂的な「花ゆめ」ファンを生んだ個性派

1981年14号(7月5日号)

「LaLa」(白泉社)は1976年に月刊誌として創刊(当初は隔月刊)。「花とゆめ」の姉妹誌として、さらに漫画を愛する読者を満足させるという目的で誕生した。70年代は木原敏江(「摩利と新吾」)、大島弓子(「綿の国星」)ほかが活躍。80年代には山岸凉子(「日出処の天子」)、成田美名子(「CIPHER」)、吉田秋生(「櫻の園」)、なかじ有紀(「小山荘のきらわれ者」)らによる話題作を掲載。美麗な絵柄とマニアックな世界観で、「花とゆめ」同様に少女漫画界に新風を巻き起こした。

1974年に月刊誌として創刊した「花とゆめ」(白泉社)。70年代より「ガラスの仮面」(美内すずえ)、「パタリロ!」(魔夜峰央)などの名作を連載。80年代には「ぼくの地球を守って」(日渡早紀)、「ここはグリーン・ウッド」(那州雪絵)、「笑う大天使(ミカエル)」(川原泉)、「動物のお医者さん」(佐々木倫子)、「なんて素敵にジャパネスク」(山内直美、原作:氷室冴子)などのヒット作が生まれる。個性的な作家陣による深く知的なストーリー性とキャラクター設定で、熱狂的な「花ゆめ」ファンを生んだ。

長寿連載の大作多数の名門雑誌

「ボニータ」(秋田書店)

1988年10月号

「月刊プリンセス」の増刊として1981年に創刊した「ボニータ」(秋田書店)。あしべゆうほ(「クリスタル☆ドラゴン」)、市東亮子(「やじきた学園道中記」)など長きにわたって連載されたヒット作を中心に人気作家を輩出。歴史からラブコメまで幅広いジャンルを掲載していた。96年に休刊。

王道のファンタジーや歴史ロマンで地位を確立

「プリンセス」(秋田書店)

1982年5月号

「プリンセス」(秋田書店)は1974年創刊。70年代は同誌の看板作品である「王家の紋章」(細川智栄子あんど芙～みん)が人気に。80年代は青池保子(「アルカサル-王城-」)、中山星香(「妖精国の騎士」)らが人気となり、王道のファンタジーや歴史ロマン路線でコアなファンを獲得した。

愛らしい正統派の少女漫画を展開

「ひとみ」(秋田書店)

1981年12月号

1978年に創刊した「ひとみ」(秋田書店)は、小中学生女児向けの内容でふろくも付いていた。80年代は英洋子(「レディ!!」)、しらいしあい(「わたしのあきらクン」)、岡本ゆり(「スケ番天使さやかがゆく!」)など、華やかで愛らしい作品が連載され、発行部数は50万部に達した。91年8月号を以て休刊。

「ぶ～け」（集英社）

大人っぽいセンスと気品が光る

1981年6月号

集英社「マーガレット」系列の「プチ・マーガレット」や「りぼん」系列の「りぼんDX」から派生し、78年に創刊された月刊誌「ぶ～け」。創刊から95年まではA5判の小さな判型だった。内田善美（「草迷宮」）、松苗あけみ（「純情クレイジーフルーツ」）、吉野朔実（「少年は荒野をめざす」）、倉持知子（「青になれ!」）、水樹和佳（現 水樹和佳子）（「イティハーサ」）など、「ぶ～け」ならではともいえる大人っぽいセンスと気品あふれる作風でコアなファンを獲得。2000年に休刊となる。

「ASUKA」（角川書店）

少女漫画界のニューウェーブ！

85年に創刊された月刊誌「ASUKA」（角川書店）。「少女漫画新世紀」のキャッチコピーのとおり、定番の恋愛モノ、学園モノなどとは違った、ユニークなコンセプトで少女漫画界に革命を起こした。創刊時から95年まで連載された「花のあすか組！」（高口里純）は映像化もされ人気を博し、同誌の看板作品となる。

1985年9月号

「月刊ハロウィン」（朝日ソノラマ 現 朝日新聞出版）

ホラー系少女漫画雑誌の代表格

1988年1月号

「サスペリア」（秋田書店）

学園ものホラーで存在感を発揮

1988年10月号

ホラー系

80年代のオカルトブームを背景に、一般の少女漫画雑誌で「ホラー枠」として掲載されていた怪奇・恐怖系漫画作品が独立し、専門の少女漫画雑誌としてリリースされるようになった。86年創刊の「ハロウィン」（朝日ソノラマ）や87年創刊の「サスペリア」（秋田書店）など多くの雑誌が刊行され、つのだじろう、楳図かずお、日野日出志などの大御所作家をはじめ、まつざきあけみ、御茶漬海苔、犬木加奈子、伊藤潤二、山本まゆりなどが活躍。オカルト・ホラー系少女漫画の人気が一気に拡大するきっかけとなった。

「ぴょんぴょん」（小学館）

女の子版「コロコロコミック」のインパクト

中高生向け少女漫画雑誌の読者を育てるべく、小学生女児をターゲットにした月刊の漫画誌が登場。「なかよし」（講談社）の姉妹誌として「キャロル」（83年創刊、講談社）が、「ちゃお」（小学館）の姉妹誌として「ぴょんぴょん」（88年創刊、小学館）がリリースされる。「ぴょんぴょん」は少年向け王道漫画雑誌「コロコロコミック」（小学館）の女の子版を目指して創刊された。いずれの雑誌も意外なほど短命に終わったが、「小学生向け少女漫画雑誌」としてひとつの明確なジャンルを確立した。

小学生女子向け

1988年1号

あの名作もこの名作も、
みんなこの時代に誕生した!

'80s少女漫画年表

少女漫画雑誌の発行部数が飛躍的に伸び、
数多くの名作が生まれた80年代。
ここでは、主な少女漫画の代表作や作家をピックアップ!
当時の出来事やメディア化事例、
少年漫画誌のトピックスも踏まえた、
10年間の少女漫画年代記です。

1980年以前のこと

[出来事]

♥1970年代末、田渕由美子、陸奥A子、太刀掛秀子らの人気作家を擁する「りぼん」(集英社)から「おとめちっく」ブームが起こる。

♥「キャンディ♥キャンディ」(いがらしゆみこ　原作・水木杏子)や「おはよう!スパンク」(たかなし♡しずえ　原作・雪室俊一)の人気によって「なかよし」(講談社)の発行部数が180万部を突破。

1980年

[出来事]

♥レディースコミックの元祖といわれる「Be in LOVE」(講談社)が前年に創刊し、その後、同ジャンルの雑誌が徐々に現れ始める

主な連載開始作品

「陽あたり良好!」あだち充(週刊少女コミック/小学館)
「いつもポケットにショパン」くらもちふさこ(別冊マーガレット/集英社)
「エイリアン通り」成田美名子(LaLa/白泉社)
「日出処の天子」山岸凉子(LaLa/白泉社)

デビュー

赤石路代
石井まゆみ
本田恵子
吉野朔実

「日出処の天子」
山岸凉子(白泉社)

巨匠・山岸凉子による、
歴史ファンタジー
ロマンの名作

無敵の「有閑倶楽部」が
巻き起こす、
痛快アクションコメディ!

「有閑倶楽部」
一条ゆかり(集英社)

1981年

[出来事]

♥「なかよし」(講談社)の人気作品「おはよう!スパンク」(原作・雪室俊一、たかなし♡しずえ)がテレビアニメ化

♥「少年サンデー」(小学館)で「タッチ」(あだち充)連載開始。高橋留美子「うる星やつら」(少年サンデー/1978年~)、「めぞん一刻」(ビックコミックスピリッツ/1980年~)などとともに「少年漫画誌におけるラブコメ」の先駆けとなり、同誌の女性読者が急増。

♥「ペーパームーン」(新書館)の別冊として「グレープフルーツ」創刊。創刊号には青池保子、竹宮惠子、山岸凉子、萩尾望都ら豪華執筆陣が並んだ。

主な連載開始作品

「笑って!殿下」星野めみ(週刊マーガレット/集英社)
「すくらんぶるゲーム」川原由美子(少女コミック/小学館)
「愛してナイト」多田かおる(別冊マーガレット/集英社)
「ダンシング・ゼネレーション」槇村さとる(別冊マーガレット/集英社)
「ファミリー!」渡辺多恵子(別冊少女コミック/小学館)
「リップスティック・グラフィティ」小椋冬美(りぼん/集英社)
「有閑倶楽部」一条ゆかり(りぼんオリジナル/集英社)

デビュー

篠原千絵
麻生いずみ
玖保キリコ
市東亮子
竹本泉

1982年

【出来事】

♥高野文子の初単行本「絶対安全剃刀」(白泉社)刊行。少女漫画や少年漫画の枠にとらわれないニューウエーブとして注目される。

♥「ハイティーン・ブギ」(牧野和子・後藤ゆきお/小学館)実写映画化

♥「ときめきトゥナイト」(池野恋/集英社)がアニメ化

主な連載開始作品

「こっちむいてラブ!」あさぎり夕(なかよし/講談社)

「夢みる頃をすぎても」吉田秋生(プチフラワー/小学館)

「ときめきトゥナイト」池野恋(りぼん/集英社)

「純情クレイジーフルーツ」松苗あけみ(ぶ~け/集英社)

「シニカル・ヒステリー・アワー」玖保キリコ(LaLa/白泉社)

デビュー

秋里和国
惣領冬実
楠桂
鈴木由美子
紡木たく
日渡早紀
佐々木倫子
清水玲子

累計発行部数3000万部を超える、大ヒット大河ロマン!

「ときめきトゥナイト」池野恋(集英社)

1983年

【出来事】

♥「キャロル」(講談社)創刊

♥「愛してナイト」(多田かおる/集英社)、「伊賀野カバ丸」(亜月裕/集英社)アニメ化

主な連載開始作品

「前略・ミルクハウス」川原由美子(別冊少女コミック/小学館)

「吉祥天女」吉田秋生(別冊少女コミック/小学館)

「アルペンローゼ」赤石路代(ちゃお/小学館)

「銀曜日のおとぎばなし」萩岩睦美(りぼん/集英社)

「月の夜 星の朝」本田恵子(りぼん/集英社)

デビュー

川原泉
田村由美

小人族のおひめさま・ポーと親友の鳥・リルフィーが人間の世界へ!

「銀曜日のおとぎばなし」萩岩睦美(集英社)

「お父さんは心配症」岡田あーみん(集英社)

今なお熱狂的ファン多数の、ギャグ系少女漫画の金字塔

1984年

【出来事】

♥「ジュリエット」(講談社)創刊

♥「キャロル」(講談社)休刊

♥「ヤヌスの鏡」宮脇明子(週刊セブンティーン/集英社)がテレビドラマ化され話題に。主演は杉浦幸。

♥「週刊少年ジャンプ」(集英社)で「ドラゴンボール」(鳥山明)連載開始。「北斗の拳」(原哲夫、武論尊)、「キン肉マン」(ゆでたまご)、「キャプテン翼」(高橋陽一)、「きまぐれオレンジ☆ロード」(まつもと泉)、「こちら葛飾区亀有公園前派出所」(秋本治)など豪華ラインナップで〝ジャンプ黄金期〟を迎える。

主な連載開始作品

「菩提樹」大和和紀(少女フレンド/講談社)

「アイドルを探せ」吉田まゆみ(mimi/講談社)

「闇のパープルアイ」篠原千絵(週刊少女コミック/小学館)

「ピンクなきみにブルーなぼく」惣領冬実(ちゃお/小学館)

「お父さんは心配症」岡田あーみん(りぼん/集英社)

「いるかちゃんヨロシク」浦川まさる(りぼん/集英社)

デビュー

さくらももこ

「ちゃお」で人気を誇った、惣領冬実が手がける学園ギャグ

「ピンクなきみにブルーなぼく」惣領冬実(小学館)

1985年

【出来事】

「ASUKA」（角川書店）創刊

岡崎京子、桜沢エリカ、内田春菊らがリアルな恋愛と性を描く〝大人女子漫画家〟として注目を集める。

主な連載開始作品

「花のあすか組！」高口里純（ASUKA／角川書店）
「ボーイフレンド」惣領冬実（週刊少女コミック／小学館）
「BANANA FISH」吉田秋生（別冊少女コミック／小学館）
「光の伝説」麻生いずみ（週刊マーガレット／集英社）
「ポニーテール白書」水沢めぐみ（りぼん／集英社）
「星の瞳のシルエット」柊あおい（りぼん／集英社）
「小山荘のきらわれ者」なかじ有紀（LaLa／白泉社）

デビュー

折原みと
河内実加
那州雪絵

アニメ化も果たした、ヒロイン・上条光の新体操と恋の成長物語

「光の伝説」
麻生いずみ（集英社）

1987年に小学館漫画賞を受賞した、バスケ&ピュアラブストーリー

「ボーイフレンド」
惣領冬実（小学館）

1986年

【出来事】

「りぼん」（集英社）が発行部数200万部突破。その後も部数を伸ばし、90年代にピークとなる255万部を記録する。

「週刊少年ジャンプ」（集英社）で連載開始した「聖闘士星矢」（車田正美）が女性にも大人気に。

「サスペリア」（秋田書店）創刊

主な連載開始作品

「レディ!!」英洋子（ひとみ／秋田書店）
「なな色マジック」あさぎり夕（なかよし／講談社）
「あさきゆめみし」大和和紀（mimi Excellent／講談社）
「♂と♀の方程式」すぎ恵美子（週刊少女コミック／小学館）
「スローステップ」あだち充（ちゃお／小学館）
「ONE ―愛になりたい―」宮川匡代（別冊マーガレット／集英社）
「ホットロード」紡木たく（別冊マーガレット／集英社）
「ちびまる子ちゃん」さくらももこ（りぼん／集英社）
「ねこ・ねこ・幻想曲」高田エミ（りぼん／集英社）
「ここはグリーン・ウッド」那州雪絵（花とゆめ／白泉社）
「いまどきのこども」玖保キリコ（ビッグコミックスピリッツ／小学館）

デビュー

高河ゆん
猫部ねこ
こなみ詔子

80年代後期の「なかよし」を代表する、あさぎり夕の大ヒットラブ&青春物語♪

「なな色マジック」
あさぎり夕（講談社）

小学三年生のまる子を巡る日常の物語は、アニメにもなって国民的な人気作に

「ちびまる子ちゃん」
さくらももこ（集英社）
©S.P

1987年

【出来事】

「おまじないコミック」（実業之日本社）月刊化

主な連載開始作品

「海の闇、月の影」篠原千絵（週刊少女コミック／小学館）
「瞬きもせず」紡木たく（別冊マーガレット／集英社）
「ぼくの地球を守って」日渡早紀（花とゆめ／白泉社）
「笑う大天使（ミカエル）」川原泉（花とゆめ／白泉社）
「指輪物語」高杉菜穂子（なかよし／講談社）
「いちごみるく3」竹田真理子（なかよし／講談社）
「空色のメロディ」水沢めぐみ（りぼん／集英社）
「風になれ！」矢沢あい（りぼん／集英社）
「白鳥麗子でございます！」鈴木由美子（mimi／講談社）
「動物のお医者さん」佐々木倫子（花とゆめ／白泉社）
「るり色プリンセス」折原みと（おまじないコミック／実業之日本社）

「空色のメロディ」水沢めぐみ（集英社）

両親を亡くした少女・メロディは、実はとある王国の王女だった――。水沢めぐみの人気ラブストーリー♡

1988年

【出来事】

「ぴょんぴょん」（小学館）創刊

主な連載開始作品

「おもちゃ箱革命」八木ちあき（なかよし／講談社）
「レピッシュ！」ひうらさとる（なかよし／講談社）
「POPS」いくえみ綾（別冊マーガレット／集英社）
「ハンサムな彼女」吉住渉（りぼん／集英社）
「月の子」清水玲子（LaLa／白泉社）
「みかん・絵日記」安孫子三和（LaLa／白泉社）
「源氏」高河ゆん（月刊ウィングス／新書館）
「Papa told me」榛野なな恵（YOUNG YOU／集英社）

デビュー

尾崎南

椿チャコを中心とする金持ち小学生たちが、謎の人物「レピッシュ」を追う痛快コメディ！

「レピッシュ！」ひうらさとる（講談社）

「みかん・絵日記」安孫子三和（白泉社）

人間の言葉を話す不思議なオレンジ色の猫、「みかん」の物語

1989年

【出来事】

女性漫画家集団・CLAMPが「聖伝-RG VEDA-」でデビュー。同人誌で活動したのち商業誌へと移る先駆けとなる。

主な連載開始作品

「ミンミン！」あさぎり夕（なかよし／講談社）
「きんぎょ注意報！」猫部ねこ（なかよし／講談社）
「こいつら100％伝説」岡田あーみん（りぼん／集英社）
「マリンブルーの風に抱かれて」矢沢あい（りぼん／集英社）
「ナチュラル」麻生いずみ（マーガレット／集英社）
「絶愛―1989―」尾崎南（マーガレット／集英社）
「花咲ける青少年」樹なつみ（LaLa／白泉社）

「マリンブルーの風に抱かれて」矢沢あい（集英社）

矢沢あいによる、明るく健気な少女・遙とサーフィン少年・亨の一途なラブストーリー。

70〜80年代はこの作品とともにあった!

ゆかしなイチ押し名作ベスト4

70〜80年代の少女漫画史に燦然と輝くヒット作のなかから、ゆかしな的4作品をピックアップ！
今こそ読み返したい作品の魅力を、貴重な作家インタビューや当時のグッズも交えて紐解きます♪

250万乙女がときめいた、ファンタジックラブストーリー♡
「ときめきトゥナイト」（集英社）
池野恋

蘭世と真壁くんの「運命の恋」にハラハラドキドキ！

「ときめきトゥナイト」（池野恋）は1982〜1994年まで「りぼん」（集英社）に連載された、全3部作からなる大河ラブロマン。第1部は吸血鬼と狼女の間に生まれた魔界の女の子・江藤蘭世が、人間界で暮らす硬派な同級生・真壁俊に片思いするところから始まります。2人の「運命の恋」を邪魔するライバルの神谷曜子や魔界の王子アロン、筒井圭吾らが登場し、初期はドタバタ恋愛コメディの要素が強かったものの、次第に魔界を取り巻く壮大な謎と、敵との戦いの物語へと転換していきます。黒髪ロングの髪型や料理・裁縫が得意な女の子らしいところ、さらに心優しく、一途で芯の強い蘭世はまさに80年代少女漫画を代表する最強のヒロイン！真壁くんが「初恋の人」という読者も多数出現しました。「りぼん」の「ときめき〜」関連のふろくや全員プレゼントはどれも人気が高く、1982年にはTVアニメも放映され、関連玩具や文具などのグッズも発売に。蘭世編終了後は第2部（ヒロイン：市橋なるみ）、第3部（ヒロイン：真壁愛良）の3部作で完結しましたが、その後も数々のスピンオフ作品がリリースされている不朽の名作です。

上／「りぼん」（集英社）1983年9月号
右／「りぼん」（集英社）1982年11月号

アニメ

1982年10月〜1983年9月まで日本テレビ系列にて放送された。CVの原えりこ演じるおきゃんな蘭世ちゃんが忘れ難い！OP、EDの映像、音楽もセンス抜群だった。

「ときめきトゥナイト」（製作：東宝）
©池野恋／集英社・東宝

ヒロイン・蘭世が人形になった、その名も「ときめきランゼドール」♡　長い黒髪がチャームポイント！

「ときめきランゼ」（タカラ※当時）
1982年

『ときめきトゥナイト』池野恋（集英社）文庫版4巻より

まだ蘭世と真壁くんが結ばれる前の、ドッキドキのラブシーン（未遂）！
真壁くんの慌てぶりと「きゃーっ」と赤面する蘭世がとにかくかわゆい♪

ふろく

恋ちゃま（池野恋先生）が忙しい連載の合間にイラストを描きおろしていたというふろくはまさにお宝。コミカルでポップなデフォルメのイラストが楽しい！

「りぼん」（集英社）1982年10月号
ふろく「池野恋のRANZEバッグ」

「りぼん」（集英社）1983年9月号ふろく
「ランゼミュージカル・ラック」

「りぼん」（集英社）1984年9月号ふろく
「池野恋のランゼデイリーライフ・ノート」

池野先生に聞きました

Q 12年間の連載期間中、一番嬉しかった、大変だったことはなんですか？

A やはりアニメ化ですね。自分の作ったキャラが動き回りしゃべりまくるなんて夢のようでした。

大変だったことは、連載のほかにふろく、表紙、特製品などの大量の仕事が集中し、時間がなくなったことです。

Q 「人間界と魔界」という斬新な設定はどこから生まれたのでしょうか？

A もともとファンタジーやちょっと変わった設定のお話が大好きで、主人公を「人間界に住む吸血鬼と狼女のハーフ」という設定にしたら、おのずと人間界と魔界がテーマになりました。

Q 「ときめきトゥナイト」3部作で好きなキャラを教えてください。

A 蘭世と俊は自分の理想を注ぎ込んだ別格の存在として置いとくとして、それ以外だと曜子と死神ジョルジュですね。曜子には言いたいことを言わせられて楽しいし、ジョルジュは描いていると癒されるからです。

逆に普通のお話が描けません（笑）。

Q 池野先生にとって80年代とは？

A 80年代はほぼ「ときめきトゥナイト」で埋め尽くされ仕事量も多かったけど若くエネルギッシュで輝いていた時代でした。プライベートでも結婚・出産と大きなイベントごとがあり、いろいろな意味で人生が大きく動いた時期でした。

あのときめきを、もう一度！

「ときめきトゥナイト展」開催!!

2022年で連載40年を迎えた「ときめきトゥナイト」の原画展が開催決定！ 蘭世、なるみ、愛良の歴代ヒロインが活躍する三部作の直筆原画と共にふろくカットや本展のための描きおろしイラストも展示予定。

★新宿髙島屋（東京）／2023年7月19日（水）〜8月7日（月）
★京都髙島屋（京都）／2023年10月11日（水）〜10月30日（月）
以降、各地を巡回予定

主催：ときめきトゥナイト展実行委員会
https://tokimekitonight-ex.com

まるで人間みたいなおかしな犬！

「おはよう！ スパンク」(講談社)

たかなし♡しずえ(原作：雪室俊一)

物語のクライマックスで、2人の愛ちゃんの間で
心が揺れ動く「スパンク」！

『おはよう！スパンク』原作：雪室俊一、たかなし♡しずえ(講談社)7巻より

漫画もアニメも大ヒットした、
「なかよし」の代表作

「おはよう！ スパンク」(作画・たかなし♡しずえ先生、原作・雪室俊一先生)は「なかよし」(講談社)で1978〜1982年にかけて連載されていました。舞台はとある海辺の町。愛犬パピーを交通事故で亡くした愛子の前に現れたのが、おデブでドジで、どこかおかしな犬「スパンク」でした。「スパンク」と愛子はお互いに助け合い、大親友になっていきます。すぐ感動したりイジけたり、はたまた二足歩行したり変装したりと、「スパンク」はまるで人間みたい！ 猫の親友「ピッパー」ともナイスコンビでした。第1部のヒロイン・森村愛子や第2部のヒロイン・深町愛のそれぞれの淡い恋物語も見どころ。2人の愛ちゃんにいつも寄り添う優しい「スパンク」は大人気となり、「なかよし」を代表するヒット作となりました。毎号のように「スパンク」のふろくが付いたり、81年にはTVアニメ化、翌82年には映画化され、「スパンク」関連のおもちゃや雑貨も大ヒット。ぬいぐるみだけでも、大中小さまざま、いろいろな衣装のバージョンが存在していました。2022年にはプレ連載45周年を記念し、「なかよし」本誌で「おはよう！スパンク　てくてく」の連載が開始されたことも大きな話題に！

上／「なかよし」(講談社)
1980年10月号
下／「なかよし」(講談社)
1979年12月号

愛ちゃんと「スパンク」の名コンビは「なかよし」の表紙でも活躍！ たかなし先生の優しく愛らしいイラストに癒やされました〜♪

上／「なかよし」（講談社）1982年1月号ふろく「スパンクのファンシーラック」、右／「なかよし」（講談社）1979年8月号ふろく「チャーミングサマーバッグ」、下／「なかよし」（講談社）1981年8月号「WAO WAOレジャートランク」

ふろく

「スパンク」のふろくは「なかよし」の目玉になっていた。描きおろしの絵のついた組み立てふろくやビニール製のバッグなどの豪華なふろくは、読者にとって宝物！

アニメ

1981年3月〜1982年5月まで、朝日放送・テレビ朝日系列にてアニメ版が放送された。ヒロインは原作版第1部の森村愛子。「スパンク」の声を演じた故・つかせのりこさんのコミカルな演技力やアドリブが素晴らしく、「〇〇だワン!」の言い回しが印象的だった。後にイタリアでも放送され、一大ブームに！

「おはよう! スパンク」（制作：東京ムービー、現 トムス・エンタテインメント）
©たかなししずえ・雪室俊一／講談社・TMS

グッズ

「スパンク」ブームで、さまざまな玩具や雑貨が発売に。デザインや色使いがどれもラブリー♡②はJALとのコラボアイテム。

①

②

③

④

⑤

⑥
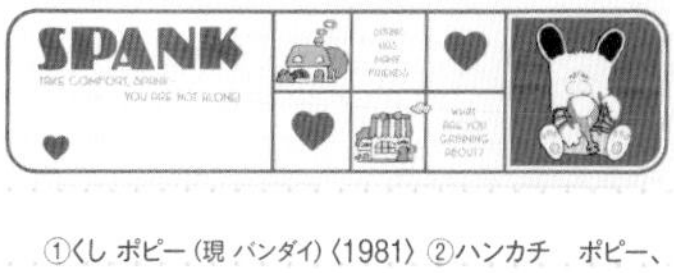

①くし ポピー（現 バンダイ）〈1981〉 ②ハンカチ ポピー、セレンテ（現 バンダイ）〈1981〉 ③陶器小物入れ セレンテ（現 バンダイ）〈1981〉 ④湯のみ セレンテ（現 バンダイ）〈1981〉 ⑤マスコットキーホルダー ポピー（現 バンダイ）〈年代不明〉 ⑥缶ペン ポピー（現 バンダイ）〈1979〉

たかなし先生一番のお気に入り！ご自宅に飾ってあるスパンクのおっきなぬいぐるみ。

たかなし先生に聞きました

Q スパンクは二足歩行したりとにかくユニークでしたが、アイデアはどこから生まれたのでしょうか。

A どうしてだったのか……気付いたらスパンクは当たり前のように二足で歩行し、服を着てちょっと喋ったりしていました。スパンクみたいなペット（というか家族ですね）がいたらいいなあっていう願望でしょうか。

Q 漫画版のクライマックスで描かれた、2人の愛ちゃんの間で揺れ動くスパンクへの反響は？

A 当時の読者の方からの反響は覚えていないのですが、描いていた当時も、そして読み直すたびにスパンクの気持ちを考えて胸が痛みます。誰も悪い人はいないのにつらい思いをすることってあるんですね。

Q スパンクの玩具やグッズで特にお気に入りはありますか？

A ほんとうにたくさんあるのですが、お気に入りというか……、一番最初のスパンクの等身大(?)ぬいぐるみはインパクトがありすぎて、今もお部屋にデーンとおります。（上写真）

Q たかなし先生にとって80年代とは？

A まずは、スパンクがアニメ化されたこと！1話目の放送はテレビの前に正座してドキドキしていました。そしてプライベートでは結婚、出産と……。忘れられない出来事がたくさんあった80年代でした。

巨大なウサギ・パンクの痛快ギャグ!!

「パンク・ポンク」（小学館）

たちいりハルコ

たちいりハルコ先生による「パンク・ポンク」（小学館）は1976年から94年にかけて学習雑誌等で長期連載されていたギャグ漫画。5月5日生まれの通称「パンク」はブタに間違われるほどのオスの巨大ウサギ！ 飼い主のボニーちゃんと食いしん坊の「パンク」が繰り広げる抱腹絶倒のギャグストーリーはとにかくパワフルでおもしろく、「ムチャ〜」のセリフもおなじみに♪ キュートな「パンク」は学年誌のふろくとしても人気者でした。

『パンク・ポンク』たちいりハルコ（小学館）1巻、2巻、3巻、4巻、5巻、中面5巻より

コミックスは全12巻が刊行されている。掲載当時の時事ネタや流行ネタ、お約束（?）の食べ物・食欲ネタがぎっしり詰まったギャグの玉手箱！

学習雑誌の人気者だけに、ふろくもいっぱい♪ 組み立てふろくにシール、レターセットやお財布まで多彩なふろくが作られていた。

①

②

③

④

⑤

ふろく

①「小学四年生」（小学館）1983年2月号ふろく「ミニバッグ」 ②「小学四年生」（小学館）1981年2月号ふろく「ミニバッグ」 ③「小学四年生」（小学館）1984年7月号ふろく「ボニーちゃんの着せかえハウス」 ④「小学五年生」（小学館）1985年1月号ふろく「'85ラブラブうらないブック」 ⑤「小学三年生」（小学館）1981年1月号ふろく「パンクさいふ」

ぬいぐるみ

なんと、パンクとガールフレンドのブタ・アイちゃんのぬいぐるみが発売されていた！ こちらはたちいり先生ご本人からお借りした貴重なもの。パンクは当初、好物のにんじんを持っていたそう。かわゆい〜♡

右／パンク・ポンク　パンクポンク、
左／パンク・ポンク　アイちゃん ともにバンダイ〈1982〉

たちいり先生に聞きました

Q 先生が漫画家を目指したきっかけは？

A 子どもの頃から漫画が大好きでしたが、自分は漫画家にはなれないと思っていました。ストーリーテラーの才能は無いので絶対に無理だと思い、夢見たことも無かったです（その頃の夢は童話作家か古墳を掘る人）。大学卒業後、漫研の縁でアルバイト的に学習漫画や参考書のカット・イラスト等の仕事をもらっていたので、なんとなく漫画業界の周辺に居ましたが、それがだんだん辛く苦痛になりました。結婚を機に夫からも励まされ、一度だけきちんと漫画に向き合い頑張ってみようと、知り合いの編集者さんがいた「週刊少女コミック」（小学館）に初めてギャグ漫画を描いて持ち込みしました。ストーリーは描けないけれど短いコントギャグなら描けそうと思ったからです（中学生の頃に4コマ漫画をノート1冊分描いたことがありました）。それがデビュー作になった「ピコラ♥ピコラ」です。

連載開始の半年後くらいに、学年誌の編集さんからお声をかけていただき「パンク・ポンク」の連載が決まりました。ギャグ漫画を描き始めてから、ああ私はギャグに向いていたのだと気がつきました。キャラが生き生きと動き出した時は大きな喜びを感じました。

Q 「パンク・ポンク」のキャラクターやストーリー設定はどのように生まれたのでしょうか。

A とにかく大きくてムクムクした動物と暮らすのが憧れだったので、パンクも大きなウサギという設定にしました。またピコラ同様にあまり身近な生活感は出したくなかったので、国籍不明の名前のキャラにしました。最初は「男の子とメスのウサギ」（世話好きのお母さんみたいなウサギ）で考えたのですが、担当さんからの「主人公は女の子で」という注文で、パンクが男の子になりました。見切り発車みたいな連載開始だったので、ストーリーは描きながら考えた感じです。最初はほのぼのしてましたが、どんどん過激になってテイストが変わってしまいました。パンクもボニーちゃんも勝手に走り出して、アグレッシブなキャラになっていきました。

Q お話のネタは、毎回どのようなところから編み出していたのでしょうか。

A ギャグは一話完結なので、毎回真っ白でゼロの状態から四苦八苦して絞り出していました。何か引っ掛かるキーワードが見つかるかもと、本屋でひたすら本の背表紙を眺め続けて、ピンと来た本のタイトル文字からヒントを貰ってネタを考えることもありましたし、ノートにキャラたちの落書きを描き続けて、気に入った絵からイメージを広げてネームに発展させることもありました。頭で無理矢理ネームを組み立てるよりも、「降りて来る」のを待つ方が面白いものが描けます。

Q パンクの口癖「ムチャー」はどこから？

A うさぎの口元の動きから生まれました。うさぎの口元ってムチャムチャと何かを噛み噛みしている感じですよね？

Q パンクやボニーちゃんの洋服・小物がとってもお洒落でした。

A 当時の外国の子ども服のファッション誌を見ることもありましたが、演劇が好きで色々な舞台を沢山見ていたので、可愛い舞台衣装も参考になりました。

Q 連載中、一番印象に残っていることは？

A 読者からいただくファンレターのハガキの文字がほとんど鉛筆書きだったことです。1枚のハガキに2行とか多くても5行くらいの大きな文字。消しゴムをかけた後の筆圧の強い下書きの文字が凹んで残って見えていたり、小学校低学年の子が一生懸命描いてくれた文字は、可愛くて拙いのに伝わって来るものが大きく、感動したのを覚えています。

Q たちいり先生にとって80年代とは？

A 漫画雑誌界全体がまだ元気な時代でした。次々と新しい雑誌が創刊された時代だったと思います。なかでも「ぴょんぴょん」（小学館）は中心の編集者お二人の人柄もあり、忘れられない楽しい現場でした。女の子たちの興味が急激にファッション・おしゃれに収束していった時代だったようにも思います。

Q 今も「パンク・ポンク」を愛する、あの頃の読者に向けてメッセージをお願いします。

A 今読み返すと好き放題に描いていて、結構ムチャなシーンも多いバイオレンスなギャグだったなと恐縮しています。可愛いほのぼのギャグのつもりで描いていたのですが……下ネタも多かったよね、と指摘されたこともありました。描いている本人は、ウサギの下痢やおもらしは可愛いので下ネタだとは思っていませんでした。ムチャ〜すみません！ でも楽しく描いていました！ パンクを楽しんでくださりありがとうございました!!

70年代「週マ」を代表する猫アイドル♡

「にゃんころりん」(集英社)

ところはつえ

①

②

グッズ

ラブリーなキャラの「にゃんころりん」はグッズも大人気に!①「にゃんこ」のいろんな表情が楽しいステッカー。②卒業シーズンに使いたい「サイン帳」。③かわいいデザインのハンカチいろいろ♪

③

④

①ステッカー メーカー不明〈年代不明〉②サイン帳 サンエックス〈1979〉③ハンカチ タータン〈年代不明〉④ぬいぐるみ メーカー不明〈年代不明〉

にゃんこのかわいさに癒される、ほのぼの4コマ漫画

80年代に「ちびブタプチブー」、「ぷわぷわ・ウー」(いずれも「週刊マーガレット」集英社)などの人気作を手がけていたのが、ところはつえ先生。代表作である「にゃんころりん」は1971〜1978年まで「週刊マーガレット」に長期連載されていた、ほのぼの系4コマギャグ漫画です。主人公のオスのトラネコ「にゃんこ」が、心優しい犬の「メリー」に助けられ、その家に住む幼い姉弟、毒舌でシニカルな「コトリ」、近所に住む変わった「クロネコ」、家に住みついた「ネズミ」や虫さんに出会い、ほのぼの楽しい毎日を送るというストーリー。お花や雪を見ること、風を感じること、夢をみること……そんな当たり前のような日常の出来事が、「にゃんこ」にとってはすべて驚きで新鮮な体験!まるで小さな子どものようにピュアな「にゃんこ」の姿はとてつもなく愛らしく、クスッと笑えます。「にゃんこ」は「週マ」のマスコット的な存在となり、表紙や背表紙を飾ったり、読者プレゼント品やぬいぐるみなどのオリジナルグッズが発売になったりと大活躍!昭和期少女漫画界を代表する猫マンガとなりましたが、今読んでもまったく古さを感じさせない普遍的なおもしろさとかわいらしさが魅力です。

『にゃんころりん』ところはつえ（集英社）2巻より

ピュアな子供のような「にゃんこ」が繰り広げる、日常のおもしろエピソードにほっこり♪ところ先生による、愛らしい絵とテンポのよい4コマ漫画の手腕も光る。

『にゃんころりん』ところはつえ（集英社）1、2、3、4巻

「にゃんころりん」連載終了後にところ先生が手がけた作品。「ちびブタプチブー」は「週刊マーガレット」で、「たんぽぽたん」は「りぼん」で連載されていた。

『ちびブタプチブー』ところはつえ1、2巻（集英社）　『たんぽぽたん』ところはつえ（集英社）

ところ先生に聞きました

Q「にゃんころりん」は70年代に「週刊マーガレット」のアイドル的存在として大活躍でしたが一番の思い出を教えてください。

A「週マ」で、読者ににゃんころりんのスカーフやTシャツをプレゼントする企画があり、毎週郷ひろみさんや西城秀樹さんたちがにゃんこグッズを身に着けてカラーページを飾っていました。今でもビックリな思い出です（笑）。

Q少女向けのギャグ漫画、4コマ漫画で苦労した点はありますか？

A正直、少女向けというのは殆ど意識していませんでした。起承転結のオチが難しいのは当然ですが、加えてキャラたちの心の動きや間合いの面白さ等が出せたら、というようなことに心を配って描いていました。

Q動物を中心にした優しい作風のアイデアはどこから得ていましたか？

A子ども時代に近所の子たちと遊んだ体験や、飼っていた動物たちとのふれ合いはネタになっていましたね。子どもも動物もかわいく優しい反面、自己中で身勝手。その辺の面白さが登場キャラたちに影響を与えていたと思います。

Qところ先生にとって80年代とは？

Aコミックスには未収録ですが、意地悪なおじさん犬や、おとぼけ野良ネコの話し等、それ迄とはちがう作品にチャレンジしたり……。出産、育児をしながら「ぷわぷわ・ウー」や「たんぽぽたん」を描き続けました。

編集者たちの知恵と涙と愛の結晶！

'80s少女漫画ふろくの世界

80年代の少女漫画ブームの波に乗り、大きく部数を伸ばしていった少女漫画雑誌。作品とともに読者の胸をアツくさせたのは、毎号のふろくでした。編集者たちの工夫と熱意が詰まった'80sふろくの歴史にご注目！

通常号のふろく

各誌を代表する人気作家のイラストがついたふろくを複数セットするのが定番に。雑誌にはふろくのファンコーナーもあった。

「りぼん」（集英社）
1984年1月号のふろくより

左上から時計回りに「'84りぼんカレンダー（表紙：本田恵子）」「多田かおるのジュリアーノ年賀スタンプ」「萩岩睦美のポー・ブラシ」「萩岩睦美の'84りぼんダイアリー」「池野恋、本田恵子の年賀ハガキ」「樹原ちさとの藤丸バンク」

人気作が目白押しの「りぼん」（集英社）は
ふろくセンスのよさが魅力♡

「紙モノ」の制約のなかで多彩なふろくが進化

少女漫画雑誌のふろくの歴史を遡ると、「なかよし」（1954年〜／講談社）、「りぼん」（1955年〜／集英社）の創刊当初からすでに別冊の童話などのふろくが付いていました。当時、雑誌の輸送を行なっていた国鉄及び日本雑誌協会が設けた基準により、ふろくの材質や大きさに細かな規定があり、ほぼ「紙モノ」という制約がありました。70年代には「なかよし」で連載されTVアニメ化もされた「キャンディ・キャンディ」（いがらしゆみこ、原作：水木杏子）の豪華なふろくが人気を集め、「りぼん」では「おとめちっくブーム」を牽引した陸奥A子ほかの洗練されたふろくが話題となり、本誌の漫画作品とは別に、ふろくは読者の毎号の大きな楽しみとなっていきます。

80年代に入ると、少女漫画ブームもあって部数が増加し、ふろく競争も激化。人気作家の絵が付いたふろくは、デザイン性や仕様がどんどん進化していきます。レターセット、トランプ、カレンダー、シール、紙袋、ノートなどの定番アイテムから、引き出し付きのボックスや可動式のトレイ、ラックなどの複雑な組み立てものまで、幅広い商品力で読者を魅了していきました。「10大ふろく」のように、大小さまざまのふろくを複数セットし、豪華さをアピールしていたのもこの頃の特徴。「りぼん」の場合、複数のふろくのうち、2点はA社、1点はB社……のように制作する印刷会社を分けることで成り立っていました。複数の印刷会社がアイディアを持参して編集者たちと知

カラフルな華やかさが「なかよし」（講談社）ふろくの真骨頂♪

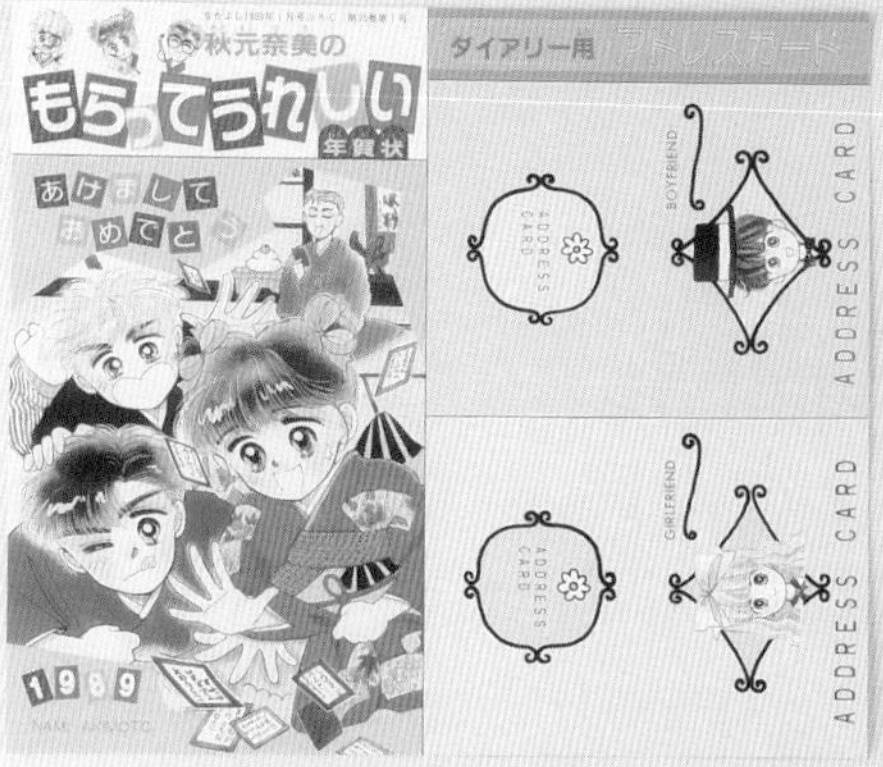

「なかよし」（講談社）1989年1月号のふろくより

左上から時計回りに「秋元奈美のもらってうれしい年賀状」「八木ちあきの男の子女の子アドレスカード」「八木ちあきの夢みるなかよしダイアリー」「わんころべえのすてきに初夢まくら（あべゆりこ）」「オールスターDOKI DOKI競演！なかよしおしゃれカレンダー（表紙：あさぎり夕）」「ひうらさとるの開運！おふだシール」「猫部ねこの神秘！まほうカード」「高杉菜穂子のおみくじつきお年玉ぶくろ」

恵を出し合うことで、クオリティやギミックが格段に進化していったのです。ふろくの絵を手がける漫画家は、本誌の連載とは別にイラストを描き下ろすため、とても忙しくたいへんだったそう。しかし、ふろくは人気のバロメーターでもあり、やりがいのある仕事だったといいます。

憧れの漫画家グッズで季節感を楽しむ

読者にとってのふろくのメリットは、憧れの漫画家やキャラクターのグッズが手に入るところと、季節感を感じられるところではないでしょうか。お正月、バレンタイン、夏休み、クリスマス……。1年を通してふろくを手にすることで、季節の移ろいを楽しめます。また、ふろくを使うことで、クラスメイトとのコミュニケーションにも役立ちました。毎号、「次号のふろくの予告」を見て何が付くのかチェックした、あのワクワク感！　もったいなくて使えなかったものや、逆にボロボロになるまで日常使いしたもの、友達にあげたものなど、ふろくには少女の頃の甘酸っぱい思い出がいっぱい詰まっています。

2001年には、日本雑誌協会がふろくの規制を緩和。さまざまな素材が使えるようになり、複数点の紙モノふろくの時代から、高級素材の1点豪華主義ふろくの時代へと変わっていきました。近年では「コスメふろく」や「家電ふろく」まで登場し、読者の話題を集めることも！　時代やモノは変わっても、ふろくへの憧れとときめきは不変です。

シリーズものふろく

カレンダー、手帳、シールなどの定番アイテム以外に、シリーズものも人気。
ここでは「なかよし」(講談社)の小冊子「なかよしギャルズ百科」を紹介!

「なかよし」(講談社)
1980年8月号ふろく
「なかよしギャルズ百科4
夏のチャームブック」

「なかよし」(講談社)
1980年7月号ふろく
「なかよしギャルズ百科3
サマークッキング」

「なかよし」(講談社)
1980年4月号ふろく
「なかよしギャルズ百科2
あなたとかれの占いブック」

「なかよし」(講談社)
1980年3月号ふろく
「なかよしギャルズ百科1
愛のクッキングブック」

なかよしギャルズ百科

1980年3月号から1984年6月号まで、10冊にわたって1テーマずつ発行されていた。料理、美容、手芸、占いなど趣味・実用的なテーマが多かったが、自己分析(自己発見)や友情など読者の内面に寄り添うテーマも扱うようになる。1冊48ページの全編にわたり「なかよし」作家による美麗なイラストがあしらわれた華やかな百科事典♡

「なかよし」(講談社)
1980年10月号ふろく
「なかよしギャルズ百科5
アイディア手芸ブック」

「なかよし」(講談社)
1982年5月号ふろく
「なかよしギャルズ百科8
自分発見ブック」

「なかよし」(講談社)
1984年6月号ふろく
「なかよしギャルズ百科10
血液型占いBOOK」

「なかよし」(講談社)
1982年11月号ふろく
「なかよしギャルズ百科9
マイフレンドブック」

「なかよし」(講談社)
1981年11月号ふろく
「なかよしギャルズ百科7
センスアップブック」

「なかよし」(講談社)
1981年5月号ふろく
「なかよしギャルズ百科6
愛のフラワーブック」

「若菜ラベンダーポプリ」
「ラベンダーブック」（あさぎり夕）

「なかよし」（講談社）
1981年10・11月号全員プレゼント

昭和期ポプリブームの火付け役となったのが「あいつがHERO！」（あさぎり夕）のポプリ♡本場・フランスから直輸入したというラベンダーのポプリと、ヒロイン若菜の絵が付いたかわいらしいサシェの袋、ガイドブックがセットになったもの。当時数十万通の応募があったと言われている伝説の全プレ品！

「ななちゃんカードパース」
（あさぎり夕）

「なかよし」（講談社）1986年9月号全員プレゼント

あさぎり夕先生のヒット作「なな色マジック」の、ビニール製のカードパース♡市販品のようなしっかりとした作りと優れたデザイン性が光る。

全員プレゼント

ふろくとともに忘れてはならない少女漫画雑誌の名物コンテンツが「全員プレゼント」♪ 雑誌に付いている応募券と相応額の切手（後に郵便定額小為替）を出版社に送ると、誰でも豪華なオリジナルグッズがもらえるという夢のようなシステムだった。

その名のとおり、封筒風のデザインがラブリー極まりないポーチ。切手風の蘭世のパッチや開封口のシール風の留め具もかわゆい♡

「ランゼ・レター・ポーチ」
（池野恋）

「りぼん」（集英社）
1985年9・10月号全員プレゼント

「ペルシャるんちっちポーチ」
（青沼貴子）

「週刊マーガレット」（集英社）
1984年41～44号全員プレゼント

アニメ化もされて大人気だった「ペルシャがすき！」のポーチ。野生少女ペルシャのスマイルとギンガムチェックの組み合わせがガーリーだね♪

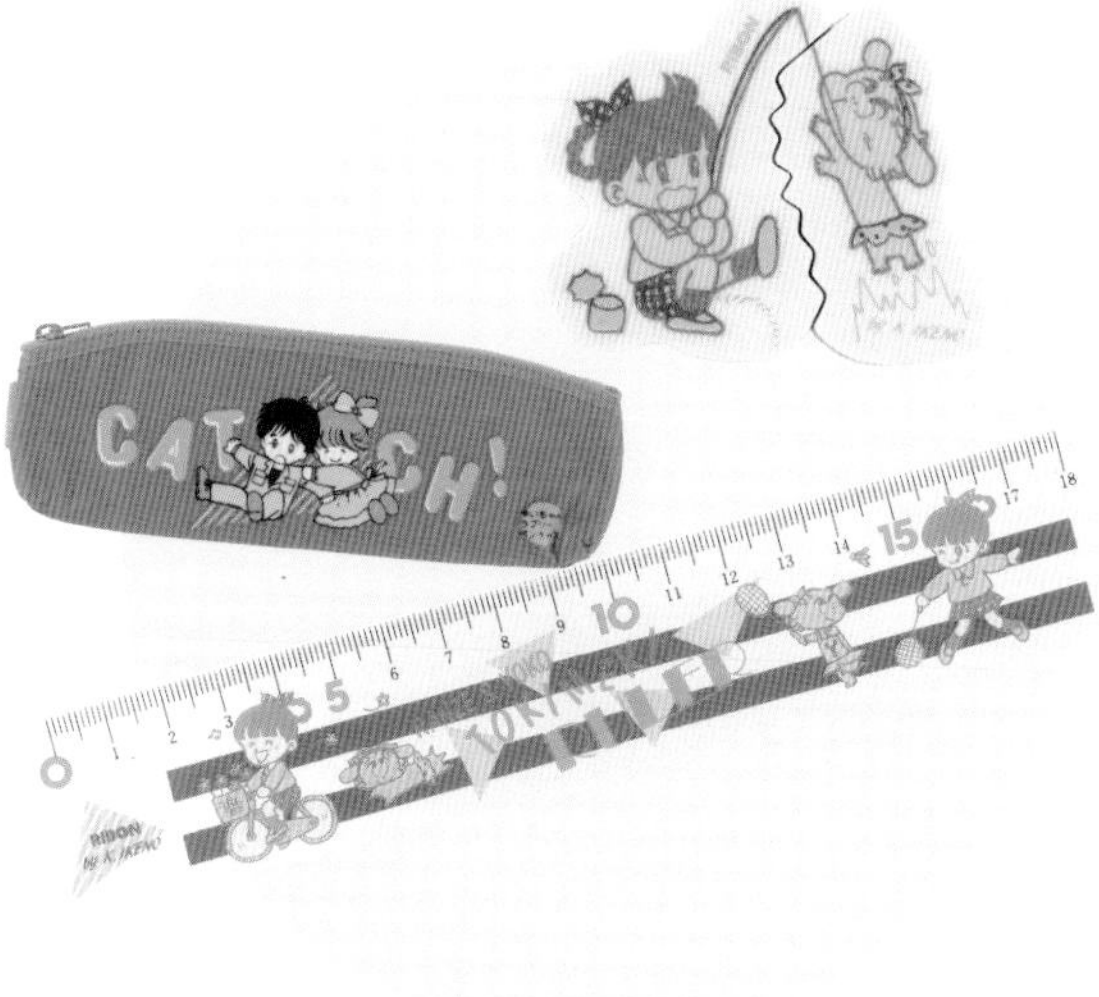

「ゆいちゃんのラブリー・ペンケース」（水沢めぐみ）
「ランゼ&ヨーコ ときめきルーラーと
パックンけしゴム」（池野恋）

「りぼん」（集英社）
1986年2・3月号+オリジナル早春号全員プレゼント

「ポニーテール白書」（水沢めぐみ）の結ちゃん&郡司くんのデフォルメ絵がかわゆいペンケースは「りぼん」本誌の全プレ。さらに、「りぼんオリジナル」に載っている応募券を送れば「ときめきトゥナイト」の定規と消しゴムが付いてくるという、雑誌をまたいだスペシャルジョイント企画☆

ゆかしなもんの秘密の本棚

偏愛少女漫画

子どもの頃から「少女漫画」にまみれて生きてきたゆかしなもんが、自分勝手に選ぶ「偏愛少女漫画ベストタイトル」！レア作品からメジャー作品まで一挙に公開します。

「瞬きもせず」

紡木たく

「別冊マーガレット」（集英社）
1987〜1990年掲載

「つきあってほしーんやけど」

「心ぞう…どっかにとんでいったかと思いました」

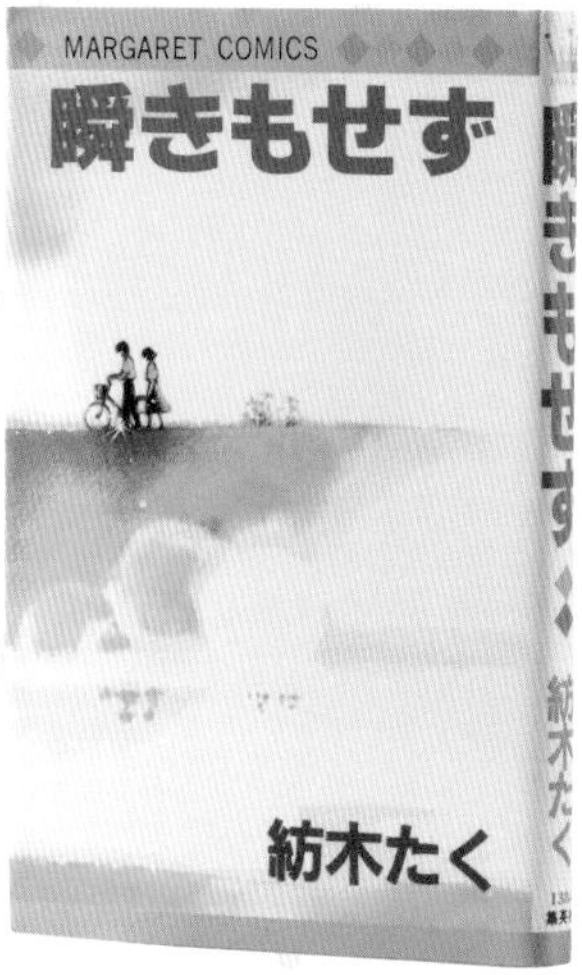

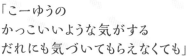

山口県の県立高校を舞台にした、ヒロイン・かよ子とサッカー部の紺野くんを中心とした青春物語。2人の出会いや恋の始まり、その後の心のすれ違いがキラキラ瑞々しく描かれていて、胸がトクントクンする♡学校で目があった瞬間、いっしょに行った夏祭り、部活後の下校…一度でいいから、こんなピュアな恋がしてみたかった〜（クッソ〜無念）！思春期ならではのお父さんとの関係も泣ける。方言ヒロインの新境地を開拓した、不朽の名作！

「きみが　きみであるという
ただそれだけで それはぜんぶ宝物」

「空くんの手紙」

小田空

「りぼん」（集英社）1979〜1984年掲載

森の中の一軒家で共同生活を送る空くん、うさぎ、ゴジラの3人。ときには衝突しながらも心温まる日々を過ごす、メルヘンタッチの物語。笑いあり、涙ありのストーリーは小田空先生にしか描けない独特の世界観で、バラエティ豊かな「りぼん」連載陣のなかで大きな存在感を示した。うそつき虫やチップチップなどの名脇役も思い出深い！大人になった今でも読み返すと心にじーんと沁みる、宝物のような作品♡

「こーゆうの
かっこいいような気がする
だれにも気づいてもらえなくても」

「教室のはじっこ」

あきの香奈

「別冊マーガレット」（集英社）1984年掲載

いつもクラスの女子に都合よく利用されたり、邪険に扱われてしまう明子。そんな明子を、ぶっきらぼうに、さりげなく見守ってくれる男子・伊勢くんがいて…。教室という狭い空間の中で日々心をすり減らしていく明子のひたむきさに涙。地味で不器用なヒロインをとてつもなく優しい目線で描くあきの香奈先生と、こういう新しい学園モノを載せちゃう80年代「別マ」のセンスが好き！小さな希望を見せたラストも秀逸。

2人の「YUKIKO」のバレンタイン♡ラブ

芸能界を舞台にしたキラッキラ♡ラブストーリー

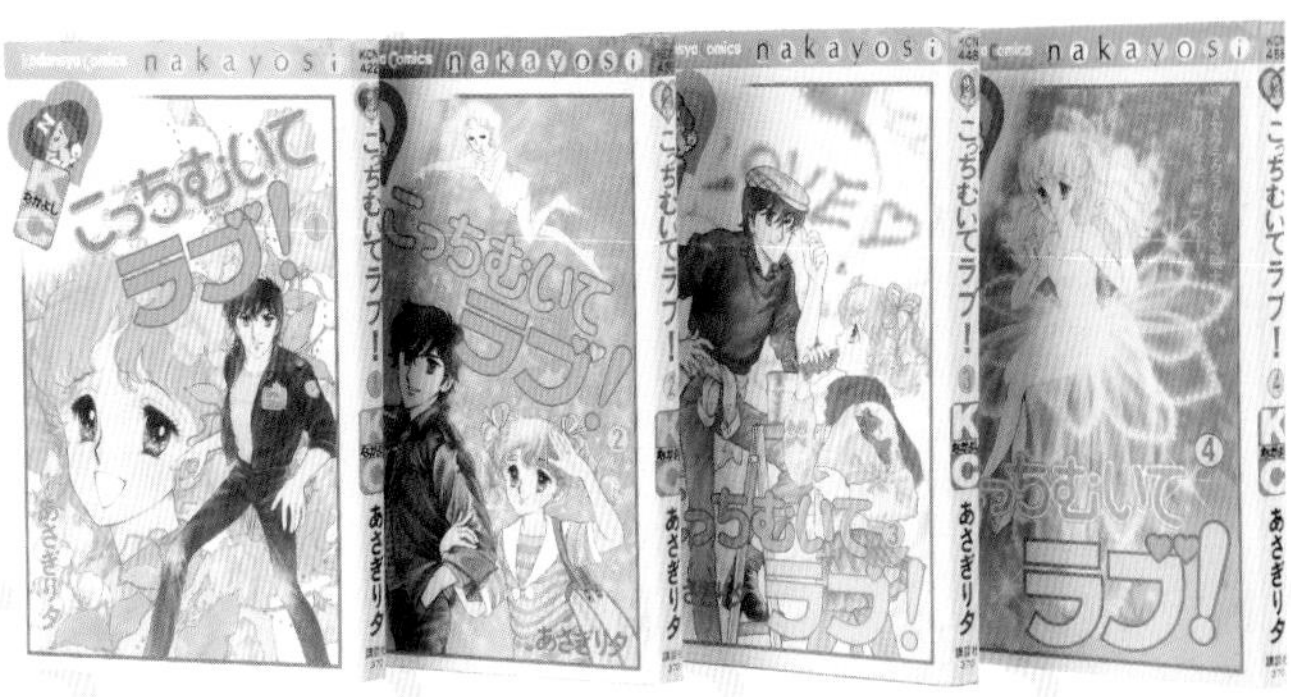

「つたえられたら素敵」 高杉菜穂子

「なかよし」（講談社）1985年掲載

ゆきこは、クラスでも目立たない地味な女の子。クラス委員の甲斐くんのことが好きだけど、甲斐くんには鳴海有紀子というクラス公認の彼女がいて…。受験、バレンタイン、卒業式と「中3思春期トリプルイベント」が続くなか、ゆきこの届かぬ思いはいったいどうなる!? 松本伊代ちゃんの「流れ星が好き」をBGMにした、感動のラストはまるで映画のよう! 片思いの民必読の、バレンタインラブストーリー。

「こっちむいてラブ!」 あさぎり夕

「なかよし」（講談社）1981～1982年掲載

容姿に自信のないラブちゃん（野々村愛里）は、高校生カメラマン・草さんのアイディアで、正体不明の美少女モデル「アリサ」に変身、一躍人気者に。ひょんなことから粗暴なスタントマンの暁くんと出会い、彼の本当の優しさに惹かれていく…。華やかな芸能界、よりどりみどりのイケメンたち、恋の障害、そしてキッス（爆）…と昭和期小学生女子が悶える要素満載のラブストーリーにドキドキ☆あさぎり夕先生のきらびやかな絵と物語に心酔せよ!

'80s「ちゃお」を代表する爆笑探偵コミック

「名探偵江戸川乱子」

聖鈴子

「ちゃお」（小学館）1981～1982年掲載

あるときは「タヌキ」、またあるときは「モグラ」…。得意の変装で難事件に挑む、名探偵・江戸川乱子とその助手・金田一平助のズッコケコンビが笑いの渦を巻き起こして大活躍！昭和期『ちゃお』を代表する爆笑コメディ女王・りんごちゃん（聖鈴子先生）の初連載作。今読んでも噴き出してしまうギャグのクオリティはお見事☆乱子と平助の「名探偵ポーズ」も人気を博した。

衣装がかわゆい、マジカルコメディ♪

「ポムポムアップル」

島貴子

「ちゃお」（小学館）1983～1984年掲載

「子どもの国建国」という夢を実現するため妖精の国・フルーツアイランドから日本に勉強にやってきた妖精見習いのアップルが、人間界に愛と笑いを巻き起こす! この時代の『ちゃお』の中で一番好きだった、ラブあり、友情あり、メルヘンあり、魔法ありの楽しいマジカルコメディ♪ アップルちゃんの衣装やアクセサリーがとにかくかわいかったな～。

バレリーナへの憧れを募らせた原点☆

「ハーイ！まりちゃん」

上原きみこ

「学年別学習雑誌」（小学館）

早乙女まりは小学3年生の女の子。有名なバレリーナのママと一緒の舞台で踊れる日を夢見て、バレエのレッスンに励む日々―。かわいらしい衣装に、美しいトゥシューズを身に着け、いつかコンクールで優勝するんだ! そんな妄想を掻き立てられる、最高にドリーミーな作品。各学年誌で連載されていたので、さまざまなバージョンの「まりちゃん」が存在する。

くまちゃんの純粋さに背中を押してもらえる

「くまちゃんのクリスマス」

阿部ゆたか

「おまじないコミック」（実業之日本社）1986年掲載

ぬいぐるみのくまお（くまちゃん）は、離れ離れになってしまったお母さんを捜すために人間の男の子に変身して旅を続け、さまざまな人と出会っていく―。「おまコミ」の人気シリーズ、「くまちゃん」の1編がこちら。転校を控えた美紀は、最後のクリスマスを大好きな大塚先輩と過ごしたいと願う。勇気を出すことの大切さを純粋なくまちゃんが教えてくれる、感動のリリカルロマン!

「ともだちとして
みたことねーよ」

大映ドラマのような波乱万丈の展開に身悶え

「ONE—愛になりたい—」

宮川匡代

「別冊マーガレット」（集英社）1986～1988年掲載

複雑な家庭の事情を持つ女子高生・芳本さちよと、同級生でさちよと同じ水泳部に所属する拓実をめぐる、紆余曲折の恋物語。家庭の事情、恋のライバルの出現など、まるで大映ドラマのように巻き起こるさまざまな事件により引き裂かれる2人に読者は身悶え! なんでこんなにすれ違っちゃうんだよ～（汗）。ヒロイン・さちよの髪型や制服の着こなしがめちゃくちゃかわいくて、当時憧れていたな♪

「いかないでよ春美————っ
……かないでぇー……」

純愛系ヤンキー少女漫画の金字塔!

「彼女の彼」

松本美緒　「別冊フレンド」（講談社）1986年掲載

両親の離婚の都合で転校してきた学校で芹香が出会ったのは、危険な香りのする不良少年・凌二。しかし、凌二には春美という彼女がいて…。これぞ、松本美緒先生！これぞ「別フレ」！ともいえる、純愛系ヤンキー少女漫画の傑作☆　昭和期ヤンキーなりの「プラトニック・ラブ」というものに死ぬほどシビれたゾ、と。

美しくて純情な
最強ヒロイン、
苫子さん♡

「イキにやろうぜイキによ」

聖千秋　「別冊マーガレット」(集英社) 1987～1990年掲載

容姿端麗、頭脳明晰、おまけに義理人情に厚い学園のアイドル・苫子さんが突然恋に落ちたのは、冴えない魚屋の純情少年・峻平ちゃんだった!? 周囲の誰もが虜になる圧倒的な美しさを誇る苫子さんが、峻平ちゃんの前では恋する純情乙女になるのがいじらしい♡弟みたいだった峻平ちゃんがボクシングにのめりこみ、どんどん男らしくなっていく過程にも萌えた～。憧れヒロインNo.1の苫子さんの、切なく一途な想いに涙したよね。

憧れの東京&シェアハウス生活♪

「前略・ミルクハウス」

川原由美子　「別冊少女コミック」(小学館) 1983～1986年掲載

北海道から上京し、美大生として憧れの東京で暮らすことになった松本芹香。家事の腕を買われて住むことになった下宿館「ミルクハウス」で、菊川涼音、安原藤など個性豊かな面々と出会うことになる。上京、美大生、素敵な洋館でのシェアハウス(下宿)という憧れ要素が詰まった青春ストーリー！　涼音と藤のどっちと結ばれるのか、ヒロイン・芹香の恋模様にヤキモキしちゃう☆とくに、涼音は当時斬新だった女装男子キャラで人気を集めた。

小学生って思った以上に
シニカルです

「シニカル・ヒステリー・アワー」

玖保キリコ

「LaLa」(白泉社) 1982～1995年掲載

ツネコちゃん、キリコちゃん、シーちゃん、ののちゃんにツン太くん…… みんなシンプルでかわいい絵柄なのに、性格はじつにシュール&シニカル！子どもの世界の本質を突いた、ブラックかつ、ときにハッとさせられる深いストーリーが当時衝撃だった。ツネコちゃん、私なら友達をやめたくなるかも(でも憎めない笑)。子ども時代の終わりを告げる、切ない最終回が印象的だった。

昭和期ツッパリの
ドラマティック純愛物語

「ハイティーン・ブギ」

牧野和子　「プチセブン」(小学館) 1977～1988年掲載

優等生のヒロイン・宮下桃子が通う横浜の高校に、ある日暴走族の札付きのワル・藤丸翔が転校してきて、桃子に一目ぼれ。それが、運命の出会いだった…。暴走族の人間関係、レイプ、妊娠、病気など、これでもか! というハードな試練の連続は、今となっては時代遅れな展開かもしれない。だが、これぞ「昭和の純愛」なのだ! 昭和期ツッパリ界隈のヒリヒリするような痛みをドラマティックに描いた、牧野先生の代表作。マッチ(近藤真彦)主演の実写映画も話題に。

80年代のリアルすぎる恋愛模様♡

「アイドルを探せ」

吉田まゆみ　「mimi」(講談社) 1984～1987年掲載

花野女子短大2年、藤谷知香子(チカ)はボロアパート「清和荘」の住人。同じアパートに住む漫画家志望のカンロちゃんやお色気たっぷりのバスガイド・千明とともに、それぞれの恋愛を繰り広げていく―。バブル期の80年代を舞台にした、リアルすぎるほどの男女の恋の駆け引きにドキドキ！ 女子大生ブーム、あったなー…。吉田まゆみ先生のポップで現代的な作風は今見てもオシャレで楽しい♪

少女漫画の初恋♡ '80sイケメン7

80S少女漫画のさまざまな作品の中から、ゆかしなもんの心に残る、
とっておきの「イケメン男子」7人を独断と偏見でセレクト!

「焼きそば命」のパワフルボーイ!

野生児系忍者イケメン

「別冊マーガレット」、「週刊マーガレット」(集英社) 1979～1982年連載。山奥で忍者の修行をしながら育った伊賀忍者の末裔・伊賀野影丸(通称カバ丸)が、祖父・才蔵の初恋の女性とのつながりで東京の名門・金玉学院に入学することになり…。超人的な食欲と運動神経を持つカバ丸が都会の高校で大騒動を巻き起こす、爆笑学園ラブコメディ。実写映画、アニメ化もされ、大ヒットした。

『伊賀野カバ丸』 亜月裕(集英社)

伊賀野影丸(カバ丸)

少女漫画史上イチ(!?)野蛮、不潔、異常な大食いのカバ丸だけど、いつも真っすぐでアツくてかっこいい! 焼きそばとヒロイン・大久保麻衣への一途な愛も健気で笑える。カバ丸が同じ学校だったら、絶対楽しかっただろうな～と妄想しちゃう。「チャッ」のポーズでおなじみの、パワフル忍者ボーイでいっ☆

女を泣かせるのは当たり前!?

女たらし系イケメン

「別冊マーガレット」(集英社) 1988～1989年連載。女たらしの三島のことを、高校で出会ったときから気になっていた薬子。共通の友人・湖太から忠告を受けながらも、三島と薬子は付き合うことに。しかし、三島にはずっと心に秘めた片思いの女性がいて―。登場人物の激しい思いが交錯する、ポップな学園ラブストーリー。

『POPS』 いくえみ綾(集英社)

三島岳志

「何考えてるか分からない、女たらし、軽い」の3拍子そろったいわゆる「女の敵」だけど、ふと見せる素直な表情になぜかモーレツに惹かれちゃう! どこかキケンなニオイのする、たらし系"いくえみ男子"☆じつは、いくえみ先生の高校時代の同級生がモデルなのだとか。

超冷たいのに、たま～に優しい!?

ツンデレ系ドSイケメン

『39℃ショック』 伊藤ゆう(講談社)

風間徹

一見、親友同士の女の子の恋心をもてあそぶ、本当にイヤな奴! ここまで冷徹を極めたドSキャラ男子も珍しいぐらいだけど、本当は心の奥底に不器用な優しさとピュアさを持っているのよ～(泣)。そこに気付いた時には、もうアナタも風間くんのト・リ・コ♡

「別冊フレンド」(講談社) 1987～1988年連載。ちずは、直接話したこともないのに風間徹のことが大キライだった。高3で同じクラスになり、冷徹な風間に心をかき乱されながらも、ちずは彼への恋心が止められなくなる。しかし、風間はちずの親友・乃理ちゃんと付き合い始めて…。友情と恋愛のハザマで揺れ動く、ショッキング・ラブストーリー。

『CIPHER』

成田美名子（白泉社）

シヴァ、サイファ

見た目がそっくりのシヴァとサイファだけど、性格は対照的。双子ゆえのお互いへのコンプレックスや苦悩に胸がアツくなる〜！海外の美男子ツインズを主役にした少女漫画っていうのが、子供心に新鮮だったな。'80sなニューヨークファッションに身を包んだシヴァとサイファのこれまた美しいこと（眼福）♡

対照的な美男子双子にドキッ☆

ツインズ系イケメン

「LaLa」（白泉社）1985〜1990年連載。ニューヨークの美術学校に通う15歳の少女・アニスが、同じ学校に通う人気俳優のシヴァに猛烈アタック！しかしアニスは、シヴァという人物を双子の兄弟ジェイク（シヴァ）とロイ（サイファ）が交互に演じていることに気付く。なぜ2人で1役を演じているのかー。彼らを取り巻く人間模様や人生の試練がドラマティックに描かれる、傑作青春ストーリー。

©小椋冬美／集英社

大人っぽい
包容力がよき♡

元祖・メガネ男子系イケメン

「りぼん」（集英社）1981〜1982年連載。恋にオクテでおしゃれにも疎い街子と、恋に積極的で派手な神子。口紅（リップスティック）に憧れる高校生の乙女たちの甘酸っぱい日々や恋模様を、みずみずしく描いた人気作。街子や神子のおしゃれなファッションも当時話題になった。

『リップスティック・グラフィティ』

小椋冬美（集英社）

紀文吉成

まだ恋を知らない街子の前に突然現れたのが、メガネ男子の紀文先輩。街子の魅力にいち早く気づき、ストレートに思いを伝えてくれたり、いつも穏やかに優しく寄り添ってくれる。オトナな魅力の紀文さんが素敵すぎた〜。物語後半で、メガネを外してラフな髪型になった「セクシー紀文さん」にもドギマギ♡

完全無欠の貴公子現る！

プリンス系イケメン

「週刊マーガレット」（集英社）1981〜1982年連載。高校1年の三田くるみは、わけあって生まれたときから兄弟とともに学校の敷地内に住んでいるが、周囲には内緒にしていた。ある日、転校してきた日比野正樹という秀才の美少年は「殿下」と呼ばれ、女生徒の憧れの的に！ひょんなことから殿下とくるみは親しくなるが、恋のライバルが次々に現れて…。笑いあり涙ありのハートフル学園ラブコメディ♪

©星野めみ／集英社

『笑って！殿下』 星野めみ（集英社）

日比野正樹

学校開校以来の秀才、しかも長身でハンサム！「殿下」と呼ばれるのも納得の、気品あふれるオーラ！これぞ少女漫画的イケメン。いつもは超クールなのに、ふと見せるロイヤルなスマイルが素敵なの♡でも、くるみのためなら時にケンカも厭わない男気を見せることも！

さすがは世紀の美形男子☆

元祖プレイボーイ系イケメン

『あさきゆめみし』 大和和紀（講談社）

光源氏

隠しようのない美貌と才能（学問、武道、舞に和歌など）に恵まれた、スーパープレイボーイイケメン！ただの「遊び人」なら許せないけど、光源氏はすべての姫君に一応誠実で優しいのが罪なところ。理想の女性を探し求め、禁断の愛に翻弄されていく姿にハラハラドキドキ！雅な平安ラブシーンの美しさにクギ付け〜☆

「月刊mimi」、「mimi Excellent」（講談社）1979〜1993年連載。ときは平安時代。桐壺帝の第二皇子として生まれた光源氏こと源氏の君は、それは見目麗しき美少年だった。幼くして母とは死別したが、帝の寵愛を受け、輝くばかりの青年へと成長。理想の女性を求めてさまざまな恋愛を繰り広げていくー。古典の最高峰『源氏物語』を華やかなタッチで描いた壮大な愛と浪漫の物語。

音楽とともに広がるストーリー
少女漫画イメージアルバム

80年代から90年代にかけて、少女漫画作品のイメージアルバムLPが大流行！ 内容は、作品をイメージしたオリジナル曲を中心に、声優によるミニドラマや朗読などが収録されていました。その多くはジャケットに描きおろしのイラストが使用されたり、特典に非売品のハンカチやポスターが付くなど、ファンにはたまらない仕様！ 中には著名な作家陣やアーティストが参加している作品もあり、音楽的なクオリティの高さにも定評がありました。このムーブメントにより「漫画作品を音楽アルバムとして聴く」という、少女漫画の新たな楽しみ方が広がります。LP盤に針を落とし、歌詞やライナーノーツを眺めながら、作品の世界観にじっくりと浸ることができる—それはとても優雅で贅沢な漫画体験でした。

「テレビアニメーション 愛してナイト Beehive 1st Album」

原作：「愛してナイト」多田かおる（集英社「別冊マーガレット」より）
発売：日本コロムビア　1983年

「愛してナイト」の剛さん、サミーのバンド「BEEHIVE」がリアルに鮮烈デビュー⁉ 剛さんの甘い歌声とバンドの渋い演奏にシビれる〜。久石譲、タケカワユキヒデ、小田裕一郎、ミッキー吉野など作曲陣も豪華絢爛！

「大映映画 月の夜星の朝 オリジナルサウンドトラック」

原作：「月の夜星の朝」本田恵子（集英社「りぼん」より）
発売：ジャパンレコード
（現 徳間ジャパンコミュニケーションズ）1984年

※掲載協力／徳間ジャパンコミュニケーションズ

「りぼん」の大人気ラブストーリー「月の夜星の朝」（本田恵子）が、1984年に実写映画化した際のサウンドトラック盤。主演の青田浩子ちゃんが歌う主題歌やイメージソング「Rio」も収録。カバーイラストが最強にかわいい♡音楽監督は井上大輔、惣領泰則が務めた。

「愛のレコード・アニメ くらもちふさこ いつもポケットにショパン」

原作：「いつもポケットにショパン」くらもちふさこ（集英社「別冊マーガレット」より）　発売：フィリップスレコード　1980年

くらもちふさこの名作「いつもポケットにショパン」（「別冊マーガレット」）のドラマレコード。全編を彩るショパンの名曲とドラマパートの小原乃梨子、富山敬、吉田理保子、清水マリら人気声優の熱演が感動を誘う!

「サウンド・コミック・シリーズ 銀曜日のおとぎばなし」

原作：「銀曜日のおとぎばなし」萩岩睦美（集英社「りぼん」より）
発売：キャニオン・レコード（現 ポニーキャニオン）　1984年

※掲載協力／ポニーキャニオン

「りぼん」の名作ファンタジー「銀曜日のおとぎばなし」（萩岩睦美）がアルバムに! 小人の王女様・ポーを演じるのは名声優・杉山佳寿子。小笠原寛が手がけるドリーミーでファンタジックな音楽も秀逸で、作品の世界観を盛り上げた。

「ストップ!! ひばりくん! 音楽編」

原作：「ストップ!! ひばりくん!」江口寿史（集英社「週刊少年ジャンプ」より）
発売：キャニオン・レコード（現 ポニーキャニオン） 1983年

※掲載協力／ポニーキャニオン

こちらは少年漫画からご紹介。今なお絶大な人気を誇る「男の娘」ラブコメの名作「ストップ!! ひばりくん!」（江口寿史）が1983年にアニメ化された際の音楽集。当時多くのアニメ作品の音楽を手がけ、後に宝塚歌劇団の名作曲家となった西村耕次（西村コージ）や「うる星やつら」の音楽でも知られる小林泉美によるキャンディポップ＆ニューウェーブな音楽がひたすら楽しい！ひばりくん（間嶋里美）のボーカルもグッド♪

「あさぎり夕作品集 〜あこがれ冒険者（アドベンチャー）〜」

原作：「あこがれ冒険者（アドベンチャー）」
あさぎり夕（講談社「なかよし」より）
発売：日本コロムビア 1985年

「なかよし」で絶大な人気を誇ったあさぎり夕作品のうち「アップルどりいむ」「あしたからのHERO」「こっちむいてラブ!」「あいつがHERO!」「あこがれ冒険者」の5作品をイメージした楽曲集。シンガーの遊佐明子（現：遊佐未森）のピュアな歌唱が素晴らしい！

「すくらんぶるゲーム オリジナル・アルバム」

原作：「すくらんぶるゲーム」川原由美子（小学館「週刊少女コミック」より） 発売：キングレコード 1984年

「週刊少女コミック」で連載された人気学園コメディが音楽になった！川原由美子先生がお好きなフュージョンテイストの曲やコミカルなサウンドが満載の、音楽的にもおもしろいアルバムになっている。

平安後期の古典「とりかへばや物語」をベースに、本当は女である綺羅君と本当は男である綺羅姫の姉弟を取り巻く男女入れ替わりコメディ!

『ざ・ちぇんじ! 新釈とりかえばや物語(前編)』氷室冴子・著(集英社)1983年*

めくるめく少女小説の世界

ティーン向けの「少女小説」が大ブームになったのは1980年代のこと。主要な2大レーベル「コバルト文庫」(集英社)や「講談社ティーンズハート」(講談社)から、新時代の読書の楽しみを教えてくれた少女小説の世界を振り返ります♡

「少女漫画」というジャンルがあるように、「少女小説」という世界があります。主に10代の少女をターゲットにした大衆的な小説のことをいい、その始まりは1900年頃と言われています。少女向け雑誌が多数刊行され、それらに連載される小説が少女小説のルーツです。大正時代には吉屋信子『花物語』などが、昭和初期には横山美智子『嵐の小夜曲』などがベストセラーとなり、少女小説のジャンルが確立されていきました。

戦後、大きな転機となったのが、65年に集英社から刊行された単行本「コバルト・ブックス」や66年刊行の「小説ジュニア」(82年発行の少女向け小説誌「Cobalt」の前身)でした。以降、教育現場の男女共学化などの変化から、10代の男女の恋愛や性をテーマにした小説やルポが多く発表されるようになります。76年には前述の「コバルト・ブックス」の後継として「コバルト文庫」が創刊。さまざまなテーマの作品が発表されましたが、80年代に頭角を現したのが氷室冴子、正本ノン(『初恋セレナーデ』)、久美沙織(『丘の家のミッキー』)、田中雅美(『謎いっぱいのアリス』)の「コバルト四天王」でした。とくに氷室冴子は『クララ白書』や『なんて素敵にジャパネスク』シリーズなどが大ヒット。口語体の親しみやすい文体とテンポのよい展開で、少女小説の新たな時代を切り拓きます。

さらに、新井素子(『星へ行く船』)がSFのジャンルで台頭したほか、藤本ひとみ(『まんが家マリナ』シリーズ)、日向章一郎(『放課後』シリーズ)など人気作家やシリーズを多数輩出。「コバルト」の公式ファンクラブが発足しファンの集いが開催されるなど、読者の熱狂的な支持を集めました。

87年には、講談社からピンク色の背表紙が目印の「X文庫ティーンズハート」シリーズが刊行。「コバルト文庫」より低めの年齢層をターゲットにし、代表的な作家である花井愛子(『山田ババアに花束を』)の作品では軽快かつ改行の多い会話劇、当時の流行や世相を取り入れたトレンディな内容で人気を博します。花井愛子のほか、折原みと(『時の輝き』)、小林深雪(高野先生・志保~沙保シリーズ)、倉橋燿子(『風を道しるべに…』シリーズ)、津原やすみ(『あたしのエイリアン』シリーズ)らが人気作家として活躍。いずれも、少女漫画家やイラストレーターが手がける華やかなイラストも楽しみの一つでした。

これら少女小説ブームにより、作品の映画・ドラマ化、少女漫画化などのメディアミックスも数多く発生し、88年には「コバルト文庫」の年間部数が1500万部を突破するなど、10代少女向けの一大カルチャーとして成長していきました。

いまからでも読みたい! '80s名作少女小説

『時の輝き』折原みと・著(講談社)1990年

高校の看護科に通う由花は、病院の実習で中学の時の初恋の人・シュンチに出会う。しかしシュンチが余命いくばくもない「骨肉腫」だとわかって…。

『一週間のオリーブ』花井愛子・著(講談社)1987年

超お嬢様育ちの久遠寺由布子・17歳が、あの皇太子のお妃候補に内定!? まだ「フツーの青春」をしていない由布子は1週間だけナイショの旅に出る。

『愛からはじまるサスペンス/まんが家マリナ最初の事件』藤本ひとみ・著(集英社)1985年*

クビ寸前の売れない三流漫画家・池田麻里奈(マリナ)が、漫画の取材のために音大付属高の旧友・薫を訪ねるが、そこで恐ろしい事件が…。

『星へ行く船』新井素子・著(集英社)1981年*

家出中の森村あゆみ・19歳は、地球を捨てて「星へ行く船」に乗って火星へ向かう。その船の中で、厄介な事件に巻き込まれて…!?

『丘の家のミッキー』久美沙織・著(集英社)1984年*

東京都心にある天下のお嬢様学校「華雅学園」中等部に通う浅葉未来。しかし、父の計らいで葉山近くに引っ越し、女子高に転校することになるが…。

*品切、重版未定

'80s Girly Culture Guide

CHAP.,2
ガールズアニメ

あの頃はテレビアニメがすべてだった、といっても過言ではないぐらい、
毎日飽きもせずテレビアニメを観ていた少女時代。
主題歌はいまだに歌えるし、魔法の呪文もスラスラ言えます！
今も胸に残る名作の数々や当時のテレビ欄を通じて、
リアルな'80sアニメライフを振り返ります。

私たちはアニメで人生を学んだ!

忘れえぬ'80sアニメ年表

男の子も女の子も、ブラウン管から流れるTVアニメに夢中！80年代、確かにそんな時代がありました。セル画による温かみのあるアニメーション、耳に残る主題歌、声優による名演技━。それらの記憶は、大人になった今もずっと心に残っています。忘れえぬ懐かしの'80sアニメを、女の子向け番組を中心にご紹介！

1982年

「南の虹のルーシー」日本アニメーション／フジテレビ
「あさりちゃん」東映動画／テレビ朝日
「魔法のプリンセス ミンキーモモ」葦プロダクション／テレビ東京
「パタリロ!」東映動画／フジテレビ
「とんでモン★ペ」東京ムービー新社／テレビ朝日
「The♥かぼちゃワイン」東映動画／テレビ朝日
「ときめきトゥナイト」グループ・タック／日本テレビ
「さすがの猿飛」土田プロダクション／フジテレビ

〈アニメ映画〉
「ドラえもん　のび太の大魔境」

1983年

「アルプス物語 わたしのアンネット」日本アニメーション／テレビ朝日
「愛してナイト」東映動画／フジテレビ
「みゆき」キティ・フィルム／フジテレビ
「キン肉マン」東映動画／日本テレビ
「スプーンおばさん」スタジオぴえろ／NHK
「パーマン」※新シリーズ　シンエイ動画／テレビ朝日
「イーグルサム」ダックスインターナショナル／TBS
「レディジョージィ」東京ムービー新社／テレビ朝日
「ストップ!! ひばりくん!」東映動画／フジテレビ
「魔法の天使クリィミーマミ」スタジオぴえろ／日本テレビ
「CAT'S♡EYE」東京ムービー新社／日本テレビ
「ふしぎの国のアリス」日本アニメーション／テレビ東京
「伊賀野カバ丸」グループ・タック／日本テレビ
「キャプテン翼」土田プロダクション／テレビ東京

〈アニメ映画〉
「宇宙戦艦ヤマト　完結編」
「ドラえもん　のび太の海底鬼岩城」
「伊賀野カバ丸」

1980年

「トム・ソーヤーの冒険」日本アニメーション／フジテレビ
「ニルスのふしぎな旅」スタジオぴえろ／NHK
「メーテルリンクの青い鳥　チルチルミチルの冒険旅行」アカデミー製作／フジテレビ
「ふた子のモンチッチ」葦プロダクション／テレビ東京
「魔法少女ララベル」東映動画／テレビ朝日
「若草物語」東映動画／フジテレビ
「おじゃまんが山田くん」ヘラルド／フジテレビ

〈アニメ映画〉
「ドラえもん　のび太の恐竜」

1981年

「家族ロビンソン漂流記 ふしぎな島のフローネ」日本アニメーション／フジテレビ
「ハロー！サンディベル」東映動画／テレビ朝日
「おはよう! スパンク」東京ムービー／テレビ朝日
「名犬ジョリィ」ビジュアル80／NHK
「Dr.スランプ アラレちゃん」東映動画／フジテレビ
「忍者ハットリくん」シンエイ動画／テレビ朝日
「じゃりン子チエ」東京ムービー新社／TBS
「うる星やつら」スタジオぴえろ／フジテレビ

〈アニメ映画〉
「機動戦士ガンダム」
「ドラえもん　のび太の宇宙開拓史」
「ユニコ」「じゃりン子チエ」「シリウスの伝説」

1980年以前

「若草のシャルロット」(1977年) 日本アニメーション／テレビ朝日
「女王陛下のプティ アンジェ」(1977年) 日本アニメーション、葦プロダクション／テレビ朝日
「未来少年コナン」(1978年) 日本アニメーション／NHK
「まんがはじめて物語」(1978年) ダックスインターナショナル／TBS
「はいからさんが通る」(1978年) 日本アニメーション／テレビ朝日
「星の王子さま プチ★プランス」(1978年) ナック／テレビ朝日
「ピンク・レディー物語 栄光の天使たち」(1978年) T&C、東映／テレビ東京
「新・エースをねらえ!」(1978年) 東京ムービー新社／日本テレビ
「銀河鉄道999」(1978年) 東映動画／フジテレビ
「赤毛のアン」(1979年) 日本アニメーション／フジテレビ
「花の子ルンルン」(1979年) 東映動画／テレビ朝日
「ドラえもん」(1979年 ※レギュラー放送開始年) シンエイ動画／テレビ朝日
「機動戦士ガンダム」(1979年) 日本サンライズ／テレビ朝日
「ベルサイユのばら」(1979年) 東京ムービー新社／日本テレビ

「花の子ルンルン」

「赤毛のアン」

※制作会社は放送開始時点の担当制作会社とその社名を記載。放送局はキー局を優先して掲載しています。

「とんがり帽子のメモル」
©東映アニメーション

1984年

「牧場の少女カトリ」日本アニメーション／フジテレビ
「とんがり帽子のメモル」東映動画／テレビ朝日
「Gu-Gu ガンモ」東映動画／フジテレビ
「オヨネコぶーにゃん」シンエイ動画／テレビ朝日
「まんが どうして物語」ダックスインターナショナル／TBS
「ガラスの仮面」エイケン／日本テレビ
「アタッカーYOU！」ナック／テレビ東京
「魔法の妖精 ペルシャ」スタジオぴえろ／日本テレビ
「ふしぎなコアラ ブリンキー」日本アニメーション／フジテレビ
「コアラボーイ コッキィ」トップクラフト／テレビ東京
「北斗の拳」東映動画／フジテレビ
「名探偵ホームズ」東京ムービー新社／テレビ朝日

〈アニメ映画〉
「うる星やつら2　ビューティフル・ドリーマー」
「綿の国星」
「少年ケニヤ」
「風の谷のナウシカ」
「ドラえもん　のび太の魔界大冒険」

「ガラスの仮面」
©美内すずえ／エイケン

1985年

「小公女セーラ」日本アニメーション／フジテレビ
「は〜い ステップジュン」東映動画／テレビ朝日
「タッチ」グループタック／フジテレビ
「プロゴルファー猿」シンエイ動画／テレビ朝日
「炎のアルペンローゼ ジュディ&ランディ」タツノコプロ／フジテレビ
「魔法のスター　マジカルエミ」スタジオぴえろ／日本テレビ
「昭和アホ草紙あかぬけ一番！」タツノコプロ／テレビ朝日
「ハイスクール！奇面組」土田プロダクション、スタジオコメット／フジテレビ
「夢の星のボタンノーズ」サンリオ／テレビ朝日

〈アニメ映画〉
「ドラえもん のび太の宇宙小戦争」
「ペンギンズ・メモリー 幸福物語」
「ルパン三世 バビロンの黄金伝説」

1986年

「愛少女ポリアンナ物語」日本アニメーション／フジテレビ
「メイプルタウン物語」東映動画／テレビ朝日
「ドラゴンボール」東映動画／フジテレビ
「魔法のアイドル　パステルユーミ」スタジオぴえろ／日本テレビ
「Mr.ペンペン」シンエイ動画／テレビ朝日
「めぞん一刻」キティ・フィルム／フジテレビ
「まんが なるほど物語」ダックスインターナショナル／TBS
「こんなこいるかな」NHK
「光の伝説」タツノコプロ／テレビ朝日
「Oh！ファミリー」ナック／テレビ東京
「あんみつ姫」※新シリーズ　スタジオぴえろ／フジテレビ
「オズの魔法使い」パンメディア／テレビ東京
「聖闘士星矢」東映動画／テレビ朝日

〈アニメ映画〉
「ドラえもん　のび太と鉄人兵団」
「天空の城ラピュタ」

1987年

「愛の若草物語」日本アニメーション／フジテレビ
「陽あたり良好！」グループ・タック、東宝／フジテレビ
「きまぐれオレンジ☆ロード」スタジオぴえろ／日本テレビ
「シティーハンター」サンライズ／日本テレビ
「エスパー魔美」シンエイ動画／テレビ朝日
「レディレディ!!」東映動画／TBS

「レディレディ!!」
©英 洋子・東映アニメーション

〈アニメ映画〉
「ドラえもん　のび太と竜の騎士」

1988年

「小公子セディ」日本アニメーション／フジテレビ
「キテレツ大百科」スタジオぎゃろっぷ／フジテレビ
「ホワッツマイケル」スタジオ古留美／テレビ東京
「ハロー！レディリン」東映動画／テレビ東京
「ひみつのアッコちゃん（第2作）」東映動画／フジテレビ
「美味しんぼ」シンエイ動画／日本テレビ

〈アニメ映画〉
「うる星やつら　完結編」
「銀河英雄伝説 わが征くは星の大海」
「ドラえもん　のび太のパラレル西遊記」
「機動戦士ガンダム 逆襲のシャア」
「となりのトトロ」
「火垂るの墓」
「AKIRA」

「魔法使いサリー」
©光プロ・東映アニメーション

1989年

「ピーターパンの冒険」日本アニメーション／フジテレビ
「アイドル伝説 えり子」葦プロダクション／テレビ東京
「らんま1／2」スタジオディーン／フジテレビ
「魔法使いサリー（第2期）」東映動画／テレビ朝日
「YAWARA！」マッドハウス／日本テレビ

〈アニメ映画〉
「ドラえもん　のび太の日本誕生」
「シティーハンター 愛と宿命のマグナム」
「機動警察パトレイバー the Movie」
「魔女の宅急便」

みんなテレビの前に集合～！

ゆかしなもん熱中アニメ解説

80年代は毎日のようにゴールデンタイムにTVアニメが放送されていたすごい時代。70年代の良作アニメの再放送もおなじみでした。子どもの頃に、勉強そっちのけでアニメばかりを観ていたからか、私ゆかしなもんには最愛のアニメ番組がたくさん! その中からとくに記憶に残る名作を全力レコメンド♡

「一休さん」

(1975年～1982年)

製作：東映動画（現 東映アニメーション）

歴史的にも有名な禅僧・一休宗純の子ども時代をモデルにしたアニメ。安国寺を舞台に、和尚様やさよちゃんのほか、秀念、哲斉、陳念などの兄弟子たち、蜷川新右衛門や桔梗屋などの個性豊かな面々を相手に、一休さんが見事なとんちで難問を解決していくのが見どころ。いつも一休さんを優しく見守るてるてる坊主がかわいかった!「あわてない、あわてない、一休み一休み」の名言も印象深い。

©東映アニメーション

「そもさん、せっぱ！」一休さんの見事なとんちにブラボー！

「新・エースをねらえ!」

(1978～1979年)

制作：東京ムービー新社（現 トムス・エンタテインメント）

天性の運動神経を持つ岡ひろみが、普通のテニス部員からやがて一流のテニスプレイヤーになるまでの苦難と成長を描く、山本鈴美香原作のスポ根物語の金字塔。1973年のアニメ第1作のリメイク版である。宗方コーチやお蝶夫人（竜崎麗香）、ひろみのシリアスなテニスシーンに胸をアツくする一方で、ひろみの親友・マキの明るさや愛猫ゴエモンのかわいらしさにホッと和んで心救われたファンは多い。

©山本鈴美香／集英社・TMS
上記は劇場版「エースをねらえ!」より

ドラマティックな展開に燃えたスポ根アニメの金字塔

「はいからさんが通る」

(1978～1979年)

製作：日本アニメーション

時は大正、明るく元気でときには酒乱 !? のお転婆娘・花村紅緒が、陸軍少尉の伊集院忍と恋に落ちて―。大和和紀原作の大ヒットラブロマンスのアニメ化。じゃじゃ馬ヒロインの紅緒をCVの横沢啓子（現・よこざわけい子）がキュートに演じている。少尉や蘭丸、環、そして忘れちゃいけない酒呑童子まで、キャラクターがみんな魅力的！キャッチーな主題曲も記憶に残る、華やかなりし大正浪漫の傑作アニメ。

©大和和紀／講談社・日本アニメーション

大正時代のチャーミングレディ紅緒さんの魅力が満開♪

王子様のかわいさと純粋さに
心が洗われます♡

©ICHI

「星の王子さま　プチ★プランス」

(1978～1979年)

製作：KnacK（現 ICHI）

フランスの児童文学者サン・テグジュペリの「星の王子さま」が原案。小さな惑星に住んでいる星の王子さまはある日、たった一人の友だち・星のバラとケンカをしてしまう。王子さまは本当の友だちを探しに遠い地球へ旅をするが……。主人公の星の王子さまのあまりの純粋さ、かわいらしさに心が洗われ、王子さまの旅を応援せずにはいられない。映像も音楽もドリーミーかつメルヘンチックで魅力的。

涙なしでは観られない！
男装の麗人・オスカル様の激動の人生

©池田理代子プロダクション・TMS

「ベルサイユのばら」

(1979～1980年)

制作：東京ムービー新社（現 トムス・エンタテインメント）

池田理代子による不朽の名作をアニメ化。フランス革命へと向かう激動の時代を生きる男装の麗人・オスカルやフランス王妃・マリー・アントワネットを取り巻く壮大な歴史の物語をドラマティックな映像と音楽で表現した。美しい作画に、壮大な演出とストーリー、さらに田島令子、志垣太郎ら声優陣による熱演も忘れがたい大作ロマン。めくるめく名場面、名セリフの連続に涙が止まらない！

リアルな関西弁が斬新！
今なお色褪せぬ名作人情劇

©はるき悦巳／家内工業舎・TMS

「じゃりン子チエ」

(1981～1983年)

制作：東京ムービー新社（現 トムス・エンタテインメント）

はるき悦巳原作による、大阪の下町を舞台にした人情漫画をアニメ化。巨匠・高畑勲が監督したことでも知られる。小学生・竹本チエは、働かない父テツに代わって稼業の「ホルモン屋」を毎日切り盛り。チエの健気さに涙したり、カッコよさにスカッとしたり、きっと誰もがチエちゃんファンに！　父テツのCV西川のりおほかネイティブの関西弁を話すキャラたちがリアルで、浪花の人間ドラマとしても秀逸だった。

「だーれがころしたクックロビン♪」
「パタリロ！」ワールドが見事にアニメ化

©魔夜峰央・白泉社・東映アニメーション

「パタリロ！」

(1982～1983年)

製作：東映動画（現 東映アニメーション）

魔夜峰央の代表作をアニメ化。小国マリネラ王国のパタリロは若き天才国王。「美少年キラー」の異名を持つバンコラン、バンコランの愛人マライヒらが、パタリロが巻き起こす大騒動に翻弄されていく。原作の耽美な世界観をほぼそのままアニメ化した手腕と、変幻自在のパタリロを演じたCV白石冬美の演技力が見事！「だーれがころしたクックロビン♪」のメロディも大流行した。

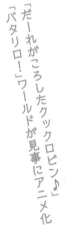

「愛してナイト」

これぞ少女漫画♡なラブストーリー
猫のジュリアーノも人気に

(1983〜1984年)

製作:東映動画（現 東映アニメーション）

ロックバンドのボーカルと庶民的なお好み焼き屋の少女の運命の恋を描いた、多田かおるの大人気ラブコメディが原作。お好み焼き屋「まんぼう」の一人娘・三田村八重子（やっこちゃん）を巡って、人気ロックバンド「ビーハイブ」の剛さんと里美（サミー）が恋のライバルになるという羨ましい展開に悶絶。剛の弟・橋蔵ちゃんやデブ猫ジュリアーノも人気に。最高に'80sガーリーなオープニングアニメは必見！

©多田かおる／集英社・東映アニメーション

「ハイスクール！奇面組」

主題歌も思い出に残る
とにかくパワフルな学園ギャグ！

(1985〜1987年)

製作:日本アドシステムズ

「個性的な顔」とされる、クセの強すぎる一堂零率いる「奇面組」5人組が、ヒロインの河川唯・宇留千絵を巻き込んで学園中をパニックに陥れる、新沢基栄原作のドタバタコメディ。「週刊少年ジャンプ」（集英社）連載の少年漫画ながら、アニメ版はラブコメ要素も多分にあったことや、うしろ指さされ組の主題歌が大ヒットして、女子人気も高かった。秘技「奇面フラッシュ」も、アニメ版ならではのド迫力（笑）！

©新沢基栄／NAS

「あんみつ姫」

少女漫画の古典的名作が
ポップ&キュートにアニメ化

(1986〜1987年)

制作:スタジオぴえろ（現 ぴえろ）

倉金章介による昭和期の漫画作品を題材に、過去何度もドラマや映画化されている古典的名作のアニメ版。あまから城に住むやんちゃでお転婆な「あんみつ姫」が大騒動を巻き起こす時代劇コメディ。キャラクターデザインの南家こうじが手がけた愛らしくポップなキャラは、本作の大きな魅力となっている。時代劇なのに現代的なストーリーやおニャン子クラブが歌うテーマソングが楽しかった！

©倉金章介／ぴえろ

「アイドル伝説 えり子」

実在のアイドル・えりりんをフィーチャー
ドラマティックな展開にくぎ付け！

(1989〜1990年)

製作:葦プロダクション

田村えり子は大手芸能プロを経営する父を突然の事故で亡くし、母も昏睡状態となる。残されたえり子は波乱に満ちた運命に翻弄されながらもアイドル歌手としてデビューし、数々の試練や困難を自らの「歌」で切り開いていく──。大映ドラマさながらのシリアスなストーリーが当時話題に。実在のアイドル・田村英里子とタイアップし、作中でもえりりんの楽曲がふんだんに流れていた。テーマ曲「ロコモーション・ドリーム」は名曲♡

©葦プロダクション・ビックウエスト

あの呪文を唱えて変身！

魅惑の魔法少女アニメクロニクル

アニメ番組華やかなりし時代の80年代において、とりわけ女の子たちが憧れ、胸をときめかせたのが「魔法少女アニメ」でした。夢いっぱいの魔法アイテムを自在に操り、不思議な呪文で魔法をかける、そんなヒロインになってみたかった！ 今観ても心がときめく珠玉の「魔法少女アニメ」の歴史にご注目♪

'60s&'70s&'80s 魔法少女アニメヒストリー

1966年　「魔法使いサリー」　魔法少女アニメのパイオニア！

1969年　「ひみつのアッコちゃん」

1970年　「魔法のマコちゃん」

1972年　「魔法使いチャッピー」

1973年　「ミラクル少女リミットちゃん」

1974年　「魔女っ子メグちゃん」

1978年　「魔女っ子チックル」

1979年　「花の子ルンルン」

1980年　「魔法少女ララベル」

東映魔女っ子リシーズ

「魔法少女ララベル」
©藤原栄子・東映アニメーション

1982年　「魔法のプリンセス ミンキーモモ」　80年代魔法少女アニメブームの火付け役！

1983年　「魔法の天使クリィミーマミ」

1984年　「魔法の妖精 ペルシャ」

1985年　「魔法のスター マジカルエミ」

1986年　「魔法のアイドル パステルユーミ」

ぴえろ魔法少女シリーズ

「ひみつのアッコちゃん（第2作）」
©赤塚不二夫・東映アニメーション

1988年　「ひみつのアッコちゃん（第2作）」

1989年　「魔法使いサリー（第2期）」　リメイクで再び人気に！

「魔法少女ちゅうかなぱいぱい！」
「魔法少女ちゅうかないぱねま！」
石ノ森章太郎原作「東映不思議コメディ」シリーズ ※実写

女の子向け「魔法少女アニメ」というジャンルの始まりは、アメリカの人気ドラマ「奥様は魔女」のヒットを受けて制作された、1966年の東映動画（現 東映アニメーション）製作の「魔法使いサリー」（横山光輝原作）にまで遡ります。1969年には赤塚不二夫原作の「ひみつのアッコちゃん」が放送開始。この2作の成功を受けて、以降「魔法のマコちゃん」（1970年）、「さるとびエッちゃん」（1971年）、「魔法使いチャッピー」（1972年）、「ミラクル少女リミットちゃん」（1973年）、「魔女っ子メグちゃん」（1974年）、「花の子ルンルン」（1979年）、「魔法少女ララベル」（1980年）に至るまで、「東映魔女っ子アニメシリーズ」が断続的に発表されました。

「ララベル」以降、1982年に放送開始となったのが「魔法のプリンセス ミンキーモモ」（葦プロダクション）でした。「ミンキーモモ」はそれまでの東映動画のシリーズとは一線を画し、毎回あらゆる職業の大人の女性に変身するという少女の夢を体現した設定で絶大な支持を得ました。さらに、主人公モモが呪文を唱えながら変身するシーンは新体操のように美しくドラマティックで、「魔法少女」の新たな時代の幕開けを感じさせるものでした。翌1983年には「魔法の天使クリィミーマミ」（スタジオぴえろ）が登場。「魔法少女」ものに「芸能界」という新たな憧れ要素をプラスし、普通の女の子が「アイドル歌手」に変身するという女の子の究極の願望を、スタジオぴえろらしいセンスあふれる作画・演出でアニメ化。今なお色褪せない「魔法少女」ものの代表作となっています。「クリィミーマミ」以降も、「魔法の妖精 ペルシャ」（1984年）、「魔法のスター マジカルエミ」（1985年）、「魔法のアイドル パステルユーミ」（1986年）と「ぴえろ魔法少女シリーズ」のヒット作品が続きました。「勧善懲悪学園コメディ」の要素が強かった60～70年代から、80年代に入ると、自らが意志を持ちキラキラと輝く自立した美少女ヒロイン像が確立していき、女の子の求める「魔法少女」は、時代とともに変遷していったのです。

ゆかしな的！ 魔法&変身アイテムベスト！

「ひみつのアッコちゃん」（1969年）の「魔法のコンパクト」大ヒットから始まった、心ときめく“魔女っ子おもちゃ”の数々。あなたも魔法少女になりきって遊んだ記憶があるはず☆ ゆかしなもんがとくにお気に入りの作品と名作アイテムをご紹介します♡

「魔法のプリンセス ミンキーモモ」

（1982年～1983年）

製作：葦プロダクション

空にある夢の国「フェナリナーサ」のプリンセス・ミンキーモモは、3匹のお供（シンドブック&モチャー&ピピル）を連れて地球に舞い降り、ペットショップの夫婦の子どもとして生活することに。毎回さまざまなトラブルに遭遇するが、魔法のペンダントとステッキで大人（18歳）のモモに変身し、華麗に事件を解決していく。モモのCV小山茉美による、子どもと大人の声の演じ分けがじつにすばらしい！ 作中に登場する魔法のアイテムは玩具としても大ヒットし、「ピピルマ ピピルマ プリリンパ…」の呪文とともに広く浸透。その後の「魔法少女アニメ」ブームの火付け役および金字塔になった名作である。

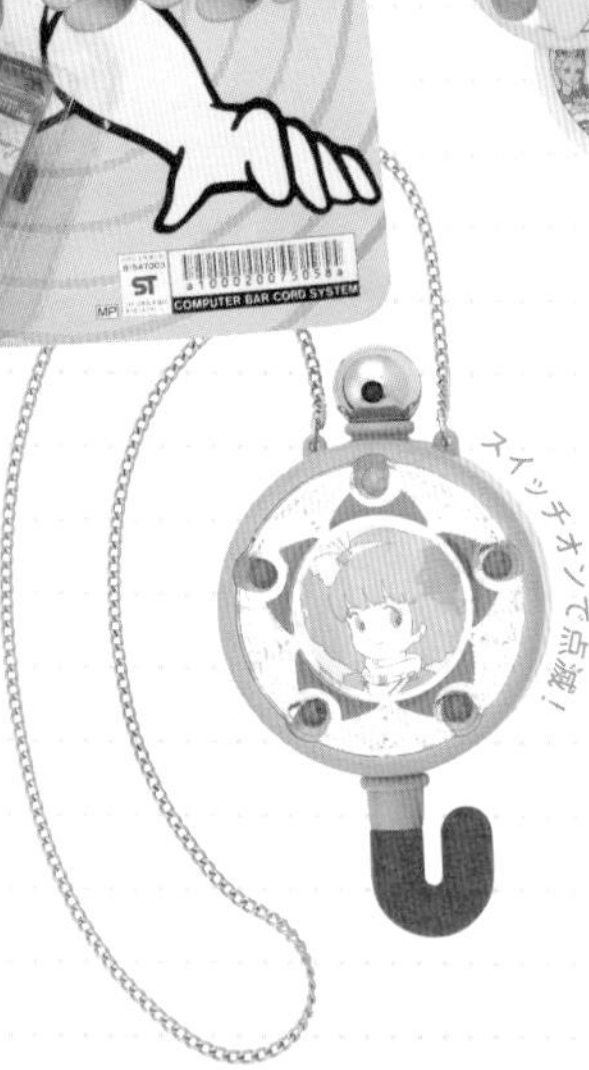

魔法のプリンセス ミンキーモモ ピカピカペンダント

発売元：バンダイ

物語の初期に登場する変身アイテム・魔法のペンダントがモチーフ。ダイカットのパッケージもかわいい！

魔法のプリンセス ミンキーモモ　デチョンパ

発売元：バンダイ

人気キャラクターのデジタルウォッチシリーズ「デチョンパ」。液晶画面で時刻とアニメーションを見ることができる。

魔法の天使クリィミーマミ まほうのコンパクト

発売元:バンダイ

魔法の天使 クリィミーマミ クリィミーステッキー

発売元:バンダイ

魔法のアイテム・ミニステッキがおさめられたコンパクトは主題歌が流れる仕組み!

©ぴえろ

「魔法の天使クリィミーマミ」

(1983年～1984年)

制作:スタジオぴえろ(現 ぴえろ)

「ぴえろ魔法少女シリーズ」の記念すべき第1作。活発な10歳の女の子・森沢優は、ある日、地球で迷子になった妖精ピノピノを助けたお礼に、1年の期限付きで魔法のステッキを授けられる。そして変身後の姿で芸能プロダクション「パルテノンプロ」にスカウトされ、アイドル歌手「クリィミーマミ」として人気を得ていく—。高田明美による美麗なキャラクターデザインや、キュートなアイドル衣装、カラフルな魔法のアイテムは大人気となり、本作そのものが80年代を代表するポップアイコンとなる。また、優とマミのCVを実在のアイドル・太田貴子が務め、そのフレッシュな演技と歌も作品の魅力の一つになっていた。

©ぴえろ

「魔法のスター マジカルエミ」

(1985年～1986年)

制作:スタジオぴえろ(現 ぴえろ)

香月舞は、伝説の女流マジシャン、エミリー・ハウエルに憧れる11歳の女の子。ある日鏡の中に住む妖精トポに出会い、魔法のブレスレットをプレゼントされた舞は、16歳の天才マジシャン・マジカルエミに変身!祖父母が主宰する魔術劇団「マジカラット」のメンバーとして華麗なイリュージョンを披露していく。しかし、魔法の力で人気と栄光を得た舞には次第に迷いが生じ、トポに魔法を返すことを決意する—。王道の「魔法少女の変身もの」としての華やかなキャラクターの魅力もさることながら、一人の少女の切ない成長物語としても見ごたえのある良作。CVを務めた小幡洋子の主題歌「不思議色ハピネス」も必聴!

魔法のスター マジカルエミ ハートブローム

発売元:バンダイ

このステッキを回しながら呪文を唱えると、マジカルエミに変身!「パラリン リリカル パラポラ マジカル～♪」

モグタンとお姉さんの不思議なタイムトラベル

「まんがはじめて物語」メモリーズ

80年代の子ども番組の中でも、とくに思い出深い番組のひとつが「まんがはじめて物語」。
さまざまな物事のはじまりを調査する、ピンク色のモグタンと素敵なお姉さんのタイムトラベルが楽しかった☆
おなじみのあの呪文、覚えていますか？

クルクルバビンチョ
パペッピポ
ヒヤヒヤドキッチョの
モーグタン！

いろいろな「はじめて」を実写とアニメで楽しく勉強

「まんがはじめて物語」は1978年から84年までTBS系で放送された、子ども向けの人気教養番組。毎回、「ヘリコプター」「レントゲン」などさまざまなモノや事象の「はじめて」を探しに行く内容で、「文化庁子供向けテレビ用優秀映画賞」を受賞した名作です。放送は1回30分の枠でテーマは2本立て。ためになる内容もさることながら、登場人物であるピンク色の不思議な生物・モグタンと元気で好奇心旺盛なお姉さんのナイスなコンビネーションが人気に！番組は、最初に2人の実写パートから始まります。各回のテーマの「はじめて」を一緒に探るため、モグタンとお姉さんが呪文を唱えると、タイムトラベルが始まり、アニメパートに。そして最後に、調査を終えて時間旅行から帰ってきた2人の実写パートに戻ります。タイムトラベルの呪文「クルクルバビンチョ　パペッピポ　ヒヤヒヤドキッチョのモーグタン！」は、その楽しいアクションとともに子どもたちの間でもおなじみに。毎回、このシーンにワクワクしたものでした。

初代お姉さんを演じたのは「ケロンパ」の愛称でおなじみのうつみ宮土理さん（1〜19話）。20話からは2代目お姉さんとして岡まゆみさんが登場し、最終話の305話まで出演し続け、視聴者の絶大な支持を得ました。ピンク色のモグタン（cv津賀有子さん）は時間を操る不思議な力を持ち、とても物知り！いろいろな場所に出かけるアクティブさも魅力です。毎回テーマに合わせてペンダントを変えたり、帽子や服を着用したりとオシャレさんでもありました。

そして、番組内でナレーションを担当していたのがロングおじさん（吉村光夫さん）です。本編では各テーマの詳細な情報の解説役。番組最後の視聴者コーナーでは実際に登場して、視聴者から送られてきた似顔絵などを紹介してくれました。

歴史、地理、自然科学など世界中のあらゆる物事の起源を探る番組だけに、その制作は困難を極めたといいます。1作品の制作期間は、企画段階から約半年、動員スタッフの数は200人以上にもおよんだとか。とくに大変なのはテーマごとの資料集めで、図書館や古本屋、資料館、学者へのリサーチなどあらゆる手段を使って資料を収集。膨大な労力をかけた調査を経て作られた作品を、モグタンとお姉さん、ロングおじさんのおかげで家族みんなで楽しく学べる！ずっと私たちの記憶に残る、とても良質な番組でした。

「まんがはじめて物語」全エピソード掲載!!

1話〔鉄道・電話〕 2話〔飛行機・水道〕 3話〔自動車・郵便〕 4話〔写真・電灯〕 5話〔路面電車・自転車〕 6話〔船・暦〕 7話〔野球・洋食〕 8話〔消防・ラジオ〕 9話〔蒸気機関・新聞〕 10話〔飛行船・映画〕 11話〔動物園・洋服〕 12話〔学校・銀行〕 13話〔地下鉄・潜水〕 14話〔電気機関車・麻酔〕 15話〔冷凍・石けん〕 16話〔海水浴・ガス〕 17話〔テレビ・移民〕 18話〔ロケット・貨幣〕 19話〔ロボット・救急車〕 20話〔トンネル・蓄音機〕 21話〔警察・保存食〕 22話〔発電・天気予報〕 23話〔電車・サーカス〕 24話〔ジェット機・灯台〕 25話〔遊園地・石油〕 26話〔新幹線・ビルディング〕 27話〔客車〕 28話〔エレベーター・ごはん〕 29話〔相撲・時計〕 30話〔文字・手品〕 31話〔鉄道の安全・女性第一号〕 32話〔バス・博物館〕 33話〔理容・宝くじ〕 34話〔オートバイ・音楽〕 35話〔スキー・年越し〕 36話〔お正月〕 37話〔バレエ・鉛筆〕 38話〔警察犬・さつまいも〕 39話〔自動車レース・温室〕 40話〔飛行〕 41話〔駅売り・団地〕 42話〔防犯・図書館〕 43話〔血液センター・ミシン〕 44話〔桃の節句・紙〕 45話〔水族館・雨具〕 46話〔航海〕 47話〔修学旅行・将棋〕 48話〔ヘリコプター・植物園〕 49話〔運転士物語〕 50話〔特別急行列車・繊維〕 51話〔柔道・風呂〕 52話〔プロ野球〕 53話〔端午の節句・ガラス〕 54話〔旅館・ホテル、レンズ〕 55話〔南極探検・望遠鏡〕 56話〔顕微鏡・運河〕 57話〔虫歯・港〕 58話〔そろばん・計算機、お弁当〕 59話〔船の発達・マンガ〕 60話〔人工衛星・病院〕 61話〔数字・海底資源〕 62話〔七夕・登山〕 63話〔夏祭り・鏡〕 64話〔夏休み・遠洋漁業〕 65話〔水泳・メガネ〕 66話〔花火・占い〕 67話〔高校野球〕 68話〔捕鯨・帽子〕 69話〔パトカー・化粧〕 70話〔貨物列車・宣伝広告〕 71話〔天文台・装身具〕 72話〔秋祭り・演劇〕 73話〔マラソン・ペット〕 74話〔宇宙開発〕 75話〔運動会・選挙〕 76話〔客車(再)〕 77話〔登山鉄道・切手〕 78話〔プロ野球(再)〕 79話〔文化の日・お米〕 80話〔タクシー・砂糖〕 81話〔モノレール・塩〕 82話〔ラジコン、味噌・しょう油〕 83話〔リニアモーターカー・掃除機〕 84話〔ダンプ・ブルドーザー、マッチ〕 85話〔飛行(再)〕 86話〔ロープウェイ・トイレ〕 87話〔スキー・年越し(再)〕 88話〔お正月の遊び・フットボール〕 89話〔成人式、カルタ・トランプ〕 90話〔旅客飛行機・スケート〕 91話〔運転士物語(再)〕 92話〔節分・住居〕 93話〔測量・チョコレート〕 94話〔フェリーボート・試験〕 95話〔特別急行列車・繊維(再)〕 96話〔消防特別救助隊〕 97話〔鉄道網・人形〕 98話〔モーター・乳製品〕 99話〔エンジン・美容院〕 100話〔自動車の燃料・ボールペン〕 101話〔SL〕 102話〔お花見・ものさし〕 103話〔アニメーション・パン〕 104話〔防犯・図書館(再)〕 105話〔憲法・おやつ〕 106話〔バレーボール・地下街〕 107話〔空港・コーヒー〕 108話〔科学捜査・はきもの〕 109話〔宇宙開発(再)〕 110話〔客船・水力エネルギー〕 111話〔太陽熱エネルギー・結婚式〕 112話〔デパート・チューインガム〕 113話〔パトカー・化粧(再)〕 114話〔オリンピック物語〕 115話〔海底牧場・アイスクリーム〕 116話〔駅・サーフィン〕 117話〔夏祭り・鏡(再)〕 118話〔カボチャ・時刻表〕 119話〔水泳・メガネ(再)〕 120話〔家畜・馬、接着剤〕 121話〔探検物語〕 122話〔地震予知・ダイヤモンド〕 123話〔惑星旅行〕 124話〔相撲・時計(再)〕 125話〔家畜・牛、おもちゃ〕 126話〔スチュワーデス・そば〕 127話〔飛行機NO・1物語〕 128話〔アスレチック・うどん〕 129話〔野球用具・真珠〕 130話〔バスケットボール、家畜・にわとり〕 131話〔剣道、家畜・ぶた〕 132話〔七五三・橋〕 133話〔白バイ・すし〕 134話〔警察犬・さつまいも(再)〕 135話〔日本の着物〕 136話〔理容・宝くじ(再)〕 137話〔太陰暦・暖房〕 138話〔太陽暦・ラッセル車〕 139話〔お正月(再)〕 140話〔日本酒・書道〕 141話〔ワイン・道路〕 142話〔SL(再)〕 143話〔消火器・ウィスキー〕 144話〔照明、スタンプ・印鑑〕 145話〔タクシー・砂糖(再)〕 146話〔万年筆・紅茶〕 147話〔魚屋さん・地図〕 148話〔カレーライス・ピアノ〕 149話〔八百屋さん・自動販売機〕 150話〔世界の地下鉄・髪型〕 151話〔オートバイ・音楽(再)〕 152話〔日本の鉄道〕 153話〔エベレスト登山・じゃがいも〕 154話〔テニス・ハンバーグ〕 155話〔横綱・ランドセル〕 156話〔観光バス・緑茶〕 157話〔北極探検・母の日〕 158話〔探検物語(再)〕 159話〔高速道路・交番〕 160話〔看護婦・切符〕 161話〔パイロット・養殖〕 162話〔タイヤ・梅干〕 163話〔パラシュート・ビスケット〕 164話〔人工衛星・病院(再)〕 165話〔水中翼船・サファリパーク〕 166話〔警察レスキュー・ゴム〕 167話〔駅・サーフィン(再)〕 168話〔カーフェリー〕 169話〔水着・冷房〕 170話〔高校野球(再)〕 171話〔潜水艦・応援団〕 172話〔ゴルフ・洗濯〕 173話〔交通信号・釣り〕 174話〔ラーメン・裁判〕 175話〔惑星旅行(再)〕 176話〔つけもの・生命保険〕 177話〔鉄道レール・サンドイッチ〕 178話〔鉄道のスピード記録〕 179話〔競技場・共同募金〕 180話〔遠足赤十字〕 181話〔国連・絵の具〕 182話〔飛行機NO・1物語(再)〕 183話〔婦人警官・蒸気自動車〕 184話〔タンカー・レントゲン〕 185話〔消防特別救助隊(再)〕 186話〔ライト兄弟初飛行・豆腐〕 187話〔消防自動車・活字印刷〕 188話〔グリニッジ標準時・海底トンネル〕 189話〔自動車レース・温室(再)〕 190話〔オーケストラ・みかん〕 191話〔超音速旅客機・議会〕 192話〔公衆電話・海苔〕 193話〔バレエ・鉛筆(再)〕 194話〔お城〕 195話〔船のスピード・鬼〕 196話〔通訳・河童〕 197話〔航海(再)〕 198話〔ダイナマイト・人魚〕 199話〔マラソン・ペット(再)〕 200話〔UFO〕 201話〔連結器・地球儀〕 202話〔鉄砲・制服〕 203話〔忍者・博覧会〕 204話〔ダム・納豆〕 205話〔パンタグラフ・洋菓子〕 206話〔日本の鉄道(再)〕 207話〔メーデー・スーパーマーケット〕 208話〔ミキサー車・卓球〕 209話〔バドミントン・はさみ〕 210話〔南極探検・望遠鏡(再)〕 211話〔コピー・魔法瓶〕 212話〔スペースシャトル・かつおぶし〕 213話〔傘・無線〕 214話〔テープレコーダー・電柱〕 215話〔船の発達・マンガ(再)〕 216話〔ホバークラフト・畳〕 217話〔お化け〕 218話〔深海潜水艇・温度計〕 219話〔テニス・ハンバーグ(再)〕 220話〔ジェットエンジン・空手〕 221話〔海水浴場・タバコ〕 222話〔ボクシング・お墓〕 223話〔花火・占い(再)〕 224話〔スイカ・血清〕 225話〔伝書バト・礼儀作法〕 226話〔留学・オルゴール〕 227話〔三味線・トラック〕 228話〔アスレチック・うどん(再)〕 229話〔ガードマン・天狗〕 230話〔航空母艦・じゃんけん〕 231話〔りんご・盲導犬〕 232話〔野球用具・真珠(再)〕 233話〔レスリング・ネクタイ〕 234話〔うそ発見器・太鼓〕 235話〔ゼロ・鎧兜〕 236話〔ロープウェイ・トイレ(再)〕 237話〔左側通行、ハム・ソーセージ〕 238話〔鉄道公安官・ビタミン〕 239話〔道路標識・下着〕 240話〔下水道・年賀状〕 241話〔サンタクロース・年越しそば〕 242話〔日記・さいころ〕 243話〔戦車・ボタン〕 244話〔旅客飛行機・スケート(再)〕 245話〔ニュース・電池〕 246話〔瓦・注射〕 247話〔ブレーキ・おはし〕 248話〔解剖・階段〕 249話〔万年筆・紅茶(再)〕 250話〔ボウリング・はかり〕 251話〔競馬・エスカレーター〕 252話〔カレーライス・ピアノ(再)〕 253話〔給食・ガソリンスタンド〕 254話〔鉄道・養蜂〕 255話〔電話・囲碁〕 256話〔運転免許書・かまぼこ〕 257話〔エベレスト登山・じゃがいも(再)〕 258話〔飛行機・こいのぼり〕 259話〔インスタント食品・電球〕 260話〔パスポート・板ガラス〕 261話〔旅館・ホテル、レンズ(再)〕 262話〔釣道具・先生〕 263話〔貿易・製鉄〕 264話〔踏切・ニンニク〕 265話〔救急車・紙幣〕 266話〔タイヤ・梅干(再)〕 267話〔ゲートボール・石けん〕 268話〔お中元・金魚〕 269話〔野球・写真〕 270話〔プール・うなぎ〕 271話〔カボチャ・時刻表(再)〕 272話〔ビール・郵便〕 273話〔酪農・タイプライター〕 274話〔ナイター・噴水〕 275話〔地震予知・ダイヤモンド(再)〕 276話〔ごきぶり・指輪〕 277話〔自転車・香水〕 278話〔温泉・けいこう灯〕 279話〔家畜・牛、おもちゃ(再)〕 280話〔人間〕 281話〔動物園・やきもの(せともの)〕 282話〔石炭・洋食〕 283話〔体育館・登山鉄道(再)〕 284話〔ロボット・切手(再)〕 285話〔テレビジョン・医者〕 286話〔消防、みそ・しょう油(再)〕 287話〔学校・ラジコン(再)〕 288話〔映画・文字(再)〕 289話〔ロケット、家畜・ぶた(再)〕 290話〔水道・剣道(再)〕 291話〔路面電車・手品(再)〕 292話〔カレンダー・ラグビー〕 293話〔パチンコ、カルタ・トランプ(再)〕 294話〔ラジオ・成人式(再)〕 295話〔モノレール(再)・洋服〕 296話〔ニンジン・鉄道の安全(再)〕 297話〔コンピューター・女性第一号(再)〕 298話〔こんにゃく・公衆電話(再)〕 299話〔地下鉄・塩(再)〕 300話〔お金・海苔(再)〕 301話〔新聞・桃の節句(再)〕 302話〔ガス・紙(再)〕 303話〔海外移住・人形(再)〕 304話〔気球・磁石〕 305話〔染物・鉄道網(再)〕

【スタッフ】
監督：曽我仁彦、野崎貞夫／プロデューサー：丹野雄二、永井憲二、鈴野尚志、井上博／音楽：伊部晴美／演奏：猪俣猛とダックスフント
【キャスト】
お姉さん：岡まゆみ／モグタン：津賀有子／ナレーター：ロングおじさん（吉村光夫）

「まんがはじめて物語」DVD-BOX
商品仕様：3枚組DVDBOX
全15話／26エピソード収録
販売価格：10,000円（税別）
発売日：2019年1月11日（金）
発売元：ダックスインターナショナル・TBS／販売元：TCエンタテインメント

あの時代、見逃せないテレビ番組が目白押しだった!

1985年、ある日のテレビ欄

毎日飽きもせず、テレビという楽しい箱の前にいたのは小5の少女・ゆかしなちゃん。1985年5月29日（水曜日）の新聞のテレビ欄を眺めながら、夢のようなテレビライフをプレイバック☆

1985年5月。テレビ時代の申し子・ゆかしなちゃん（小学5年生）の朝は早い。平日は7時15分からの小学生向け生ワイド番組「おはようスタジオ」でMCの志賀ちゃん（志賀正浩）の軽快なトークで目を覚ます。学校から帰宅したらワイドショー「3時のあなた」で芸能界の最新ゴシップを勉強。16時からは昭和期名物・夕方のアニメの再放送（この日はフジの「うる星やつら」「銀河鉄道999」）をお菓子を食べながらダラダラと観つつ、ドラマの再放送（主にオトナのシーン多めの「傑作ワイド劇場」）をチラ見。そして月〜金曜の17時からは「夕ニャン（夕やけニャンニャン）」（フジ）にチャンネルをロック！　おニャン子のオーディション「アイドルを探せ」や新曲が超楽しみだった。そして夜はさらに多忙に。この日は19時から国民的アニメ「Dr.スランプ アラレちゃん」（フジ）が！　キュートでパワフルなアラレちゃんにくぎ付けになった。そしてその流れで「うる星やつら」へ（本日2回目!?）。1985年5月の19時から20時は、月曜日「名探偵ホームズ」（テレビ朝日）、「キャッツ・アイ」（日本テレビ）、火曜日「藤子不二雄ワイド」（テレビ朝日）、「サザエさん（再）」（フジ）、木曜日「北斗の拳」（フジ）、「キャプテン翼」（テレビ東京）、金曜日「ドラえもん」（テレビ朝日）、「アタッカーYOU！」（テレビ東京）、土曜日「まんが日本昔ばなし」（TBS）、日曜日「タッチ」（フジ）など連日各局で名作アニメのオンパレードだった。平日20時は大映ドラマタイム！　火曜日「乳姉妹」（TBS）からの水曜日の「スタア誕生」（フジ）でドロドロ愛憎劇を摂取！　そしてこの日、21時からは「夜のヒットスタジオDELUX」（フジ）で豪華スターの歌の競演を堪能する。この日の出演者はトシちゃんに明菜、キョンキョン、有希子にチェッカーズと豪華〜！　「夜ヒット」はいつも外国人アーティストも凄くて、あのマドンナが出たときの衝撃が今も忘れられない。歌番組のほかにもバラエティやお笑い番組（「なるほど！ザ・ワールド」、「オレたちひょうきん族」「8時だョ！全員集合！」ｅｔｃ…）も観なきゃで、いったいいつテレビの前から離れられるの!?っていうぐらい忙しくも楽しい、幸せな日々だったのだ。

新　聞

10 テレビ朝日		12 テレビ東京
00 Ⓝおはよう TODAY CNN▽ショービズ▽スポーツ▽経済▽Ⓝ天	6	5:50 歌◇株式◇スポーツ 6:30 ビジネスマンⓃ 天
7:15 おはようテレビ朝日 流行オモチャ大集合▽海外面白情報▽新聞評	7	00 レール7 小千谷の谷 15 おはスタ「渋谷に出現 水かぶり和尚さん!!」
8:30 江森モーニングショー 裸の社長を温泉で直撃 豪邸住まい年商日本一	8	00 マンガのひろば「ララベル」ほか◇45天 50 番組◇55イベント85
9:30 百万円クイズハンター お世話になりました!!	9	00 うなぎのぼり鯉のぼり 浜畑賢吉 由美かおる 54 健康 斜視の早期発見
00 特捜最前線再「わらの女Ⅱ・風に乗る御陣乗太鼓！」◇55番組	10	00 ファミリー経済情報「隣地との付き合い」 30 スタスキー&ハッチ デビッド・ソウルほか
00 もうすぐお昼 女房のミエは夫の出世次第？ 30 天◇40Ⓝライナー	11	11:30 お昼だドン！ 爆笑！現代っ子ごっこ遊び▽シミ・ソバカス初夏の退治作戦 三橋美智也
00 アフタヌーン 犯人を捜せ!!強盗と格闘で死亡の学生無念◇スター	0	0:45 Ⓝ◇50生活・経済Ⓝ
00 潜入カメラ！社員食堂 15 徹子 婚約発表でスッキリ原田美枝子◇番組	1	00 同心暁蘭之介「根なし草の女」杉良太郎 伊東四朗◇55番組案内
00 こんにちは2時 速報 瀬古涙の弔辞!!▽豪華 私の服公開◇買物◇Ⓝ	2	00 映画「ウォーキング・トールPARTⅡ」ボー・スベンソン ルーク・アスキューほか
00 傑作ワイド劇場再「松本清張の山峡の章・みちのく偽装心中」音無美紀子 小野寺昭 風吹ジュン 目黒祐樹	3	3:25 トマトで健康◇30株式 45 きょうの夕刊◇55番組
4:49 TVすぽっと◇55料理	4	00 レディス4 30年を振りかえるフランク永井 45 全国選抜大学実業団対抗相撲大会
00 かぼちゃワイン再 30 熱血あばれはっちゃく再 荒木直也ほか	5	5:30 ⓃTODAY 平光淳之助◇東京手帳◇55わが青春のアルカディア
00 Ⓝレーダー マコ無念！北極の氷原▽春の園遊会▽いじめ 萩谷順 45 オバケのQ太郎	6	6:25 Ⓢ楽しいのりもの百科 30 ダッシュ勝平「君にフラフラ球はユラユラ」
00 ABOBAゲーム「田村正和は生まじめな都会派？」竹本孝之 30 水曜スペシャル「実録！日本列島女族残酷物語」生か死か！	7	00 全日本そっくりショー▽邦子、のりお絶句！ジュリー、秀樹、矢沢はるみ、進一大競演？▽館ひろし物まね特集 54 マジックQ
ガンに侵された女旅芸人最後の舞台!!▽アル中主婦！衝撃の叫び▽悲哀！イレズミ女の性▽潜入尼寺！女体の業 8:51 ミニ招待席◇54二Ⓝ天	8	00 花の女子校・聖カトレア学園 レオナルド熊 女子寮に潜入▽必見!!塩沢ときの恋愛講座▽初体験・全身美容術ほか 54 各駅停車◇女のコラム
00 欽ちゃんのどこまでやるの！ 生放送!!笑顔笑顔で名場面…今日子&ちえみ▽わらべ1歳の記録▽乱!!男闘呼組 54 世界あの店この店	9	00 クイズ・地球まるかじり！「スイスでは常識 核シェルター住居・その珍保存食！」豪華日本一・岡山の祭りずし 54 天◇57番組ハイライト
00 特捜最前線「誘拐ルート・5時間の追跡！」二谷英明 藤岡弘 大滝秀治 本郷功次郎 横光克彦 誠直也ほか 54 ビタミンライフ	10	00 気分はパラダイス「たけし拝聴!!浅草の先輩お笑いを語る」東八郎 30 スポーツTODAY▽巨×中▽広×洋 50 アート◇55ボディ
00 Ⓝ◇15スポーツⓃ 25 トゥナイト 爆弾告白 私は〝帝銀事件〟犯人平沢に毒物を渡した!! 0:25 ウソップランド「錯乱混迷好色日本史」 0:55 CNN 三上寛	11	00 さ・ナイト倶楽部 今夜はSEXY生クイズ 30 モーターランド「鈴鹿JPS・F2レース」 0:00 朝刊◇15Ⓢバナナバー 0:35 株式◇40アンタッチャブル◇天◇伝七捕物帳

この頃、「夜ヒット」以外にも月曜20時の「ザ・トップテン」(日本テレビ)、木曜21時の「ザ・ベストテン」(TBS)、日曜19時の「ヤンヤン歌うスタジオ」(テレビ東京)など歌番組も連日のように放送されていた。

「毎日新聞」1985年5月29日(水曜日)東京朝刊のテレビ欄より。

(第3種郵便物認可)

毎日

29日

1 NHKテレビ

00 Ⓝ天◇列島朝いちばん
45 ニュースワイド ▽Ⓝ▽天▽乱戦・光ディスク開発▽中ソ国境地帯リポート▽苦情続出・モデルクラブ商法
8:15 澪つくし 沢口靖子
30 ジャーナル 22年目が危ない?結婚幸福度調査から▽ビデオレター
9:30 おかあさんと一緒◇歌
00 Ⓝ◇05菓子・こはく糖
30 婦人百科「からだをいたわる巻きスカート」
00 健康「子どもの腹痛」
15 勉強室再 渥美雅子ほか
40Ⓢ名曲◇45くらし◇55天
00 Ⓝ◇20上方倹約アイデア大行進 望月美佐ほか
45 澪つくし再 沢口靖子
00 Ⓝ◇05夢で愛して再
25 関東甲信越「栃木」ほか
45 Ⓝの窓 育児休業制度
00 Ⓝ◇05クローズアップ再「マダイ放牧!」
35 子どもの腹痛再◇体操
00 Ⓝ◇菓子・こはく糖再
30 お達者くらぶ再「長寿列島北南」◇55Ⓢうた
00 Ⓝ◇ばくさんのかばん
20 へーい!ブンブー
30 つくばへの道再
00 Ⓝ◇05ひげよさらば再
15 マー姉ちゃん再
30 釣り専科再「白ギス」
00 ウオッチング「エナガのかわいい夫婦」
30 NC630「歌舞伎のトンボ道場完成」◇53天
00二Ⓝ◇天◇27テレマップ
30 連想ゲーム 仲谷昇 丹阿弥谷津子 村上弘明 叶和貴子 加藤芳郎 中田喜子 水島裕 中井貴恵ほか
00 真田太平記「華燭の宴」渡瀬恒彦 草刈正雄 丹波哲郎 遥くららほか
45Ⓢ巡礼◇50NC850 街中の生け垣コンクール
00 ニュースセンター9時 公団住宅30年難航する改修▽月間最多ホームラン・西武秋山の挑戦
40 夢で愛して 中条きよし 山咲千里
00 党首インタビュー「政治課題にどう取り組むか」塚本三郎(民社)不破哲三(共産)
45Ⓢザッツミュージック 宮前ユキ しばたはつみ ミー ジャイブほか
11:15 きょうのスポーツとニュース 巨人×中日▽ワールドⓃ▽11:45Ⓝ天▽11:55焦点「すすむか南北朝鮮の交流」

3 NHK教育テレビ

00 高校数学I◇30体操
40 お達者くらぶ
00 フランス語講座「作曲家ラベル」清水康子ほか
30 スペイン語講座
00 市民大学・新アフリカ学再「政治と経済」米山俊直◇45コラム再
00 おとぎ◇15できるかな
30 はたらくひとたち再
45 みんななかよし
00 いちにのさんすう
15 たのしいきょうしつ再
30 はに丸◇リポート日本
00 小2音楽◇15あんぜん
30 ほうさんのとけかた再
45 小6理再 地層は語る
00 理科再「器具の工作」
20 高校地学再「太陽系」
40 銘柄産地徹底研究・茶
10 世界地理再「タイ」
30 ミクロ◇35中3理科「微生物」◇漢字字典
00 小5理◇くらしの歴史
30 高校講座・古典への招待 大鏡・東風吹かば
00 人形劇再◇15ETV8再「球磨川はぼくらのアトリエ」岡本太郎ほか
00 勉強室 母性愛が危ない・子どもからの反撃
30 婦人百科再 スカート
00 お母さんと一緒◇うた
30 こどもの発達相談再「質問にこたえて」
00 ロシア語講座再「どんな花ですか?」
30 中国語講座再「いかがですか?」榎本英雄ほか
00 高等学校講座再 数学I「指数の拡張」飯島忠
30 ベストサウンド 難波弘之 バウワウ 山下久美子 中村あゆみ
00 ETV8「若者たちのメッセージ・土方歳三」リポーター・椎名誠
45 テレビコラム「なごや芝居事情」海部康男
00 きょうの料理再「たのしい菓子づくり・あじさいのこはく糖」
25 ファミリージャーナル「夫たちの憂うつ・金豊かさの中の生活苦」斎藤茂男 野田正彰 司会・秋山士郎
10:15 市民大学・地震・そのメカニズムと防災「地震と建築」宇佐美竜夫
00 高等学校講座・古典への招待再「大鏡・東風吹かば」柳井滋
30 英語会話II再「ザ・インタビュー」松坂ヒロシ 小松達也

4 日本テレビ

00 あさ6生情報 Ⓝ天▽築地・スポーツほか◇Ⓝ
00 ズームイン!!朝! Ⓝ天▽セーラー服の銀行員▽先生も五月病?▽日本全国離島巡り▽台湾の旅・最後の観光地
8:30 ルックルックこんにちは「ドキュメント女ののど自慢」愛人から4年目戻った夫に私は…▽私の酒乱と暴力にこりた酒乱の夫◇店の味
10:30 桃太郎侍再「旅は道連れ、世は無情」
11:25 生活情報◇30多Ⓝ◇Ⓝ
45 料理◇天◇番組クイズ
00 ワイドショー 悪夢!!いじめに泣く息子と未亡人の私の涙◇暮らし
00 大村崑のお楽しみ料理
15 蛍光おしゃれ麻倉未稀
30 三枝の爆笑夫婦◇55Ⓝ
00Ⓢ2時ワイド 年商200億!田園調布の社長邸
50Ⓢ酒井広うわさのスタジオ 結婚決意!!森田健作が京都美人と電撃お見合い◇TV情報◇Ⓝ
00 パパと呼ばないで再「性教育騒動!」石立鉄男 杉田かおる
00 Ⓝ◇04ゴッドマーズ再
30 キャプテン再「新キャプテンは誰に?」
00 はいからさんが通る再「美しき嘘」
30二きょうのニュース「青い目の体験入学」◇天
00Ⓢナイター情報
02Ⓢプロ野球〜後楽園 巨人×中日 解説・村山実 【中止のとき】 7:00エッ!うそーホント? おさわり農法? 7:30Ⓢ歌のワイド90分!「心に残るあの名曲今夜あなたに全20曲」春日八郎他総勢14名!
8:54二Ⓝ◇57番組案内
00二天
02二水曜ロードショー「13日の金曜日PART2 5年前の血の惨劇が甦る…呪われた雨のキャンプ場!!」(81年米)スチーブ・マイナー監督 エイミー・スティール ジョン・ヒューリー 吹榊原良子 解説水野晴郎
10:54 スポーツⓃ
00二きょうの出来事 イスラエル国境占領地報告
30 11PM「回転式舞台で激しく迫る!女と男のキワドイ話」本番娘▽阿修羅乱入◇0:35天Ⓝ
0:55 傷だらけの天使再

6 TBSテレビ

06 ポップス◇料理◇ライオンズ◇Ⓝ&スポーツ
00 朝のホットライン 奇才!!ギャグ漫画・谷岡ヤスジ▽山菜共和国ほか
00 Ⓝ◇ホットライン ファッション界に新風!!
30 森本モーニングEYE 三浦和義氏ロンドンから帰国▽なんと!洋酒と偽りガソリン飲ます
00 出逢い・めぐり逢い再「突然の訪問者」池内淳子 小川知子ほか
00 街かどテレビ「熱唱!爆笑!飛び入り・綾瀬鳥羽一郎ほか」◇天Ⓝ
00 社長かヒラか!H&L 太っ腹社長妊娠9カ月
40 五度半さん 南果歩ほか
00 遥かなり母と娘の旅路
30 嫁の力こぶ 浅茅陽子
45 女ひとり 宮本信子ほか
00 Ⓝ◇05ありがとう再 水前寺清子 山岡久乃 大空真弓 石坂浩二ほか
00 3時にあいましょう 瀬古涙の別れ!!恩師告別式▽若山富三郎再起
00 赤い殺意再 市原悦子
30 高校聖夫婦再「先生ぼくたちは結婚しました」鶴見辰吾ほか
5:30 EXPOスクランブル 慎吾もりもり料理の謎
00 テレポート シルバー族を狙え!最近新商売
30二ニュースコープ 夏商戦本番・企業の作戦は▽南北赤十字会談▽中村監督お別れ会▽天ほか
7:20 ザ・チャンス!「婚約者大会―結婚前から女性上位?異常興奮で爆笑の嵐!」◇大好き
00 わくわく動物ランド 必見!海底の謎コブシメに迫る!!▽子育て拝見!可れんな姿でエンヤコラ▽爆笑!!サイの視覚実験 関口宏◇Ⓝ
00 水曜ドラマスペシャル「単身家族・最後に愛を見たのは・最終回」夏樹静子原作 山浦弘靖脚本 瀬川昌治監督 小野寺昭 酒井和歌子 夏樹陽子 朝丘雪路 荒木一郎 太川陽介ほか
10:23天◇25データブティック「あなたはどっち?モテる女モテない女」
54 海外トピックス
00 Ⓝデスク 加藤和雄
15 スポーツデスク 巨人×中日▽西武×南海ほか
35 情報デスク 求む消息 北に消えた日本人妻達
0:15Ⓢアン・ナイト 麻倉未稀ほか◇1:13天

8 フジテレビ

00 巨人の星再◇27番組
30 Ⓝモーニングワイド「リレー空模様」永島信道 吉崎典子◇味話
7:30 わたしのアンネット再
00 ひらけ!ポンキッキ
30 おはよう!ナイスデイ 国際結婚?人身売買?マニラの花嫁月額5万▽母号泣!!強盗に殺された息子告別式◇写真
00 らくらくTOKIO「1匹いれば80匹!!家庭を襲うゴキブリの恐怖と新必殺撃退法」
11:30 Ⓝレポート11・30 露木茂 小出美奈
00 笑っていいとも! 絶好調!ピタリ当てまショー▽CMコンテスト
00 いただきます 大爆笑珍世相放談!今日は?
30 しのぶ 藤吉久美子ほか
00 男の家庭科再 田村正和 音無美紀子 竜雷太 石野真子◇Ⓝ
00 3時のあなた 瀬古が涙の弔辞!!中村監督葬▽聖子最新情報◇生活
00 うる星やつら再「悲しき妖怪人恋しくて」
30 銀河鉄道999再
00 夕やけニャンニャン「とんねるずのエバってんじゃねえよ!」
00 Ⓝスーパータイム パリ地下道の大音楽家▽瀬古、恩師と最後の別れ▽春の園遊会◇天
00 Drスランプ「恐怖のおじょうひんゴッコ」声小山茉美 内海賢二
30 うる星やつら「またまた純情キツネ!しのぶさんが好き」
00 スタア誕生「新たなる旅立ち」堀ちえみ 風見慎吾 国広富之 若林豪 梶芽衣子 梅宮辰夫 下川辰平ほか◇54二Ⓝ天
00 今夜のヒットスタジオ
02Ⓢ夜のヒットスタジオデラックス「英国のスーパースター初来日!初出演ポール・ヤング」加山雄三 高橋真梨子 サザンオールスターズ 森進一 チェッカーズ 中森明菜 小泉今日子 シブがき隊 八代亜紀 岡田有希子 田原俊彦
10:52 梅宮辰夫のくいしん坊
00 Ⓝ◇15プロ野球Ⓝ▽巨人×中日▽広島×大洋▽西武×南海ほか
0:10Ⓢサウンドし◇25ⓈJAPOP85◇55企業再
1:00 影師伊之助捕物覚え再
2:46 今日の視点◇51天

「雪の断章—情熱—」
Blu-ray&DVD発売中
Blu-ray：5,170円（税抜価格 4,700円）
DVD：2,750円（税抜価格 2,500円）
発売・販売元：東宝

'80sガーリー映画
マストウォッチカタログ

ゆかしなもんの心の琴線に触れる'80s映画を、ここではあえて「'80sガーリー映画」と呼ばせていただこう。スクリーンで出会った、忘れえぬヒロイン・ヒーローや名シーンの数々——。いやぁ、映画って本当にいいもんですね。

相米慎二監督作品

「翔んだカップル」配給：東宝 1980年
（監督：相米慎二　主演：鶴見辰吾、薬師丸ひろ子）
手違いで同じ家に住むことになった高1の男女の青春物語。「あたし…綺麗？」の夜のシーンにドギマギ！

「セーラー服と機関銃」配給：東映 1981年
（監督：相米慎二　主演：薬師丸ひろ子）
高2の星泉が、弱小貧乏暴力団「目高組」の4代目に⁉ 渡瀬恒彦演じる佐久間がとにかくカッコよくてシビれる。

「台風クラブ」配給：東宝/ATG 1985年
（監督：相米慎二　主演：三上祐一）
台風の接近とともに感情の高ぶりを抑えられない中学生たちの姿を描く。BARBEE BOYSの挿入歌が印象的。

「雪の断章—情熱—」配給：東宝 1985年
（監督：相米慎二　主演：斉藤由貴）
孤児の少女・伊織が2人の男から愛され、殺人事件に巻き込まれる。由貴ちゃんの体当たりの熱演は必見！

アイドル出世作

「早春物語」配給：東宝 1985年
（監督：澤井信一郎　主演：原田知世）
鎌倉で出会った中年男は亡き母の恋人だった—。淡い恋心に戸惑う17歳の少女を原田知世が好演！林隆三さんが素敵だった♡

「ザ・オーディション」配給：東宝東和 1984年
（監督：新城卓　主演：世良公則　セイントフォー）
4人の少女を芸能界デビューさせるリアル・スター誕生物語。「セイントフォー」のキレッキレなパフォーマンスは圧巻！

「怪盗ルビイ」　配給：東宝 1988年
（監督：和田誠　主演：小泉今日子　真田広之）
kyon²&真田さん主演のおしゃれコメディ♡kyon²のメイク、ファッションが全部かわゆくて憧れた～！

「さびしんぼう」
配給：東宝 1985年
（監督：大林宣彦
主演：富田靖子）
「尾道三部作」の第3作。2役を演じた富田靖子の瑞々しい演技、とりわけラストの雨のシーンが大きな感動を呼ぶ。

「さびしんぼう <東宝DVD名作セレクション>」
DVD発売中　2,750円（税抜価格 2,500円）発売・販売元：東宝　

漫画原作系

「伊賀野カバ丸」配給：東映 1983年
（監督：鈴木則文　主演：黒崎輝）
亜月裕原作の人気作をJAC軍団総出演で映画化。とくに真田広之氏が演じた沈寝様はもはや伝説！

「みゆき」配給：東宝 1983年
（監督：井筒和幸　主演：永瀬正敏）
あだち充の人気作を映画化。2人の「みゆき」に翻弄される少年の揺れ動く恋模様。若かりし永瀬くんの少年ぽさにキュン♪

「はいからさんが通る」配給：東映 1987年
（監督：佐藤雅道　主演：南野陽子　阿部寛）
大和和紀の名作を実写化。ナンノちゃんの袴姿がとにかくかわいい！阿部ちゃんほか、脇を固める出演者も豪華だった。

「花のあすか組！」配給：角川 1988年
（監督：崔洋一　主演：つみきみほ）
原作は高口里純。近未来を舞台にした美少女バイオレンス！原作とはだいぶ違うが、サイバーパンクな歌舞伎町はカッコいい。

仲村トオルワールド

「ビー・バップ・ハイスクール」
配給：東映洋画 1985年
（監督：那須博之　主演：仲村トオル　清水宏次朗）
ジャパニーズ不良映画の金字塔。TALL（トオル）はソリコミ＆長ランの愛徳高校・中間徹を見事に演じて一気にブレイク！

「新宿純愛物語」配給：東映洋画 1987年
（監督：那須博之　主演：仲村トオル　一条寺美奈）
20歳のアウトロー＆女子高生の危険な恋の逃避行！TALLと美奈がデュエットした主題歌が実に味わい深い。

「ラブ・ストーリーを君に」配給：東映洋画 1988年
（監督：澤井信一郎　主演：後藤久美子　仲村トオル）
白血病の少女と大学生との純恋物語。国民的美少女・ゴクミとの共演が話題に。普通の大学生役のTALLが新鮮♡

「六本木バナナ・ボーイズ」配給：東映 1989年
（監督：成田裕介　主演：仲村トオル　清水宏次朗）
六本木育ちの2人組の笑いあり、アクションありの青春ストーリー。やっぱりTALL&宏次朗は最強のバディだね！

ジャニーズ系

「ハイティーン・ブギ」配給：東宝 1982年
（監督：舛田利雄　主演：近藤真彦）
同名の大ヒット少女漫画の映画化。マッチと武田久美子のラブシーンのときに観客から悲鳴が上がったのも懐かしい。

「ボーイズ&ガールズ」配給：東映 1982年
（監督：森田芳光　主演：シブがき隊）
シブがき隊の映画デビュー作。東京の全寮制男子高校を飛び出した3人組のひと夏の恋を描く。恋模様がかなりリアルでドキドキ！

「あいつとララバイ」配給：東宝 1983年
（監督：井上梅次　主演：少年隊）
少年隊の映画初主演作。恋と友情とバイクが織りなす青春物語。突如始まるダンスシーン（西条満先生振付）にくぎ付け！

「ロックよ、静かに流れよ」配給：東宝 1988年
（監督：長崎俊一　主演：男闘呼組）
長野県に住む、ロック好きな高校生たちの青春ドラマ。男闘呼組の4人の役と演技が見事にハマった感動作。「ミネさー！」

アーティストもの

「すかんぴんウォーク」配給：東宝 1984年
（監督：大森一樹　主演：吉川晃司）
吉川晃司のデビュー作かつ「民川裕司3部作」の1作目。スターの階段を昇る吉川と物語がリンクする、傑作青春映画。

「CHECKERS in TAN TANたぬき」
配給：東宝 1985年
（監督：川島透　主演：チェッカーズ）
チェッカーズはじつはタヌキだった⁉ 全編ヒット曲＆懐かしの衣装満載で楽しめる～！激アツのラストシーンも必見。

「・ふ・た・り・ぼ・っ・ち・」配給：東映 1988年
（監督：榎戸耕史　主演：古村比呂　近藤敦）
「BARBEE BOYS」のKONTA主演。KONTAの冴えない感じのサラリーマン姿と夜明けのシーンに身悶え～！

「TOKYO-POP」配給：松竹富士ほか 1988年
（監督：フラン・ルーベル・クズイ
主演：キャリー・ハミルトン　田所豊）
「RED WARRIORS」のダイアモンド☆ユカイ主演の切ない恋物語。なんとX JAPANの出演も⁉

※社名は公開当時のものを記載している場合があります

'80s Girly Culture Guide

CHAP.,3

ガールズトイ

クリスマスや誕生日が楽しみだったのは、
新しいおもちゃを買ってもらえるから♡
80年代はまだ子どもの数も多く経済的な成長期でもあり、
人形にぬいぐるみ、それにLSIゲームなどで、数々のメガヒットおもちゃが誕生。
実際にフードが作れちゃうクッキングトイもテンションが上がりました！

みんな持ってた！ あのアイテムから振り返る
'80sベストヒットガールズトイ

70～80年代にかけて発売された女児向け玩具は、テクノロジーの進化で劇的に発展！一方で、ドールやぬいぐるみなどの定番アイテムも新たな展開を見せました。女の子の胸をときめかせたの人気アイテムを要チェック！

80年代は、すでに緩やかに少子化が進んでいましたが、玩具市場は年々拡大を続けた時代でした。70年代後半から80年代にかけてLSIゲームが登場。ガールズトイ(女児玩具)においては、77年にタカラ(当時)から「こえだちゃん」シリーズ、その後「キキ&ララ 月のおうち」が発売されヒットします。80年は「ルービックキューブ」(ツクダオリジナル)や「ゲーム&ウオッチ」(任天堂)が発売になり、社会現象に！

80～81年頃は、「Dr．スランプ アラレちゃん」などのキャラクター系玩具が人気に。「おはよう！スパンク」の玩具が売れたのもこの頃です。83年には「ファミリーコンピュータ」(任天堂)が発売され、市場を席巻。ガールズトイでは人気アニメ「愛してナイト」のLSIゲーム「ハーピット」(バンダイ)が大ヒットしました。高額なハイテク玩具が躍進した一方で、着せ替え人形のタカラ(当時)「リカちゃん」や「ジェニー」、動物のぬいぐるみは女児からの高い人気をキープ。さらに85年の「シルバニアファミリー」(エポック社)をはじめとする動物系ドールハウス玩具のヒットは、女児玩具史における大きなトピックスでした。ほかにも、実際にフードや編み物などの作品が作れるギミック系ホビー玩具も、劇的な進化を遂げた時代だったのです。

こえだちゃんシリーズ

1977年にタカラ(当時)から発売された「こえだちゃん」。森に住む妖精・こえだちゃんの「木のおうち」をメインとするシリーズで、80年代、テレビコマーシャルとともにそのメルヘンな世界が人気となった。可愛いイラストバージョンの商品も多数！

初代
(1977年～)

屋根のボタンを押すと上に開き、おうちになる仕掛け

「こえだちゃんの木のおうち」
タカラ(当時)

2代目(1979年～)
おうちの周りにお庭とテラスを増設～。

3代目
(1983年～)
再び持ち運びしやすいかたちに。この後どんどんギミックが増え9代目まで発売！

こんな商品も♡

「シャボン玉 こえだちゃん」
タカラ(当時)1980年代

「おはよう! スパンク　スパンクのクッキングレンジ」
ポピー（現 バンダイ）1981年

クッキーやホットケーキ
づくりにチャレンジ!

同梱されている粉に牛乳を混ぜて、
実際に食べられるクリームの
お菓子を作れちゃう!

クッキングトイ

60年代末〜70年代に大ブームとなった「ママレンジ」シリーズ（アサヒ玩具）に代表される、クッキングトイ。おもちゃながら実際に調理できるところが、大人の真似をしたい年頃の女の子にウケて大人気だった。

「いただきますシリーズ ソフトクリームハウス」
バンダイ　1986年

コンパクトながら
しっかり編める〜!

ホビー系おもちゃ

編み物や裁縫、タイプライター……などなど、おもちゃの域を超えた本格志向の商品が続々登場。

「手織教室」
タカラ（当時）1981年

ハートカンパニー

女の子のきれいなものへの憧れを大切にしたシリーズ♡ 可愛いダブルハートのデザインと、おしゃれやライフスタイルに特化したラインナップで人気に。

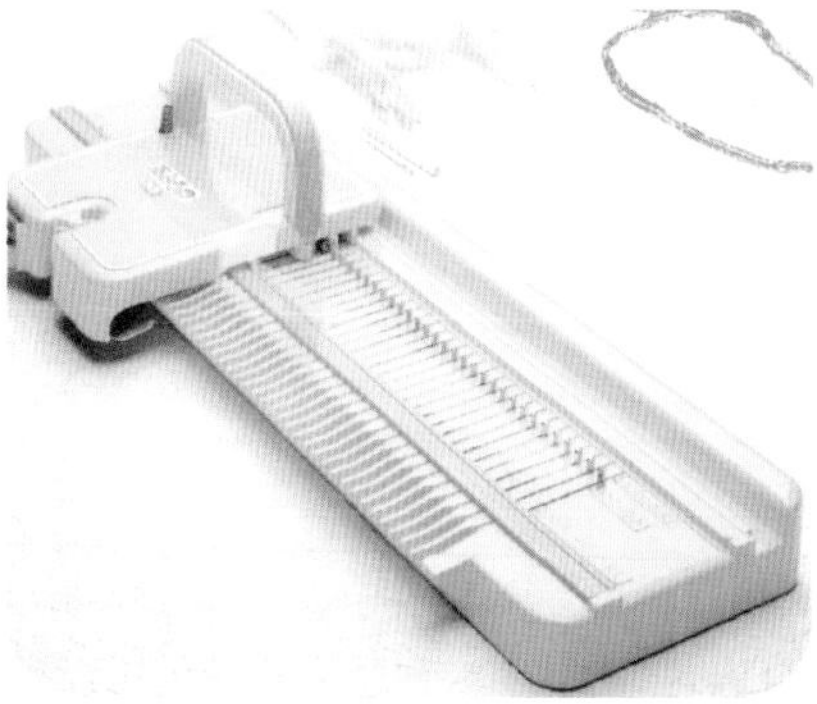

「あみもの教室」
タカラ（当時）1980年

ピンク＆ダブルハートに
ときめく♡

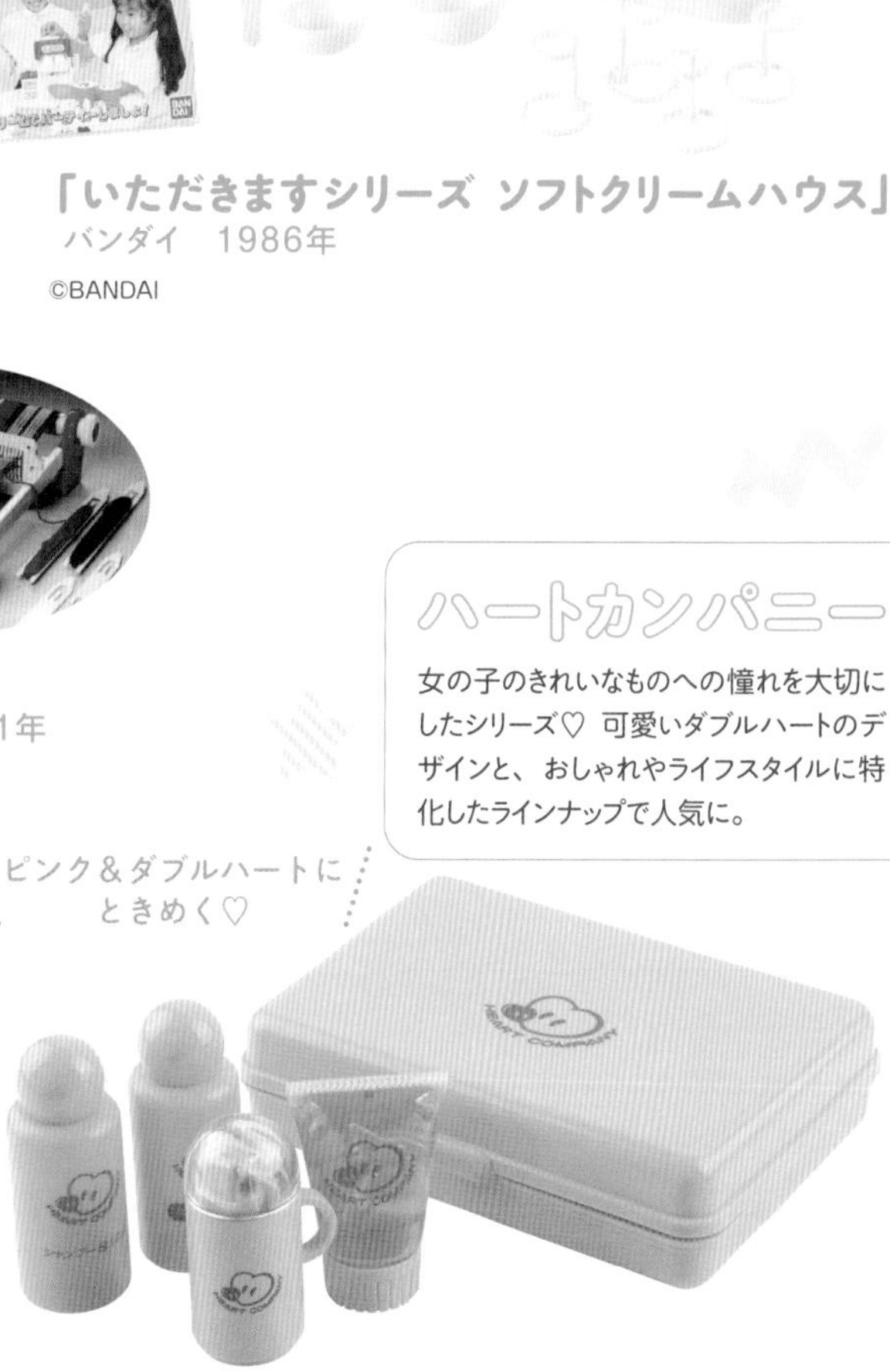

「ハートカンパニー トラベルセット」
アルプス商事　年代不明

ショップ系おもちゃ

お買い物したり、店員さんになったり 。ワクワクのショッピングを疑似体験できるショップ系おもちゃは、昔も今もガールズトイのマストアイテム♡

星座のティンクルちゃんが
ファッションショップで
お買い物！

「ティンクルちゃんの おしゃれのお店」
野村トーイ　年代不明

どこかで見たことあるような、
リアルなパッケージにも注目！

「魔法の妖精ペルシャ
魔法のペルシャストア」
バンダイ 1984年

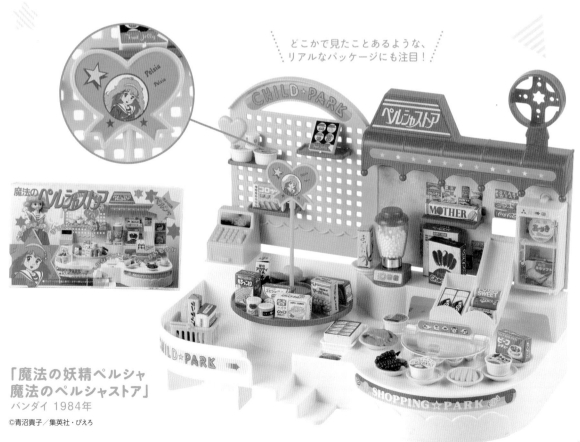

多田かおる先生の
「愛してナイト」(集英社)も
ハーピットに！

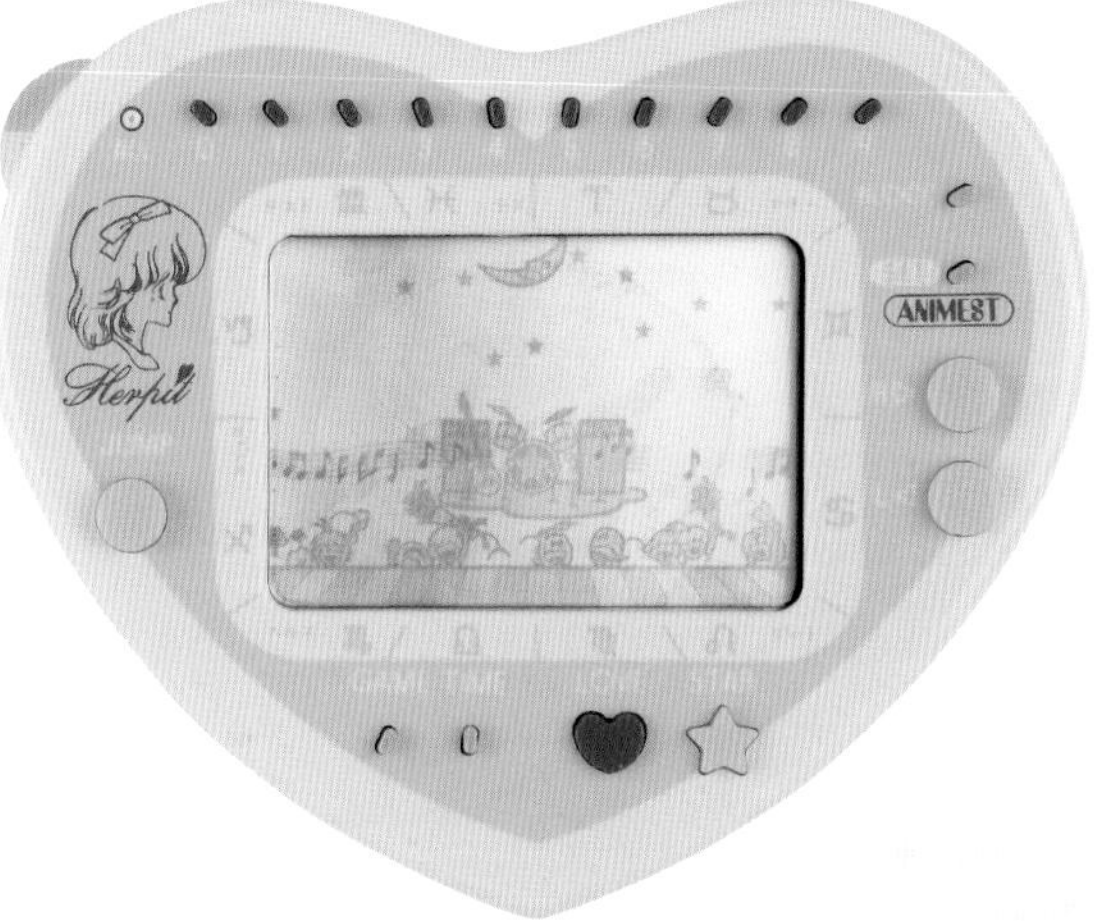

「愛してナイト ふたりのときめき占い ハーピット」

ポピー（現 バンダイ）1983年 ©多田かおる／集英社

ハーピット

迷える女の子たちの道しるべ！ 占いができるLSIゲームという画期的な商品として、女の子のハートをガッチリ掴み、ヒットした「ハーピット」。ゆかしなもんも激推しの記憶に残る名作！

「プチハーピット・スター　占いノート」

ポピー（現 バンダイ）1984年

©BANDAI

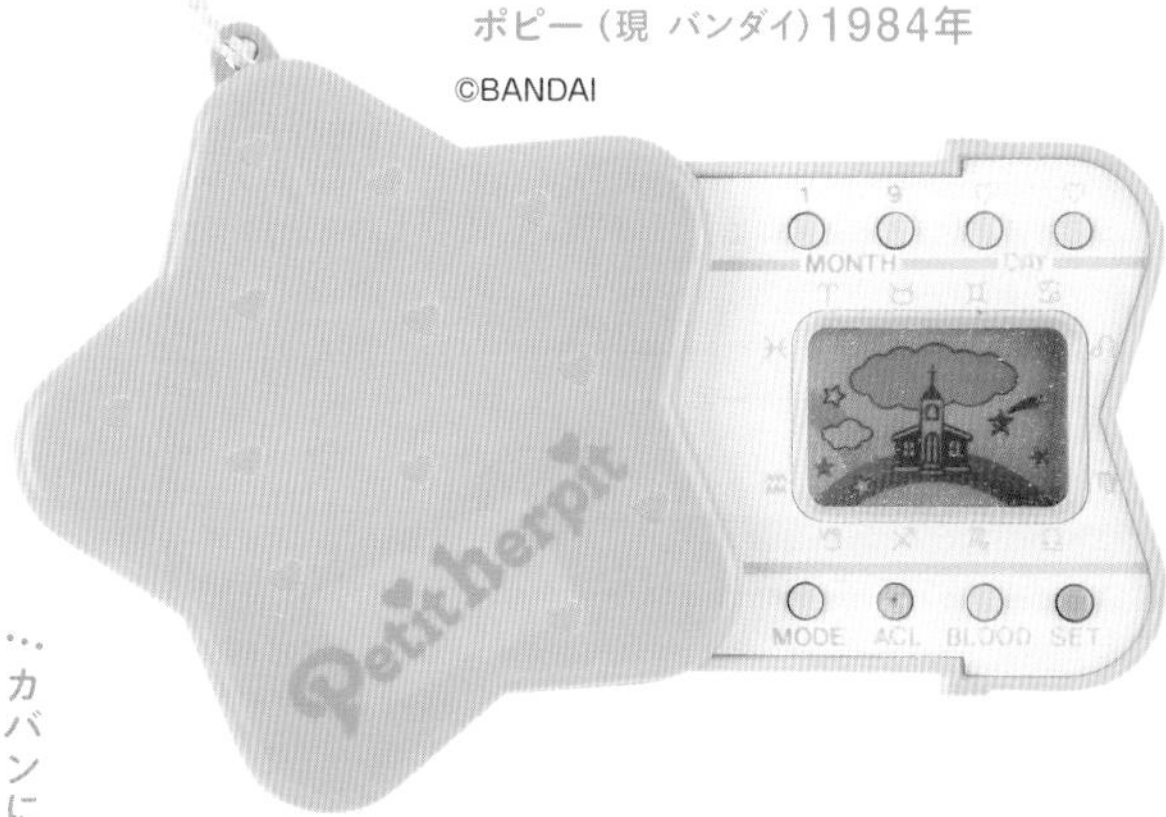

カバンにも
つけられる
ミニタイプ。
2099年まで
占えるのだ！

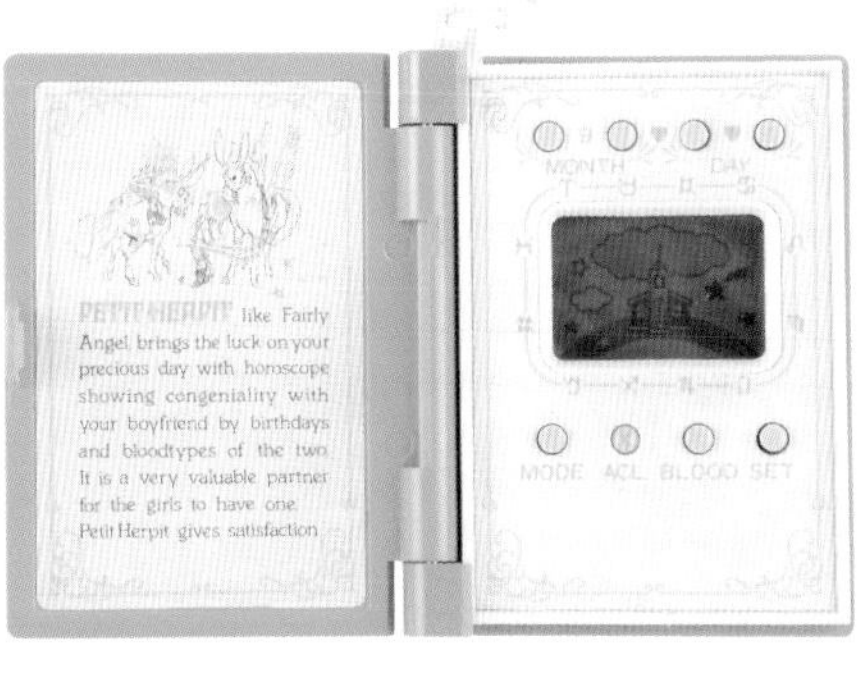

「プチハーピット・ブック　占いノート」

ポピー（現 バンダイ）1984年

©BANDAI

ドールハウス＆人形

この時代のガールズトイを象徴するのがこのジャンル。まず80年代前半にセキグチの「テディベアストーリー」が発売され、95年に「シルバニアファミリー」（エポック社）、その後「メイプルタウン物語」（バンダイ）、「3年2組のなかまたち」（タカラ ※当時）が続いた。本格的なドールハウスと、そこに暮らす動物たち（フロッキー人形）の物語は女の子たちのコレクション欲をそそる魅惑の世界♡

森のなかで雑貨屋さんを営むクマのテディと、その仲間たちの物語

「テディベアストーリー」
セキグチ 1983年頃 ©SEKIGUCHI

うさぎや猫の家族も！

「3年2組のなかまたち」
タカラ（当時） 1986年

舞台は学校。カラフルなドールがキュート！

アニメも人気！「メイプルタウン」に暮らす、うさぎのパティやクマのボビーたちが織りなすストーリー

「メイプルタウン物語」
バンダイ 1986年

ファッションドール

バービーやリカちゃんなど従来から人気のドールに加え、各社から新ラインが続々登場した80年代。それぞれコンセプトが異なり、自分のお気に入りのドールを見つけるのが楽しかった!

「ジェニー」
タカラ（当時）1986年

ジェニーはちょっと
大人っぽい
ファッションが得意！

アンナとのぞみの友達コンビ！
メイクの練習ができる
「おしゃれメイク・アンナ」も
人気だった

**「チャーミーツイン
アンナとのぞみ」**
バンダイ 1982年

ドレスの種類が
豊富だったセーラ。
ホンダとコラボした
「おしゃれタクト」は
伝説の逸品！

「きらきらセーラ」
トミー（当時）1982年

テーマは
"ヨーロピアン
ロマンティック"。
180度開脚可能な足で、
好きなポージングを
楽しめる！

「エリーナ」
オオイケ 1986年

子どもたちの憧れと共感が詰まったおともだち!

わたしたちの「リカちゃん」ストーリー

1967年に誕生した「リカちゃん」(タカラトミー)は、55年以上もの長い時間とともに“着せ替え人形の代名詞”と言っても過言ではない存在へと成長しました。そのヒストリーを、開発当時と'80sを中心に振り返ります。

日本の子どものための着せ替え人形

常に時代の最先端を取り入れ、子どもたちの憧れであり続ける「リカちゃん」。そんなリカちゃんが生まれたのは、今からおよそ55年前の1967年のことでした。当時、浮き輪などのビニール玩具を製造していた「タカラ」(当時)の創業者・佐藤安太社長が、アメリカには着せ替え人形を入れるキャリングケースというものがあるらしいという情報を得て、自社で人形ケースを製造することを決意したのがきっかけです。その少し前にビニール製人形「だっこちゃん」で世の中に一大ブームを巻き起こしたタカラでしたが、それも落ち着き、季節や流行にとらわれない、長く愛される商品を作りたいという願いが背景にはあったそう。

佐藤社長から「ドリームハウス企画進行記録」と書かれたノートとともにその開発を託されたタカラの社員・小島康宏さんは、当時、日本における着せ替え人形の主流であった海外の人形の売り場やカタログを調査し、そこにあったドールハウスとキャリングケースを一緒に作ることを思いつきます。けれど、試作を進めるうち、それら輸入物の着せ替え人形を入れるハウスは日本の家庭や子どもたちには大き過ぎることが問題に。そこで、「日本人の子どもに合うサイズの人形とハウスを作ろう」となり、それがリカちゃん誕生へとつながっていったのです。

時代とともに柔軟に変化するリカちゃん

小島さんは少女漫画の世界観も参考にしながら、年齢、名前、家族、好きなものなど人形のパーソナリティを細かく設定していきました。

そうして試行錯誤を重ね発売されたリカちゃんはたちまち子どもたちの心を掴み、その年のクリスマス商戦で飛ぶように売れ一躍ヒット商品に。当時のお洋服のコーディネートを見てみると、それぞれ「フランス語のおべんきょう」「展覧会に」「軽井沢」などと名付けられ、その頃の子どもたちの憧れのシーンをうかがい知ることができます。

上昇気流に乗ったリカちゃん人気はとどまるところを知らず、おともだちや家族、ボーイフレンドのドール、家具、ハウス、ドレスなどの新商品を次々とリリース。そしてリカちゃん自身も1972年に2代目、1982年に3代目、1987年に4代目へとモデルチェンジ。進化を遂げていくのです。

タカラトミー広報課の村山麻衣子さんによると、82年にリニューアルした3

右は、1967年誕生当時の初代リカちゃん。お父さんはフランス人、お母さんは日本人のハーフという設定。「リカ」の名前は音の響きも考えて付けられた。当時、こうした詳細なプロフィールを持つ人形は珍しかったとか。

リカちゃんプロフィール

名前:香山リカ
年齢:11歳(小学5年生)
誕生日:5月3日

取材・撮影協力:タカラトミー、一般財団法人 日本玩具文化財団

歴代のリカちゃん

初代リカちゃん
(1967年〜)

栗毛色のカールヘアが特徴。ボディは子どもの手にすっぽり収まる21cm。

2代目リカちゃん
(1972年〜)

瞳の星の数が1つから3つに。マグネットシューズで自立するように!

3代目リカちゃん
(1982年〜)

赤茶色のストレートヘアにイメージチェンジ。顔も従来に比べ少しふっくら。

4代目リカちゃん
(1987年〜)

35年以上続く現行モデル。明るい髪色で、ボディサイズもすらりと22cmに。

代目で大きく変わったのは、まず髪型がカールからストレートロングヘアになったこと。そして顔が小さくなり、少し丸顔に。さらにまだ当時珍しかったイアリングがつけられるようになったのも大きな変化だったそう。

ちなみにずっと変わらないこともあり、それはリカちゃんの〝視線〟。真正面ではなく少し左を向いているのです。誕生以来、現在の4代目リカちゃんにも踏襲されています。

自分の夢や憧れを投影できる存在

時流を読み、変えることと変えないことのバランスをとりながら、55年以上ものあいだ日本の子どもたちに寄り添い続けてきたリカちゃん。近年では、大人世代にもリカちゃんファンの輪が広がっています。

「昔リカちゃんで遊んだお子さんが成長して、大人になってもまだ好きでいてくれる。そうして自然とファン層が広がっていった感じです」(村山さん)

2014年にはリカちゃん自身が「今を生きる女の子」として日常を発信するSNSもスタート。これも大人のリカちゃんファンを夢中にさせました。時代に合わせてかたちを変えた「リカちゃんでんわ」(1968年〜現在も継続)と言っていいかもしれません。

「Be colorful!」。今、リカちゃんにはそんなメッセージが託されています。子どもたちが本来持っている夢や希望を、リカちゃんを通じて見つけてもらえたら……という願いです。そしてそれは、子どものみならず大人のファンにも向けられています。

「大人になってリカちゃんに触れると、改めて自分の〝好き〟を再認識できるんですよ」(村山さん)

リカちゃんは、自分が好きなものや夢や憧れを誰にも遠慮せず素直に出すことができる、稀有な存在なのです。

LiccA
Stylish Doll Collections

2015年に誕生した、大人も楽しめるブランド。上品なコレクションを着こなすリカちゃんに注目!

リカちゃんファミリー

こちらは現在のリカちゃんファミリー。おなじみ、フランス出身の音楽家のパパ・ピエールと、デザイナーのママ(織江)。双子の妹(ミキ、マキ)、三つ子の妹と弟(かこ、みく、げん)。

リカちゃん公式ツイッター
&インスタグラム @bonjour_licca

twitter.com/bonjour_licca
www.instagram.com/bonjour_licca

'80sリカちゃんコレクション

どの時代を切り取っても可愛いリカちゃん♡ここでは私たちにとって馴染み深い80年代のリカちゃんを、3つのテーマでピックアップ！

お嬢様風のレースと小花柄ワンピースもよく似合う!〈3代目〉

超ミニドレスも着こなすスタイル抜群のリカちゃん〈3代目〉

女の子の憧れ! CAの制服でバッチリ決めるリカちゃん〈4代目〉

流行を取り入れるのが上手い、おしゃれなリカちゃん。80年代はアイドル風のドレスやサンリオとのコラボスタイルが特に人気だった。タカラトミーのリカちゃん事業部・松本志保さんによると、現在は常時40種ほどのコーディネートが揃うそう。「トレンドを意識しつつ、安全面にも考慮しながら可愛いデザインを開発しています」（松本さん）。

'80sリカちゃんハウス

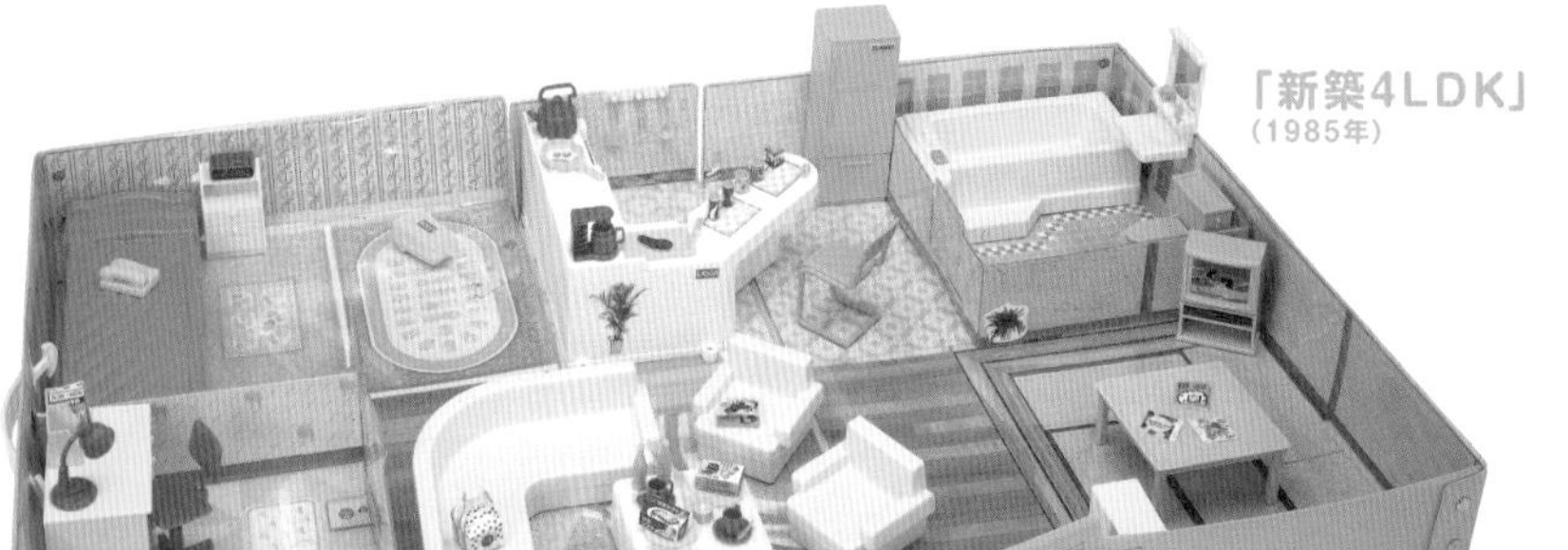

「新築4LDK」
（1985年）

「家族だんらん」
（1989年）

リカちゃんハウスを見れば、当時の住宅事情がよくわかる。1984年に発売された「ゆったりさん・2LDK」は、その後シリーズで3LDK、新築4LDKが続けて登場。また、それまでの縦型タイプから平置きタイプになり、子どもたちがごっこ遊びをしやすくなったのも特徴。

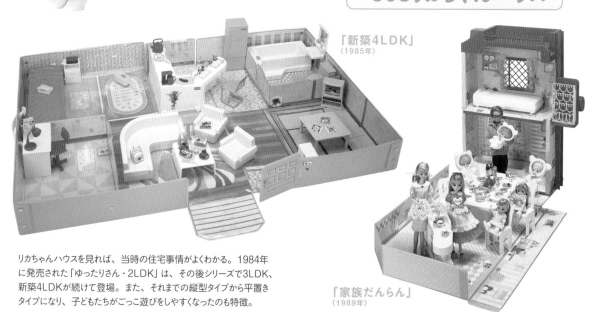

'80sショップ系おもちゃ

「リカちゃんハウス」とともに“ハウスもの”と呼ばれるショップ系おもちゃも、常に世相を反映したユニークなものが揃っている。また、「マクドナルド」や「すかいらーく」「サーティワン」など、時代に先駆けてコラボアイテムも多く発売されていた。

「スポーツクラブ」
(1982年)

おしゃれなウェアに身を包み、テニスを楽しむリカちゃん。

マクドナルドの制服姿も話題になった!〈3代目〉

「マクドナルドショップ ドライブスルータイプ」
(1986年)

職業体験ができるのも魅力の一つ。こちらは大人気のマクドナルドショップのドライブスルー版。ボーイフレンドのイサムくんがオープンカーで颯爽とテイクアウト!

NOW!

「リカちゃん ようこそ! サーティワン アイスクリームショップ」
(2023年)

こちらは現在の人気商品。アイスはなんと20種類！小さいサイズながら本格的なスクープを使ってショップ体験を楽しめる。

懐かしのあのコに再会！

'80sヒットぬいぐるみ

机に飾ったり、ベッドで一緒に寝たり……。ガールズトイのなかでも、ぬいぐるみは特別な存在。きっと誰にでも思い出の“あのコ”がいるはずです。ここでは、80年代を彩った各社のオリジナリティあふれるぬいぐるみたちをご紹介。その抱き心地まで蘇る?!

モンチッチ

愛らしいおしゃぶりのポーズでお馴染み♡体はぬいぐるみ、顔はソフトビニールというつくり。現在も新商品がリリースされている、日本を代表するキャラクター！

カッパのキューキュー

好物!?のきゅうりを手にしたカッパのキューキューは、鮮やかな配色が'80s！

セキグチ

1918年にセルロイド人形を製造・販売する会社として創業したセキグチ。同社の顔とも言える「モンチッチ」は、1974年に発売後、アニメ化されるなど大ブームに! さらには海外にも進出して世界的なキャラクターとなった。80年代に入ると当時テレビで人気の「ムツゴロウ動物王国」シリーズやライオンの「ジョジョくん」、「カッパのキューキュー」などを展開。80年代後半はパラシュート生地を使った「フラッフィーバルーン」が大きな話題に。新素材ぬいぐるみブームを牽引した。

フラッフィーバルーン

シャリシャリした肌触りとくたっとした柔らかさが新しかった。子どもっぽ過ぎずインテリアにもマッチ！

オリエンタルトーイ

創業から100年を超えるぬいぐるみ専業メーカー。80年代の商品で記憶に残るのがなんといっても「うめ吉」。「風の画家」として知られる中島潔が描いたイラストを、素朴で品のあるぬいぐるみとして再現。ロングセラーとなった。

うめ吉

2023年、約10年ぶりにリニューアルして登場するそう!（写真は80年代当時のもの）。

こいぬのドン

よちよち歩いたり、お座りする電動ぬいぐるみ。ひとまわり小さい「ちびっこドン」もあった。

アルプス商事

かつて存在した老舗玩具メーカー・アルプス商事。女児向け玩具では「ハートカンパニー」が有名だが（p.53）、80年代初期にヒットしたのがセントバーナードのぬいぐるみ「こいぬのドン」。関東ではTVCMも放送されていた。

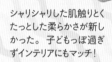

モーモーパック

オオイケ

名古屋に本社を持つ玩具メーカーで、昭和初期から陶製人形、文化人形、ソフビ製ミルク飲み人形、歩行人形、「ミリオンベビー」……など先進的なドールを次々と世に送り出してきた。ぬいぐるみでは、70年代に「タータン熊」「熊五郎」がヒット。1980年に発売された鳴くぬいぐるみ「モーモー」は、クッションなどの雑貨や、カーディガン、ベストといったアパレルにもなった人気者。

モーモー

1980年に発売。抱き上げると「モ〜モ〜」と鳴く。牛乳パックに入ったタイプなど多展開され、5年にわたりヒット！

コーンきつね

ペロッと出した舌が可愛い「コーンきつね」は1987年に発売。ほかに「アップルあらいぐま」などもいた。

ハナコハウス

胸いっぱいに花束を抱いたうさぎさん。母の日やホワイトデーなど、ギフト商品として開発された。

森のパーティ

ネズミ、クマ、うさぎ、ネコなどのマスコットタイプのぬいぐるみシリーズ。

ラッキー・マック・サンディ

うさぎのラッキー、クマのマック、犬のサンディたちによる、メルヘンチックな世界。可愛いお洋服にも注目！

サン・アロー

1918年創業のサン・アローが、ぬいぐるみの企画・販売を始めたのは70年代後半のこと。1979年に「森のパーティ」を発売し、その3年後にリリースした「ラッキー・マック・サンディ」は現在まで販売が続くロングセラーに！ 80年代末からはスタジオジブリ関連のぬいぐるみでもお馴染みの存在となった。

老舗メーカーの丁寧なものづくり
吉徳のぬいぐるみヒストリー

「人形は顔がいのち」のフレーズで知られる、江戸時代中期創業の日本人形店「吉徳」。実はオリジナルのぬいぐるみを手掛けるメーカーとしても長い歴史があります。私たちの心に残る可愛いぬいぐるみの誕生秘話と現代までの変遷を貴重な資料とともに紐解きます!

立クマ、立イヌ
（1970年代）

蛍光色のようなカラフルな毛並み。
つけ襟&ネクタイもおしゃれ!

化学繊維の普及で色鮮やかなぬいぐるみが登場

雛人形や五月人形などの伝統的な日本人形で知られる「吉徳」。実はぬいぐるみメーカーとしても長い歴史があり、2021年には65周年を迎えました。そのきっかけは、1956年のこと。渋谷駅前にあった東急文化会館に設けられた日本人形の売り場に、たまたま手作りの小さなぬいぐるみを売り込みに来た女性がいたとか。これを売り場に並べてみたところ、またたく間に売り切れたことから、同社で本格的にぬいぐるみ販売が始まりました。昭和初期の日本の玩具業界では、中に入れる詰め物も布や木毛（もくもう／もくめん）、おがくずのような固めの素材が使われていたと言われています。吉徳がオリジナルのぬいぐるみを作り始めるようになったのは、60年代後半から70年代頃。60年代半ば頃から、新素材のアクリル繊維やウレタンなどが玩具業界に広く行きわたり、量産化が可能に。抱き心地が改良されたこともあって商品数も右肩上がりに増えていきました。70年代の吉徳のカタログには、アクリル繊維を用いた鮮やかな発色のモダンなぬいぐるみが数多く見られます。70年代前半には「ネムリ犬」、毬を持った「座りマリ持クマ」、ぱっちりまつ毛がキュートな「座りパンダ」などが発売され、人気を博しました。

「当時から犬や熊、いろいろな動物のぬいぐるみが多かったですね。70年代前半まではどのメーカーもお互いを真似しあっていたようで、他社のぬいぐるみもだいたい同じような感じでした」と同社資料室学芸員の石塚友さんが語るように、70年代は各社のオリジ

座りマリ持クマ
（1970年代）

座りパンダ（1970年代）

吉徳ぬいぐるみ事業65周年展（2021年開催）のポスターにも登場した人気者。

ロン（1970年代）

赤い舌が可愛い犬の「ロン」シリーズ。
同じポーズで「ネムリ犬」もいた。

ノラいぬ
（1970年代）

「ノラねこ」「ノラベア」とともに
70年代カタログに登場。

ニューピエンヌ

（1980年代中期）

ピエロのような衣装が印象的。白うさぎ、黒ウサギのほか、猫もいた。

スイート・キャンディー（1980年代）

キャンディーシリーズ。ワンピース、パンツタイプがおり大小サイズ揃っていた。

ズーニーランドキリン

（1980年代中期）

20年以上のロングセラーとなったズーニーランドシリーズ。

プーワちゃん

（1980年代中期）

70年代を思わせる独特の色遣いが特徴のゾウのプーワちゃん。

その名の通りぽっちゃりした姿が愛らしい羊。リボンとお揃いのツノにも注目。

ポチャリーヌ

（1980年代中期〜1990年代初期）

ナリティがまだはっきりとは出ていませんでした。

オリジナリティが進化した80年代

79年には、吉徳製のぬいぐるみに「FS」というブランド名が付くようになります。それまではクリスマスなど特別なイベントのときに買ってもらう高級品だったぬいぐるみが、80年代には日本の経済成長とともに、一般家庭に普及。同社の個性あふれるオリジナルのぬいぐるみが登場するようになりました。2000年代まで発売が続いた「ズーニーランド」シリーズのキリンやピエロ風のうさぎ「ピエンヌ」、うさぎの「スイート・キャンディー」やネコの「ニュークリーミー」など、今でも私たちの記憶に残る愛らしいぬいぐるみが誕生しました。

87年には、ぬいぐるみ事業専門のデザイン室を創設。現在に至るまで、数々のヒット商品を生み出しています。「製作の工程にはいくつかありますが、当時はデザイナーがパターン（型紙）まで起こし、工場に依頼するという流れが多かったのです」と語るのは、同社営業3部デザイン室の白石田紀子さん。入社したデザイナーが、パターンの起こし方を学べる環境が吉徳にはあったと言います。そんな社風もあって、歴史ある同社には、当時のぬいぐるみの設計図のような手描きの仕様書が残されていました。2021年に65周年の記念展示を開催した際、うさぎの「ニュー・キャンディー」を復刻販売することになったときも、当時の貴重な仕様書が役に立ったそう。「展示に訪れた来場者からたくさんの懐かしい、可愛いという声をいただいて、吉徳のぬいぐるみには一過性のブームではない不変の愛らしさがあると再認識しました」（白石田さん）。2023年にも、また新たな復刻版ぬいぐるみの発売が決定！（p.69） 吉徳は、過去のアーカイブを大切に守りながら、現代のトレンドに合った新たなぬいぐるみを生み続けているのです。

’70s&’80s吉徳カタログコレクション

1960年代後半からオリジナルのぬいぐるみを手掛けるようになった吉徳。資料室に残る数々の貴重な資料から、70年代・80年代のカタログを初公開！

1970年代カタログ

1970年代

左は1970年代のカタログ。イラストも交えたとても凝ったデザインで、クマ、イヌ、パンダといったお馴染みのモチーフが並ぶ。右下にいるのは、背に乗れるシーソータイプのぬいぐるみ。車輪付きもあった。1973年のカタログ（下）ではアクリル繊維の鮮やかなぬいぐるみが目を引く。

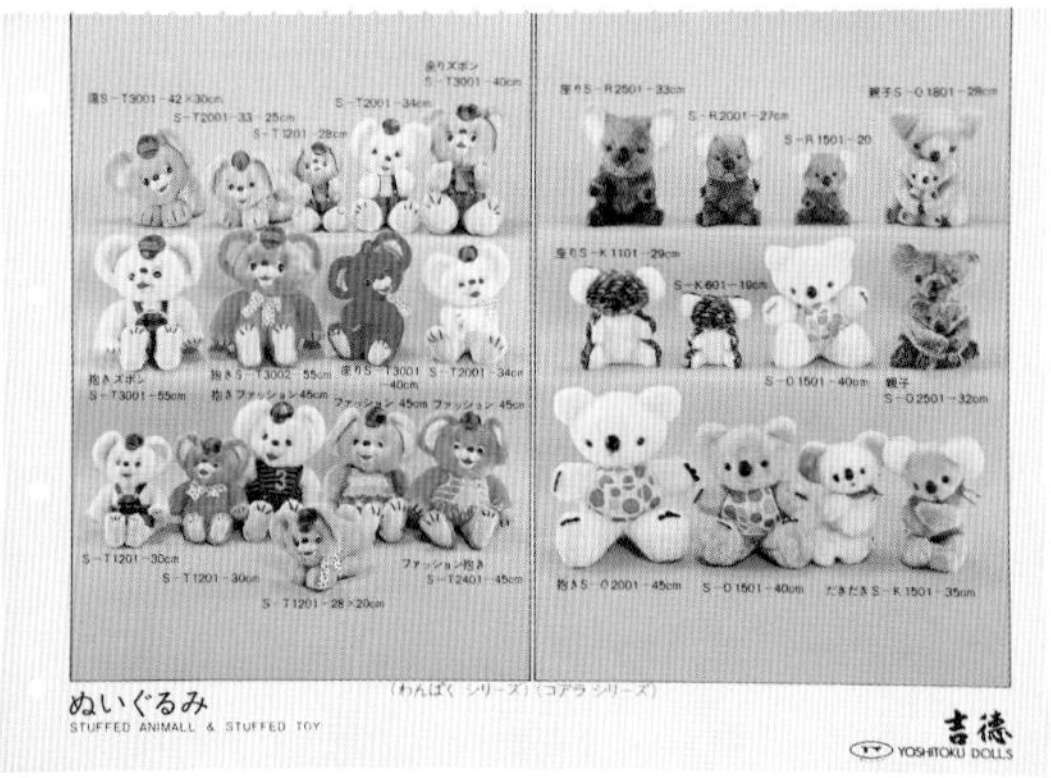

1973年カタログ

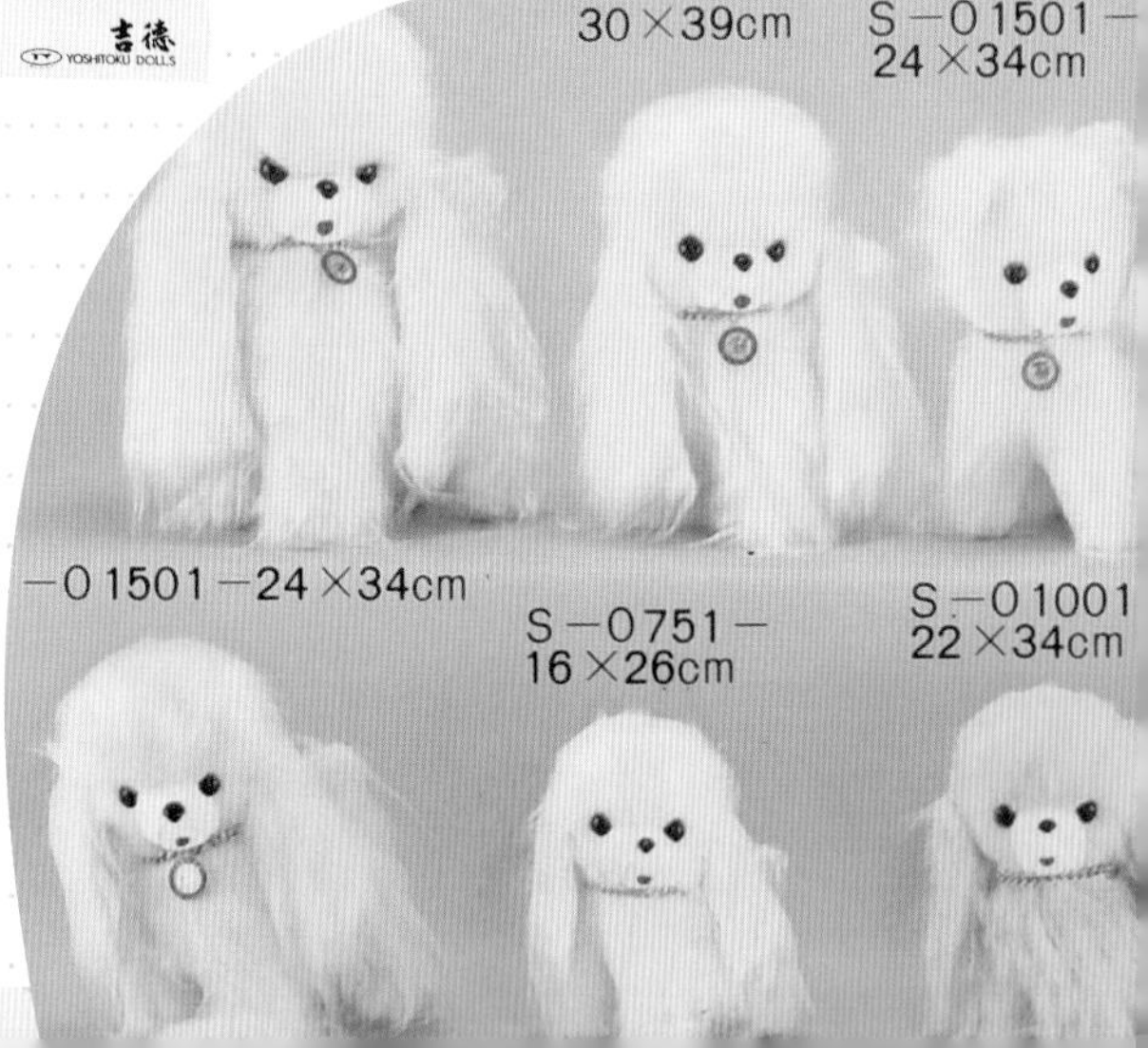

1976年カタログ

1981年カタログ

1980年代前半

80年代に入ると、70年代の雰囲気を残しつつも、丸みを帯びた柔らかな風合いのぬいぐるみが並ぶようになる。キャンディーシリーズ（p.65）、クリーミーシリーズ（p.68）が登場したのもこの頃。キャラクターのようなファニーな表情のものも見られる。

右上は「ぶりっ子」という名のカラフルな犬

1982年カタログ

1986年カタログ

1980年代後半

よりバラエティ豊かになっていった80年代後半の商品群。インテリアの一部としてリビングに飾っても違和感がない、高級感あふれるシリーズが登場した。一方で、80年代の“パロディ”“ギャグ”ブームを反映したオモシロものも!

1987年カタログ

1987年カタログ

'80s吉徳

ファンシーぬいぐるみ ベスト3

80年代、吉徳から多く誕生したファンシーテイストなぬいぐるみの中から、ゆかしなもんが特にぎゅっと心を掴まれたコたちをご紹介！

Qピッピ

80年代半ばに登場した、愛らしいネズミのぬいぐるみ。手に持った枕もキュート！

ニュークリーミーねこ

淡いパステルの色合いが人気だったクリーミーシリーズ。お洋服もさまざまなタイプがあった。

ニュークリーミーうさぎ

同じくクリーミーシリーズのこちらはうさぎ。つぶらな瞳にV型のお口が愛らしい。

令和に復活!!

レトロぬいぐるみこれくしょん
ー思い出のぬいぐるみたちー

70年代、80年代に人気を博した吉徳のぬいぐるみが、40年以上の時を超え復刻販売決定！パタンナーが資料室に残る仕様書を読み解き、当時の姿を忠実に再現しているそう。ラインナップはこちらの3点。どのコもレトロな雰囲気を残しつつ、今に通じる可愛さ満点！

発売日：座りパンダ 2023年5月／キャンディ 2023年4月／座りマリ持クマ 2023年4月
販売店舗：吉徳 浅草橋本店で販売中。※2023年5月現在

座りパンダ

1976年のカタログに登場(p.64)。ぱっちりまつ毛も頭の花飾りも、もちろんそのまま。

ぷくっと膨らんだウィスカーパッド（口元）がチャーミング！

キャンディ

80～90年代初頭の人気者・キャンディシリーズ。

エプロンは着せ替えできる仕様。

座りマリ持クマ

1973年のカタログに登場(p.64)。ぺろっと出た舌がチャームポイント。

おもちゃ・雑貨、遊び文化の流行発信地!

原宿・キデイランド物語

ここに行けばいつも新しい何かに出会える——。長年にわたり国内外の最新玩具や雑貨を発信し続けてきたキデイランドとともに、'80sトイのトレンドをたどります。

1980年代のキデイランド(上/原宿店、下/大阪梅田店)。キデイランドは1946年に書店からスタートし、その後玩具や生活雑貨など幅広く展開するようになった。

原宿の本店を中心に、常に最先端のアイテムをバラエティ豊かに展開してきたキデイランド。1978年から同社に勤める加藤裕士さんは、入社当時の店舗の様子を「それまで目にしたことがなかったような、国内外のありとあらゆる"面白い"が溢れていた」と語ります。ルービックキューブ(80年)、ゲーム&ウオッチ(80年)、ファミリーコンピュータ(83年)、ドラクエ(86年)、フラワーロック(88年)……など、80年代は今も記憶に残る大ヒット商品が次々と登場した時代。「特にフラワーロックやミュージカン(90年)といった商品は、今までの生活の中にはなかった新感覚のアイテムでした」(加藤さん)。原宿店で扱うとたちまち世間の注目を集め、マスコミでも取り上げられ、ブームの躍進に一役買うことに!「ゲームウオッチはその年の年末商戦の目玉。来る人来る人が買い求め、クリスマスを迎えるお客様の"ギフト"を我々が支えているんだという気持ちでいっぱいになりましたね」(加藤さん)。

ちなみにキデイランドは当時から今に到るまで、各地にある店舗がそれぞれ仕入れや店頭レイアウト、PRまで任されているのが特徴。加藤さん自身も80年代当時、「Dr.スランプ アラレちゃん」特集コーナーをつくったり、来店者の目を引く"一点集中"の売り場づくりをおこなっていたそうです。

また、各店で開催される店頭イベントもキデイランドの名物のひとつ。当時まだ珍しかったハロウィンパーティー(仮装コンテスト)を、80年代前半から先駆けて導入したのもキデイランドでした。毎年、担当者が欧米の主要な見本市に出向き、現地の情報を仕入れていたそうで、海外のキャラクターもキデイランドを通して知った……という人も多いのでは。「ミッキーマウスは、輸入商品と国内ライセンス商品を両方扱うことで、売り場に独自性を持たせて展開しました。フィリックス・ザ・キャットにベティ ブープ、ガーフィールド。またジェームス・ディーンやマリリン・モンローなどのスターグッズも売れ筋アイテム。ピンクパンサーのぬいぐるみは、その人気ゆえ売り場がピンク一色になったのをよく覚えています」(加藤さん)

"What's New"が当時の現場の合言葉だったという加藤さん。常に新しいものを探し求め、来店者と一緒に楽しむ姿勢が、キデイランド発の'80sカルチャーをつくっていったのです。

80年代キデイランド店頭の人気者たち

80年代、原宿店のハロウィンディスプレイ。仮装した人々が店前に大勢集まって賑わいを見せていた。

フラワーロック、ミュージカン
タカラ(当時)

キャベッジ・パッチ・キッズ

ピンクパンサー

キデイランド原宿店:東京都渋谷区神宮前6-1-9 TEL:03-3409-3431

’80s Girly Culture Guide

CHAP.,4 ファンシーグッズ

街のファンシーショップに駆けつけて、お気に入りの新作文具を買い、
お店のスタンプカードを集めていた元・少女たち集合～！
知られざる’80sファンシーグッズの掟や
おなじみの人気キャラクターの知られざるヒストリーまで、
’80sファンシーグッズの深層に迫る総力特集です♡

これを知らずして語るなかれ!

'80sファンシーグッズの掟!

ファンシーグッズ業界が劇的な進化を遂げた80年代。私たちのココロをワシづかみにした'80sファンシーグッズには、知る人ぞ知る「掟」があった! 当時のトレンドをリサーチします♪

掟その1 昭和の風景

方言バリバリの、どこか憎めないサテンの名物に〜ちゃん♪

「さくら小学校」は古き佳き尋常小学校の日常がモチーフに。「さてんのに〜ちゃん」はタバコをスパスパ吸いながら調理中。現代ではもう見られない風景!?

右「さくら小学校」貯金箱 コクヨ〈1985〉/ 左「さてんのに〜ちゃん」カンペン ユーカリ社〈年代不明〉

「キャラメル日記」ノート コクヨ〈年代不明〉

関西弁の少年ヨッチャンと愛犬タローのドタバタ日記。タローをいじめたケンちゃんを探し出せ!

ピンクが基調のフルカラー仕様にキャラがいっぱい☆書くのがもったいないぐらいだった。

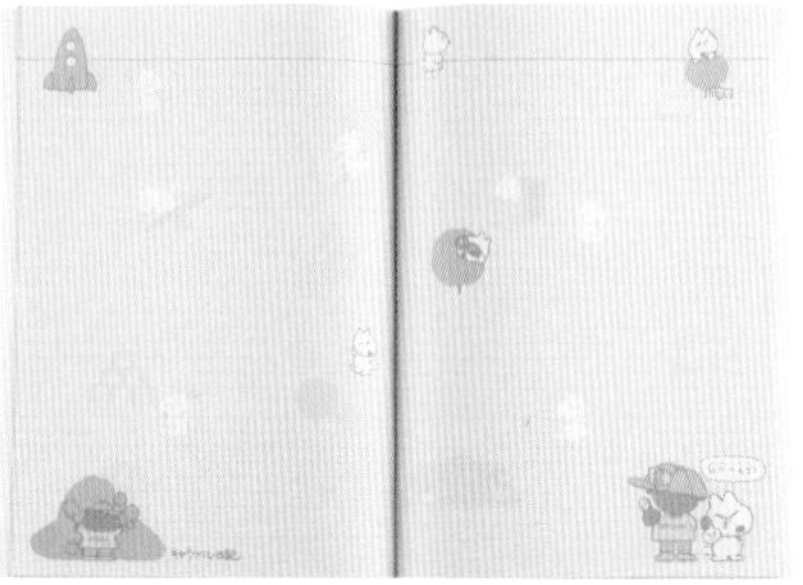

掟その2 豪華ノートの世界

80年代中盤あたりから、全ページフルカラーや絵柄が違うノートが出現! 従来のノートの常識を覆す豪華な仕様にビックリ〜。

「BOO PARADE」ノート サンエックス〈1986〉

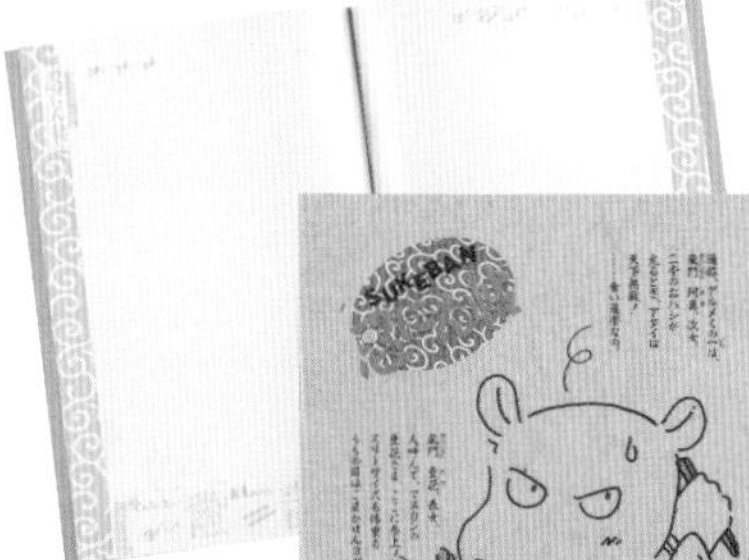

まるで忍法! なんと「水に溶ける密書(メモ)」ページが付いている☆秘密の伝言や恋占いができるよ。

「SUKEBAN 忍にん帖」ノート クツワ〈年代不明〉

Formal clothes? The very thought makes us feel hot and uncomfortable. Our wardrobe is always cotton 100%.
Formal clothes? The very thought makes us feel hot and uncomfortable. Our wardrobe is always cotton 100%.
Here comes my favourite season, riding on the south wind! It's the season the Crispy Girls have been waiting for.
marine flapper
①

掟その3

'80s最先端ファッションをウォッチ！

'80sガールはファッションのトレンドにもビ・ン・カ・ン♪　マリンルック、チェック柄、リセエンヌ風など80年代を席巻した流行のスタイルがファンシーグッズにも登場。コーデの参考になるね♡

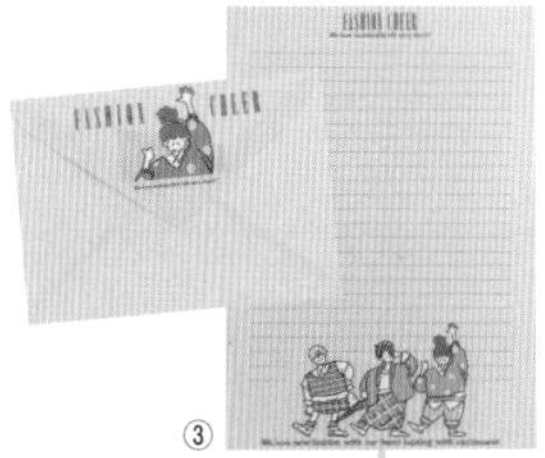
FASHION CHEER
③

new fashion with our heart beating with exci

当時流行したチェック柄やレイヤードスタイルがキマってる！

MARINE CLUB
MARINE CLUB

セーラーカラーのマリンルックがさわやか♪

⑤

て・ん・し・ん・ら・ん・ま・
ING IN THE HARAJUKU STREE

ネオンカラー×スパッツのナウなダンサー風コーデ。

②

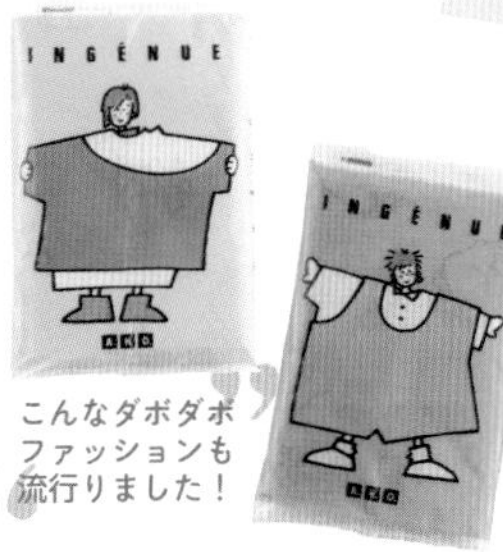
INGENUE
A.H.O.
INGENUE
A.H.O.

こんなダボダボファッションも流行りました！

④

①「マリンフラッパー」下敷き ユーカリ社〈年代不明〉/ ②「て・ん・し・ん・ら・ん・ま・ん」レターセット ショウワノート〈年代不明〉/ ③「FASHION CHEER」レターセット tomboy〈年代不明〉/ ④「A.H.O.」ティッシュ ユーカリ社〈年代不明〉/ ⑤「MARINE CLUB」レターセット J.C.C.〈年代不明〉

NyanCo Party
ATTAMATTE
POKAPOKA
IIKIMOCHI DANIA

アッタマッテ
ポカポカ
イイキモチ　ダニャ

掟その4

よく読むと日本語

70年代の水森亜土タングッズあたりから派生した、一見英語風なのに、よく見るとローマ字!? な現象。なんて書いてあるのかじっくり読むのがまた楽しかったのよネ☆

左「NyanCo Party」カンペン J.C.C.〈年代不明〉/
中「PERSON of the village」カンペン NB〈年代不明〉/
右「ERIMAKI・KUN」レターセット Pyramid〈年代不明〉

USHINO HANA! OSUDA KEDO…。
PERSON of the village

ウシノ
ハナ!
オスダ
ケド…。

ブランド名は「PERSON（英語）」なのに、細かい部分はローマ字！ゆる〜い手書きがポイント。

えりまきとかげ
Boku WA IMA HAYARI NO ERIMAKI TOKAGE DESU. NIPPON NO MINNA YOROSIKU - NE!

1984年のクルマのCMをきっかけにお茶の間の人気者となった「エリマキトカゲ」からご挨拶〜♪

ボク ワ イマ ハヤリ ノ
エリマキトカゲ デス。
ニッポン ノ ミンナ
ヨロシク ネ!

掟その5 ユニークメモ帳

パステルカラーのかわいいメモは、実は領収書！ お金？ それとも授業のノート？ 使い道はいろいろ♪

お知らせしたいことを何でも書ける回覧板。友達からの感想コーナーもあるよ。

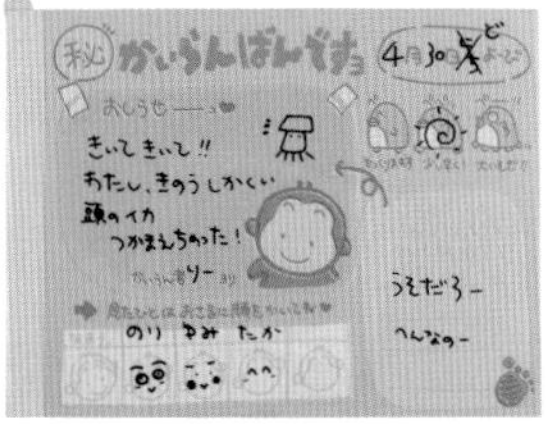

ガッコの先生のウワサ話をこっそりシェア♡ 一番下に回覧用のサイン枠を装備。

'80sおてまみ（お手紙）文化の象徴的アイテムが、目的によって使い分けるメモ帳！ 表紙のおもしろ見本を読むのがまた楽しみだった☆

左「みんなぁ みてるぅー」メモ帳 ミドリ（現 デザインフィル）〈1985〉/
上「かいらんばんですヨ」メモ帳 サンエックス〈1989〉/
右「I♡TEACHERS」メモ帳 メーカー不明〈年代不明〉

掟その6 香りテクノロジー

カンペンの内側に付いたブタさんは、実は香りが漂うチャームなのだ。

「ぱ・ぴ・ぷ・ぺBoo〜！」カンペン
サンエックス〈1985〉

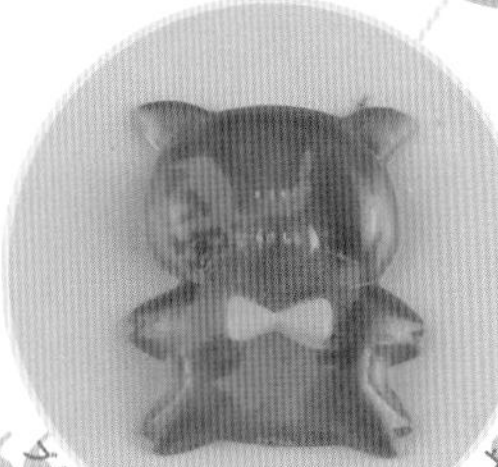

ブタさんからストロベリーの香りがするよ。

いや珍しいポテトの香り!?

フルーツや野菜の香りを閉じ込めた、ビーズのような小さな粒「香り玉」が大流行！ カンペンやおてまみにそっと忍ばせて使うよ。

すごい技術！ カンペンの絵からなんとイチゴアイスの香りがする♪

「Uki Uki Ice」カンペン トTOMBOW SUGAR〈年代不明〉

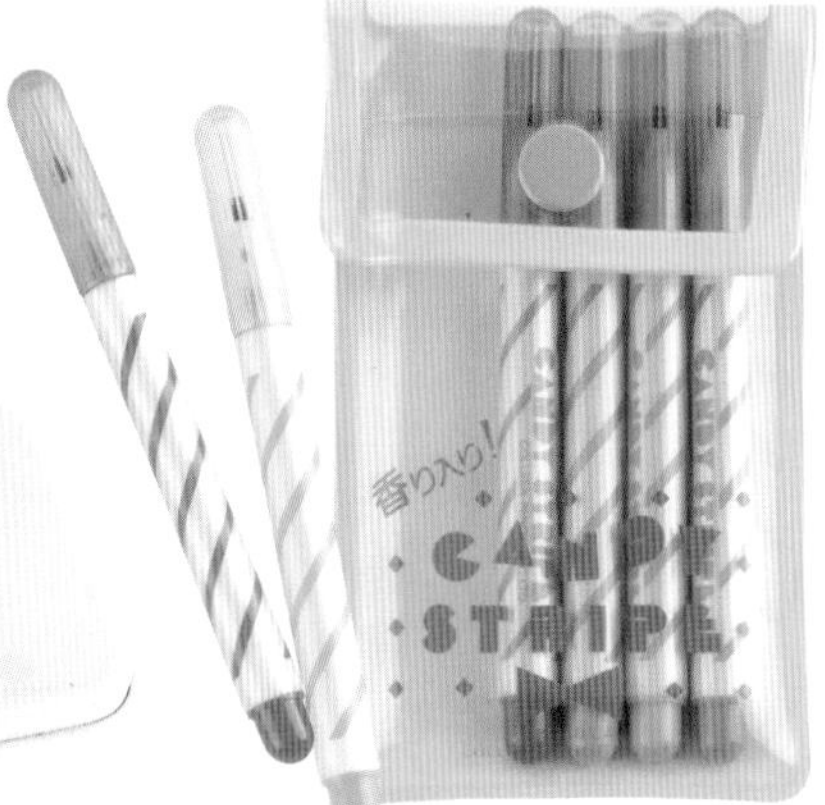

「CANDY STRIPE」ペン
COLLEEN PENCIL〈年代不明〉

上「POTATO」「EGGPLANT」「STRAWBERRY」香り玉 Lemon〈年代不明〉/ 下「キィウィの香り」香り玉 クツワ〈年代不明〉

掟その7 なつかしのモチーフ

子どもの頃に見慣れていたおなじみの日常アイテムが、ファンシーグッズのモチーフに大変身～。まるで本物みたいでカワイイ♪

“80年代の象徴ともいえる、カセットテープみたいな消しゴムやメモ帳！　メモ帳はサイズも本物と同じ。”

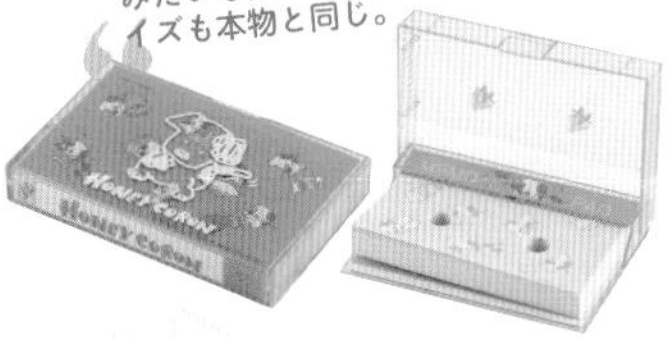

左「HONEY CORON」 メモ帳 TANPOPO〈年代不明〉/ 右「カセットテープ消しゴム」消しゴム シード〈1984〉

「きってしーる」シール クツワ〈年代不明〉

“全部違う絵柄が楽しいきってしーる。ギザギザや大きさが本物そっくり。お手紙ごっこに使うと楽しい♡”

“給食の時間を思い出す!? 懐かしの牛乳瓶の消しゴムはフィルムまでリアル！”

右「MOU BRAND MILK」ポーチ メーカー不明〈年代不明〉/ 左「ミルク瓶字消し」消しゴム クツワ〈年代不明〉

掟その8 丸い!!文字グッズ

70年代に発生したティーンの女子特有の「丸文字（変体少女文字）」は80年代になってグッズに進化！　女の子の内緒の気持ちを代弁するアイテムだった。

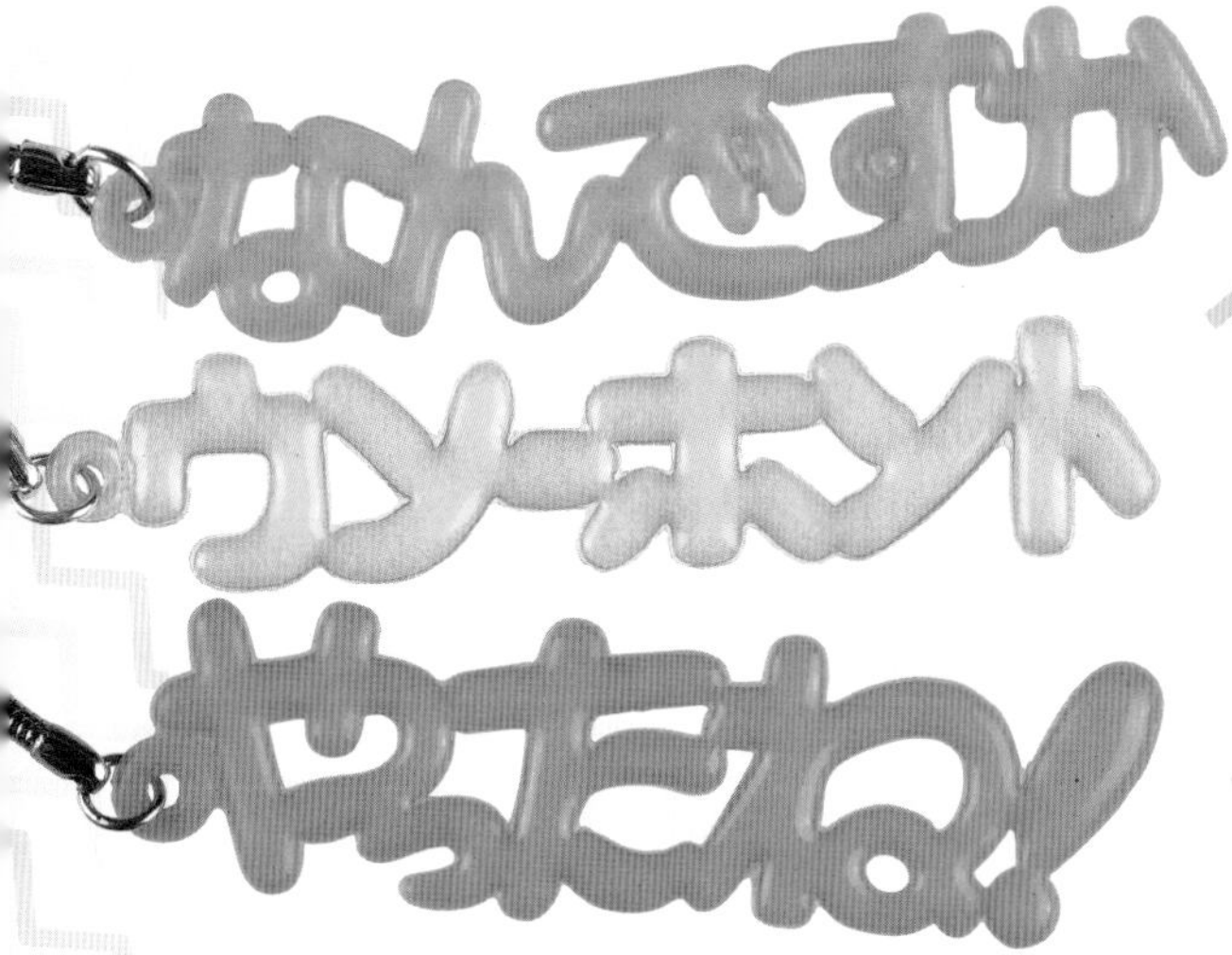

キーホルダー メーカー不明〈年代不明〉

“彼ピとペアで持てるラブラブキーホルダー☆　合わせると☆形になるよ。”

キーホルダー メーカー不明〈年代不明〉

“80年代に爆発的に流行っていたネームバッジ。好きな人の名前バッジも欲すぃ♪”

ネームバッジ メーカー不明〈年代不明〉

バッジ メーカー不明〈年代不明〉

バッジ メーカー不明〈年代不明〉

“過激なメッセージも、こんなポップなバッジならさりげなく伝えられる！”

“80年代に流行った、プラスチックの板にひらがなボタンをチョイスしてはめ込むタイプのキーホルダー。”

キーホルダー メーカー不明〈年代不明〉

掟その9

ティッシュ&絆創膏

昭和期女子のコレクターズアイテム！ ポケットティッシュは柄や甘い香り付きがステイタス。絆創膏はビニール製のかわゆいケースに入っていた。どちらも1枚ずつお友達と交換したよね☆

⑤

カラフルで楽しい「ゴジリー」のティッシュ！中身ももちろんプリント付き。

④

⑦

占い付きの変わり種でーす。

⑨

ひとまわり小さいサイズだけど、ちゃんと香り付き♡

⑥

⑧

④「A.C. Godzilly」ティッシュ ソニー・クリエイティブプロダクツ〈1984〉 / ⑤「TOMBOY JANET」ティッシュ Comic Planning Center〈年代不明〉/⑥「PETIT FRUITY」ミニティッシュ サンエックス〈1984〉/⑦「ジョーカーフェイス」ティッシュ サンエックス〈1982〉/ ⑧「オット・トット」ティッシュ コクヨ〈年代不明〉/ ⑨「SUGAR GIRL」ティッシュ メーカー不明〈年代不明〉

フルカラーのカワイイ包装紙をペリペリとはがすと、絆創膏にもプリントが！

①

②

③

①「PETIT FRUITY」キュートバン サンエックス〈1984〉 / ②「必勝」絆創膏 メーカー不明〈年代不明〉/ ③「みみずばれ」絆創膏 サンエックス〈年代不明〉

掟その10

ユニーク！レターセット

80年代のレターセットには、基本の便箋と封筒のほかにもカセットレーベルや香り玉、ポプリなどの「おまけ」付きも出現。遊び心がいっぱいで楽しい！

少年ヒミツたんてい団の便箋には、内緒の暗号表も付いている！

少年ヒミツたんてい団の会員ワッペン風のシール付き！

「それはヒミツです」レターセット サンエックス〈1984〉

掟その11

無法地帯！パロディもの

「ニャンニャンGENJI」ノート
CROWN FANCY GOODS〈年代不明〉

ネコ界のスーパーアイドル7匹組、爆誕!? ピンクのサテンの衣装もそれっぽくて推せる！

左「EASY BOYS」缶ケース J.C.C.〈年代不明〉／
右「うわさのまとだぜっ」下敷き ミツカン〈年代不明〉

初期のチェッ〇ーズ風の3人組「EASY BOYS」はチェック柄の衣装がキマってる☆　別の衣装のバージョンも存在した。

「追っかけは許してチョンマゲ」レターセット ミツカン〈年代不明〉

アイドル顔負けの人気があった、と〇ねるず風の2人組のレターセット♪　ギョーカイ用語を操る2人のキャラがよく出てる！

掟その12

カップルもの

恋に恋するオトメがときめく、カップルキャラも80年代によく見られたモチーフ♡　こんな彼ピがいたらいいなあ〜！

「TEDDY & MIDDY」アドレス帳
I・M・O PRODUCTS〈1983〉

「TWINKLE」ノート
HATA〈年代不明〉

2組のカップルのオシャレな衣装にもご注目☆

「GAKINCHO COMPANY」ハンカチ
PAULA〈年代不明〉

カップルキャラといえば「レモンヴィレッジ」！ファッショナブルなデザインで大人気に。

「レモンヴィレッジ」パスケース 学習研究社〈現・学研ステイフル〉〈年代不明〉

掟その13

遊べるシャーペン

シャーペンに過剰な装飾や遊べる要素を盛り込むのが'80sの流儀。うっかり授業中に遊んで先生に取り上げられないように注意！

左「わくわくコレクション 知っててよかったMOTEMOTEマル秘テクニック」シャープペンシル サンエックス〈1986〉／右「わくわくコレクション 今日はなにをする?」シャープペンシル サンエックス〈1986〉

カチカチノックするとボディの窓部分がクルクル動いて、占い遊びができるよ

サンリオ Sanrio

1960年に「山梨シルクセンター」として発足。62年にオリジナルデザイン第1号の「いちご」が発売され、71年には東京・新宿アドホックビルに直営店「ギフトゲート」第1号店がオープン。73年に社名を「聖なる河」を意味する「サンリオ」に改称する。74年に「ハローキティ」「パティ&ジミー」が、翌75年には「リトルツインスターズ」「マイメロディ」が誕生。「みんななかよく」の企業理念を胸に、キャラクター企業からグローバルエンターテイメント企業という次なるステージを目指し、さまざまな事業を展開し、世界中に笑顔を創出している。

フレッシュパンチ

81年デビュー。キャンディーやリップスティックなどをちりばめた、おしゃれなシリーズ。

左:タオルハンカチ〈1981〉／
右:ポケットティッシュ〈1979〉

ザ ボードビルデュオ

83年デビュー。ニューヨークに住むエディとエミィは、生まれた病院も日にちも同じのおさななじみ。エディは舞台監督が夢で、いたずらや冒険好きの男の子。エミィはブロードウェイの女優を夢見ている、おしゃまでかわいい女の子。

左:アメニティセット〈1985〉／右:ファンシー缶〈1984〉

ゴロピカドン

82年デビュー。カミナリの国で生まれた、雨が嫌いでやんちゃな3つ子の兄弟。青い髪のゴロ(次男)はひょうきんで食いしん坊。ピンクの髪のピカ(末っ子)は甘えん坊で引っ込み思案だけどカミナリ太鼓が得意。緑の髪のドン(長男)はまじめできちょうめんな発明好き☆

上:トートバッグ〈1984〉／右:絆創膏〈1983〉

上:アルミお弁当箱〈1988〉
中:ポケットティッシュ〈1985〉
下:メモ帳〈1988〉

ニャニィニュニェニョン

84年デビュー。わんぱくな5人兄妹の子猫。しっかり者のニャ、やさしくてマシュマロ好きのニィ、甘えん坊のニュ、オシャレでおしゃまなニェ、いたずらっこのニョン。

ザシキブタ

84年デビュー。フランスの片田舎生まれ。のんびり屋さんだけど、好奇心いっぱい! 食いしん坊で、お菓子や野菜を作りながら暮らしている。

左・右:缶バッジ〈1985〉／中:メモ帳〈1984〉

ブーギーウー

83年デビュー。住んでいるところはアメリカの田舎町。国道沿いにレストランを開いている3兄弟。

缶バッジ〈1984〉

ザ ラナバウツ

84年デビュー。街も空も海も、ポップな乗り物たちのおかげで、いつもにぎやか。

絆創膏〈1986〉

ボ・ボク ねずみ小僧だい!

84年デビュー。いつもはおとなしいけど、ねずみ小僧に変身すると、元気いっぱい! ピンクのだんごで力持ち、白のだんごでねずみ小僧に変身!緑のだんごで元通りに。

缶ペンケース〈1990〉

ポケットティッシュ〈1986〉

ギミーファイブ

85年デビュー。スポーツマンシップと友情にあふれた男の子たち。おそろいのユニフォームで元気いっぱいプレイ!

みんなのたあ坊

84年デビュー。いつも明るく元気で、とっても素直な男の子。ときどき失敗もするけれど、がんばり屋さんでお友達もいっぱい!得意なスポーツは水泳。苦手なものは、ピーマンと早口ことば。弟のまあくんのことが大好き! 夢はサンタさんになること。

左:ポケットティッシュ〈1988〉/右:缶ペンケース〈1988〉

マロンクリーム

85年デビュー。フランスのパリ郊外で生まれたウサギの女のコ。お菓子づくりや手芸が得意なオシャレさん。どんな時も明るく前向きで、リセ(フランスの学校)に通っている。

シール〈1986〉

ぽこぽん日記

86年デビュー。純情で好奇心旺盛な男のコ。俳句を詠むのが得意。立派なたぬきになる修行のために上京。ガールフレンドの花ちゃんとの文通が何より楽しみ!

ノート〈1988〉

ノラネコランド

85年デビュー。日本生まれのネコの3きょうだい。ゴロゴロするのが大好きな長男・クロ、チャレンジするのが好きな次男・トラに、末っ子のミケはのんびり屋でお菓子作りが大好き。

アドレス帳〈1988〉

けろけろけろっぴ

88年デビュー。冒険好きで元気いっぱいの、ドーナツ池の人気者。カエル泳ぎは苦手で、クロールと歌が得意。お医者さんのお父さんとレストランを開くお母さん、お姉さんのぴっき&弟のころっぴと、ドーナツ池の島にある「けろけろハウス」に住んでいる。

ポケットティッシュ〈1989〉

ウメ屋雑貨店

86年デビュー。雑貨店のおウメばあちゃんは、いそうろうのネコ・トラと暮らしている。てまり、お手玉、おはじきが得意なやさしいおばあちゃん。お店はいつも茶飲み友達や子どもたちでいっぱい。

ノート〈1987〉

ハンギョドン

85年デビュー。中国生まれの半魚人(魚座のB型)。人を笑わせることが得意だけど、実はさびしがり屋のロマンチスト!ヒーローになりたがっているけど、なぜかうまくいかない。好きなものは冷やし中華、エビセン、鍋物、温泉。タコのさゆりちゃんとは大の仲良し♡

缶ペンスタンド〈1988〉

ソニー・クリエイティブプロダクツ

Sony Creative Products Inc.

レコード会社のCBS・ソニーの関連会社として、1978年設立当初よりグリーティングカード事業、化粧品事業などを手がけていた"ソニクリ"。79年ごろに「リトル ギャング」などのキャラクターが登場。81年には「レッツチャット」「バイキンくん」などがシリーズ化され、アメリカンなテイストを取り入れた洗練された世界観で一世を風靡！ その後も日本のご近所を舞台にした「うちのタマ知りませんか?」をはじめとする個性的なキャラやデザインを多数輩出し、現在は国内外のキャラクターライセンス事業を幅広く行なっている。

メモ帳〈1982〉

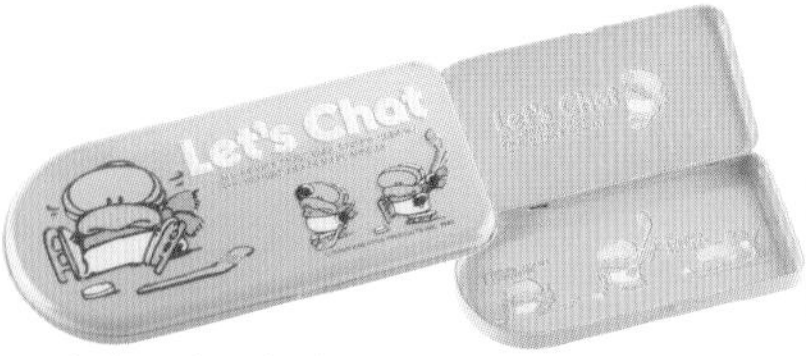

左：缶ペン〈1983〉／右：缶ペン〈1981〉

レッツチャット

80年代初頭にデビュー。パッツィダック&ペンジャミン（発売当初は「あひる」、「ペンギン」という名前だった）のシリーズは、当時斬新だったビビッドな色使いやアメリカンカルチャーを取り入れたテイストで人気者に。ファンシーグッズのみならず、「週刊マーガレット」（集英社）で漫画が連載されたり、パッツィダックは海外でもライセンス商品が発売されていた。

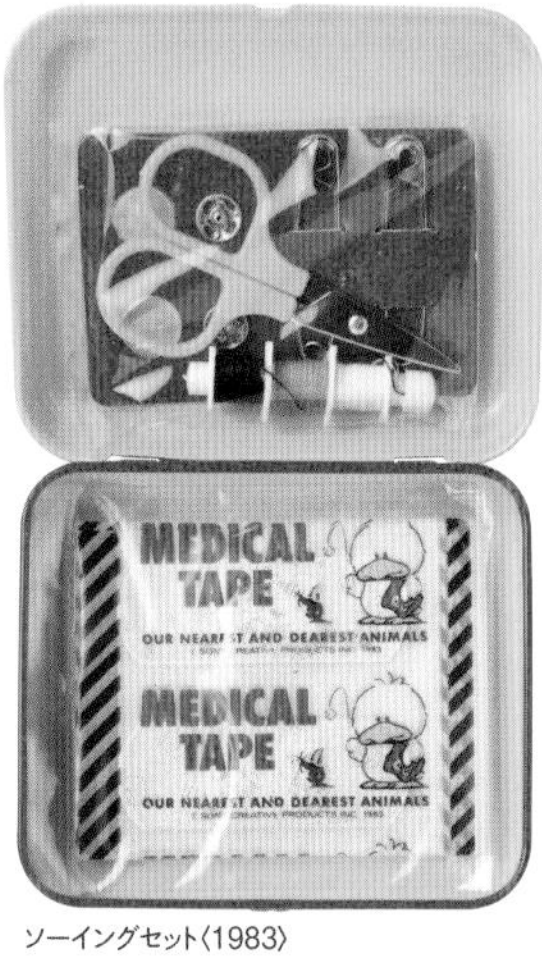

ソーイングセット〈1983〉

"女子の必需品・お裁縫セット&絆創膏は赤いポップな缶ケース入りで、持ち運びしやすい！"

缶ケース〈1982〉

ビニール手提げ〈1982〉

左：電話帳〈1983〉／
右：電話帳〈1982〉

"昭和期の家庭に必ずあった電話帳も、「レッツチャット」の魔法にかかればこんなにオシャレに♡"

フォトスタンド〈1981〉

エチケットブラシ〈年代不明〉

シール〈1982〉

キーホルダー〈1983〉

後期はこんなビビッドな色使いのシリーズも登場した。

スクールバッグ〈1988〉

革の学生カバンとこんな布バッグをセットで持ち歩くのが80年代スクールガール流♪

バイキンくん

81年にデビュー。バイキンなのにキレイ好きで、左胸に着けた「Keep Clean」がトレードマーク! いつでも掃除できるようにモップを持ち歩いている。モノトーンを基調とした洗練されたデザインで、男の子にも女の子にも大ヒット☆ ファンシー文具の枠を軽々と越えて、ボードゲームやLSIゲーム、お菓子や芳香剤に至るまで幅広く商品化された。意外なところでは、太田裕美やビジー・フォーによるイメージソングまで発売されて話題に。

上:くし〈年代不明〉／下:ホーローカップ〈1982〉

左:キーホルダー〈年代不明〉／右:ピンバッジ〈年代不明〉

缶ペン〈1982〉

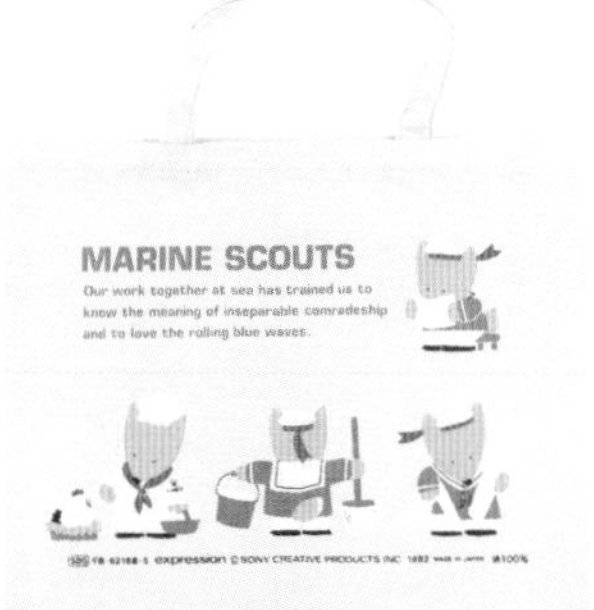

マリーン スカウツ

1983年に登場。チームワーク抜群のキツネの水兵さんが、海や動物たちの安全を守ろうと大奮闘! ときには楽器を持って演奏もするよ♪ グレーや水色を中心とした色使いがオシャレだった。

スクールバッグ〈1982〉

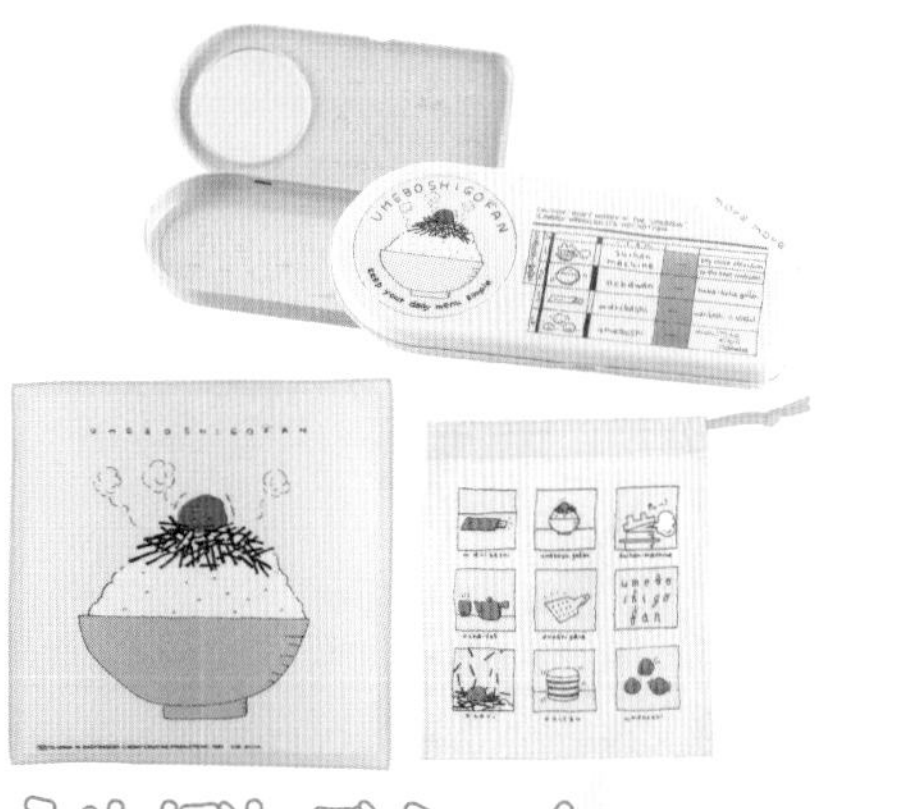

うめぼしごふぁん

1984年発売。日本人のソウルフードともいえる「うめぼしごはん」を大胆にデザイン☆ 細いラインの手描き風のイラストにローマ字の「UMEBOSHI GOFAN」のネーミングがユニークで新しかった。よく見るとうめぼしに顔が!

上:缶ペン〈1984〉／右:巾着袋〈1983〉／左:ハンカチ〈1983〉

やったぁ!晴れたっ!

1984年発売。遠足の日のワクワクする気持ちがストレートを表現したキャラ名がユニーク♪ゆるい手書き風のイラストも新鮮で、'80Sソニクリファンシーの高度なセンスがほとばしる、隠れた名キャラ

カセットINDEXカード〈1984〉

タマ&フレンズ うちのタマ知りませんか？

83年にデビューした「うちのタマ知りませんか？（タマ&フレンズ）」は2023年に40周年を迎え、
今や知らない人はいないほどの国民的キャラクターへと成長！
衝撃のデビューから40周年に至るまでの道のりに、じっくり迫ります♡

発売当時衝撃だったのが、飼い猫を探すポスターとそれを見ているタマに似た猫のキービジュアル！それまでのファンシーキャラは西洋風や無国籍なキャラクターが多かった中で、手書き風の文字と「さんちょーめの岡本」というご近所感漂うコンセプトで新たな和モノジャンルを切り拓いた。

ノート〈1983〉

「日本のご近所風」コンセプトで人気に

78年の設立以降、〝ソニクリ〟は、ファンシー・バラエティグッズや化粧品の製造を手掛けてきました。81年デビューの「バイキンくん」、「レッツチャット」がヒットを続ける中、83年に誕生したのが「うちのタマ知りませんか？（以下『タマ』）」でした。

親会社であるCBS・ソニーはアメリカとの関連が深く、当時の日本はアメリカン・カルチャーへの憧れが強かったこともあり、従来のキャラは海外風のコンセプトで打ち出されることが多かったのが、『タマ』は打って変わって、舞台が日本の昭和なご近所風。キャラクターは、おでこにブチのあるカギしっぽの和猫。そして「いなくなった飼い猫を探す」という斬新なコンセプトで、ファンシー雑貨業界に新風を巻き起こしました。

同社のクリエイティブディレクター・松井由美子さんが、『タマ』が生まれたきっかけについて「新たにわかったことですが、ミーティング時に当時街によく貼られていた猫探しのポスターの話題になり、その場で描かれたイラストが商品化されたそうです」と教えてくれました。飼い猫

タマと仲間たち

うちのタマ知りませんか？ヒストリー

1983年11月 デビュー！

「うちのタマ知りませんか?」としてデビュー！和風キャラの先駆けとしてたちまち人気に。

1988年 学年誌で連載開始 学習教材に採用

小学生向けの学習雑誌3誌で漫画連載が始まったことで、タマのお友達が登場。ドリルの表紙やお裁縫箱に採用されたのもこの頃。

1989年 オリジナル絵本発売

学習雑誌の連載が7誌に増え、絵本は全9巻で40万部の人気ぶり。オリジナルビデオシリーズもスタート。

1993年 映画公開

デビュー10周年を記念して映画「3丁目のタマ　おねがい! モモちゃんを捜して!!」が公開に! ヒロイン・モモのCVは声優の椎名へきるが演じた。

1994年 TVアニメスタート

TVアニメシリーズ「3丁目のタマ うちのタマ知りませんか?」放映。「文化庁こども向けテレビ用優秀映画作品賞」を受賞した名作！

2020年 擬人化アニメ登場

タマと仲間たちが人の姿で登場し話題騒然となったTVアニメ「うちタマ?!～うちのタマ知りませんか？～」。

2023年 デビュー40周年！

デビュー40周年！様々な記念イベントが企画される中、そのひとつとして東京・東急電鉄世田谷線にラッピングトレインが登場（～2023年8月末予定）。

と小学生の男の子の手書き風文字という親しみやすさで、『タマ』はさまざまな業界から引っ張りだこに！

「学年誌で漫画の連載が始まり、学習ドリルの表紙に採用されたのが88年です」（同社マーケティング担当・佐々木智恵子さん）。

その後も、絵本の発売（89年）、アニメ映画公開（93年）、TVアニメシリーズ（94年）と快進撃が続きます。

タマは〝みんなの飼い猫〟

「40年の間に社内のイラストレーターを中心にスタッフが変わっていったり、雑誌の連載やアニメ化などをきっかけに3丁目の仲間が増えたりすることで、『タマ』の世界がどんどんふくらんでいったんですよね」（松井さん）。

最も多くの商品群がリリースされていたのは86年ごろ。春夏秋冬、四季や行事に応じて、ビニールバッグやスケジュール帳など、学校で使えるさまざまなアイテムが発売されていました。

『タマ』の世界はこれからもずっと残っていきます。グッズを使ってくださった方が思い出とともに『タマ』の世界を作り続けている。『タマ』はみんなにとっての〝ご近所の飼い猫〟なんです」（松井さん）。

グッズコレクション

83年のリリース時から現在まで、3世代にわたって愛され続ける『タマ』。バラエティに富んださまざまなデザインの80年代のプロダクトや思い出の玩具、さらに、メーカー所有の当時の貴重なカタログまでを一挙に公開!

①

親友・ポチのごはんを盗み食いしている決定的なシーン!

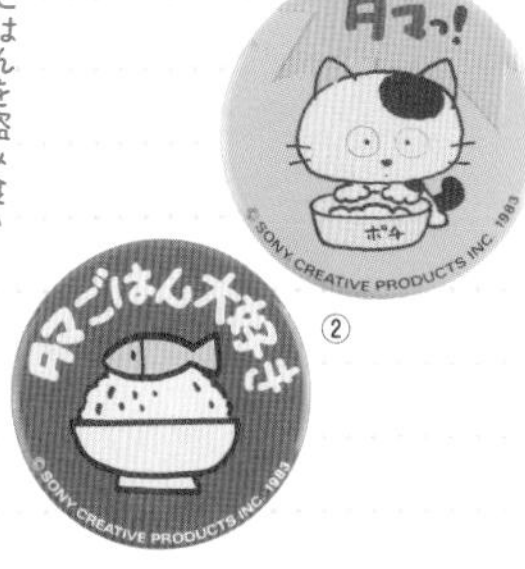

②

③

④

⑤

⑨

タマの飛び出し注意のポスター風!

⑥

⑦

3丁目の掲示板をチェックする、タマとポチ。

⑧

①陶器貯金箱〈年代不明〉 ②缶バッジ〈ともに1983〉 ③リング単語帳〈1984〉 ④プラスチック製カップ〈1986〉 ⑤巾着袋〈1987〉 ⑥ソーイングセット〈1984〉 ⑦ポケットティッシュ〈1985〉 ⑧ミニカイロ〈1983〉 ⑨上:シャーペン〈1984〉/中・下:シャーペン〈1983〉 ⑩ノート〈1983〉

⑩

ノート〈ともに1985〉

80年代後期のぬいぐるみを使用した実写バージョンは、素朴な世界観でかわゆいの♪

首輪の大きな鈴も似合ってる!
超BIGサイズのタマのぬいぐるみ♡
ゆかしなもんが子供のころ、
お父さんからもらったプレゼントだよ☆

ぬいぐるみ〈年代不明〉

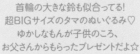

カタログコレクション

1984年

かの有名なポスターを仲間たちが心配そうに見ているところに、タマが帰ってきた!? 夕景の美しさも懐かしさを感じさせる名シーン。

缶ペン

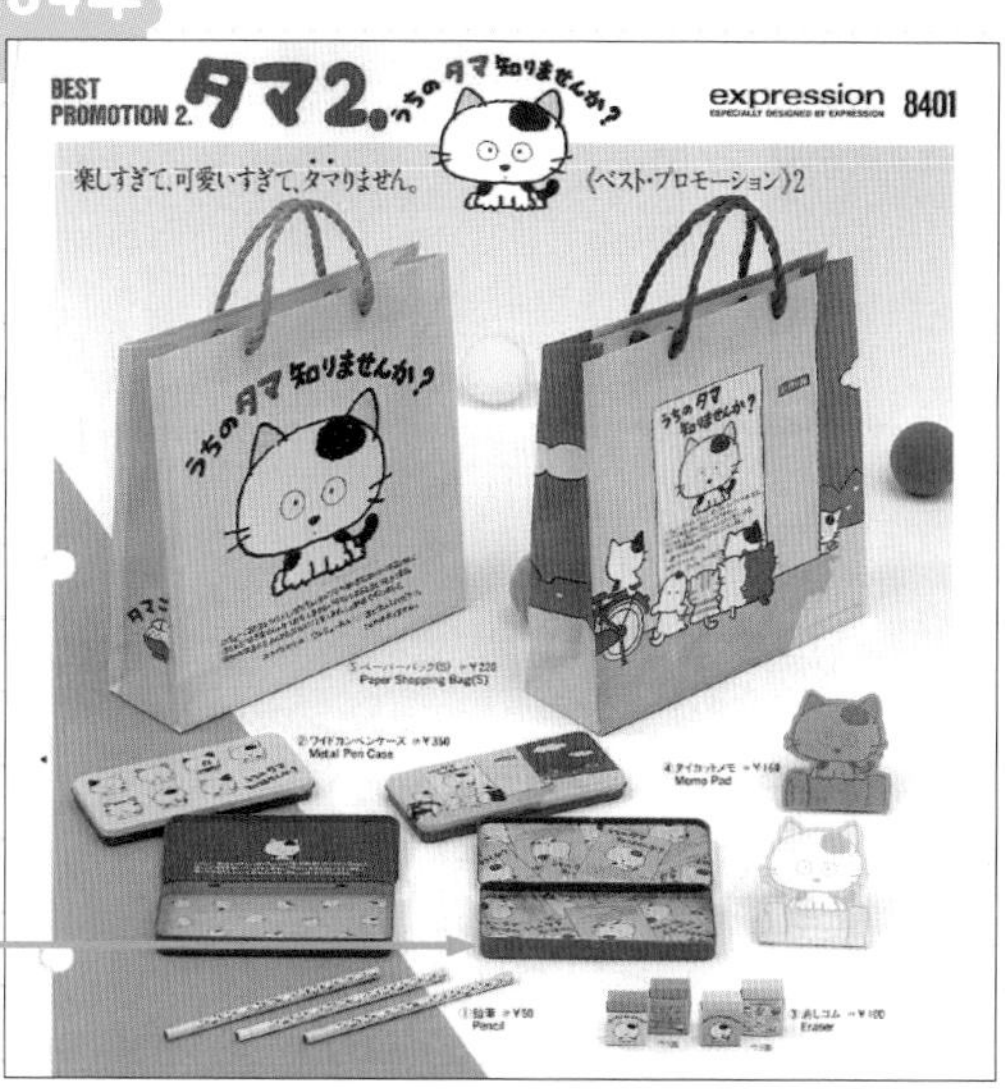

1983年

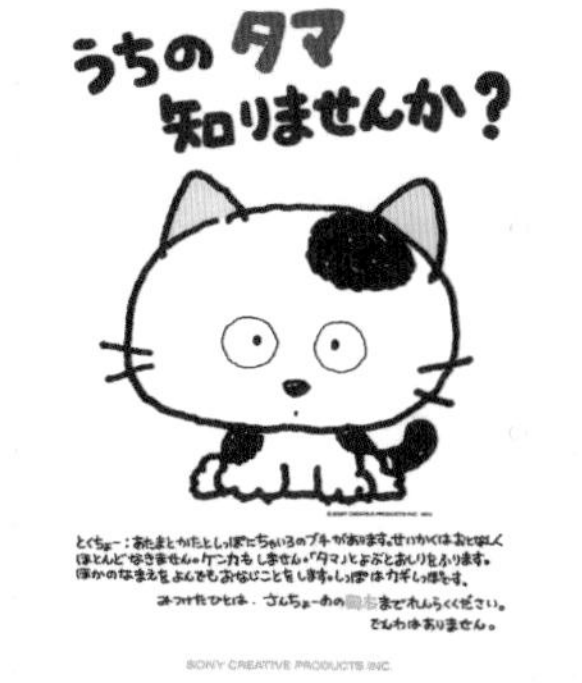

こちらは貴重なデビュー商品カタログ。いなくなったタマを探すポスターがそのままカタログの表紙になっている。「みつけたひとは、さんちょーめの岡本までれんらくください」。

“たいへん!!隣りの豆腐屋さんの飼い犬・ポチもいなくなった!”

ビニールポーチ

おもちゃコレクション

タマはおもちゃも多くつくられていた。人気LSI ゲーム「うちのタマ知りませんか?」は、ポチがタマの好物を集めて帰りを待つストーリー。

発売元：バンダイ

“タマも一緒に写るよ!”

笛付きパチリンカメラ タマ&フレンズ〈1987〉

LSIゲーム うちのタマ知りませんか?〈1984〉

左：うちのタマ知りませんか? プチペットシリーズ おさんぽタマ／右：うちのタマ知りませんか? プチペットシリーズ おでかけポチ〈ともに1984〉

“しっぽを振りながらトコトコ歩く姿がキュート!”

サンエックス San-X

1932年、前身の個人商店「チダ・ハンドラー」創業。主に文具店向けに便箋や封筒などの紙製品を手がけていた。73年、社名を「サンエックス」に変更し、79年には初のオリジナルキャラクター「ロンピッシュクラウン」がデビューする。80年代に入り、「ペンシルクラブ」「ピニームー」などの人気キャラを連発！ 現在に至るまで、「たれぱんだ」「リラックマ」「すみっコぐらし」などの癒し系メガヒットキャラクターを数多く輩出し続けている。

①

②

“ミルク瓶モチーフが印象的なカンペン！ 80年代の初期は薄い一段式が主流だった。”

③

④

“女子のささやかな想いをしたためる、手のひらサイズの便箋と封筒のセット♡”

⑤

ヘルシーモーモー

「健康度100%！元気いっぱいハツラツギャルへのミルクメッセージ」をコンセプトに、83年にデビュー。ミルク瓶&牛さんの組み合わせとビビッドなカラーリングが80年代の時代性にぴったりマッチ！

①スクールバッグ〈1983〉
②キーホルダー〈1983〉
③カンペンケース〈1983〉
④プチレターセット〈1983〉
⑤ミニポケットティッシュ〈1983〉

缶小物入れ〈1983〉

MERRY POPORIN

83年発売。大事なお洋服にアイロンの跡をつけちゃって慌てるカバさんと、大好きな「ヘルシーモーモー」に恋焦がれるウシさんの2パターンがあった。

ジョーカーフェイス

81年誕生。「ポーカーフェイス」をかわいくアレンジしたキャラクターは、ゾウさんとブタさんなどのアニマルがモチーフ。よく見ると困り顔なのがカワユイ！

パスケース〈1982〉

SPORTS WAVE

85年に根性編シリーズからスタートした、異色の部活動シリーズ。当時流行っていたスポ根モチーフのキャラとは一線を画すユルさとサンエックスらしいユーモアの要素で大人気に。

カンペンケース〈1986〉

ペンシルクラブ

84年誕生の大ヒットキャラ。温かなパステルカラーとクレヨンタッチで描かれた男の子（サンタくん）と女の子（プンちゃん）のペアキャラは表情豊かで、とってもキュート♡　ギンガムチェックのデザインがよく使われていたのも、80年代らしさを感じさせる。

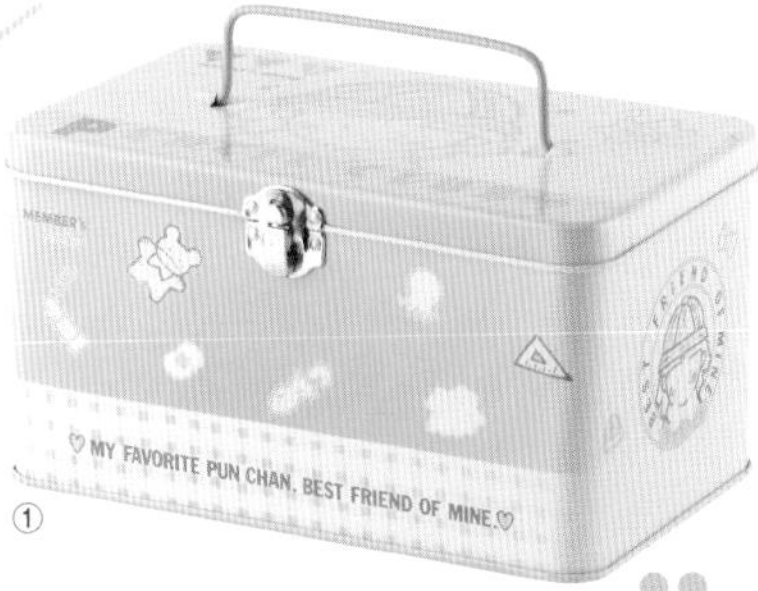

①

“宝物やカセットテープを保管するのにぴったりの、持ち手付きの缶ケース。”

“エッジがレースのようにカットされた、愛らしい下敷き。ケガをしたのか、泣いているプンちゃんがキュート。”

②

③

④

⑤

①カセットボックス〈1984〉
②下敷き〈1984〉
③札入れ〈1984〉
④シャーペン〈1985〉
⑤ポケットティッシュ〈1984〉

ピニームー

1987年発売の元祖癒し系キャラ。自然がいっぱいのウッディータウンに住むピニームーは、食いしん坊のクマの男の子☆　元気の出るビビッドな色使いと太いペンで手描きしたようなギザギザのキャラの線は当時新鮮で、長きにわたり愛される人気者となった。文具などの自社製品以外にも、アパレル、靴、計算ドリル、ランドセルなど幅広いライセンス商品が生まれた。

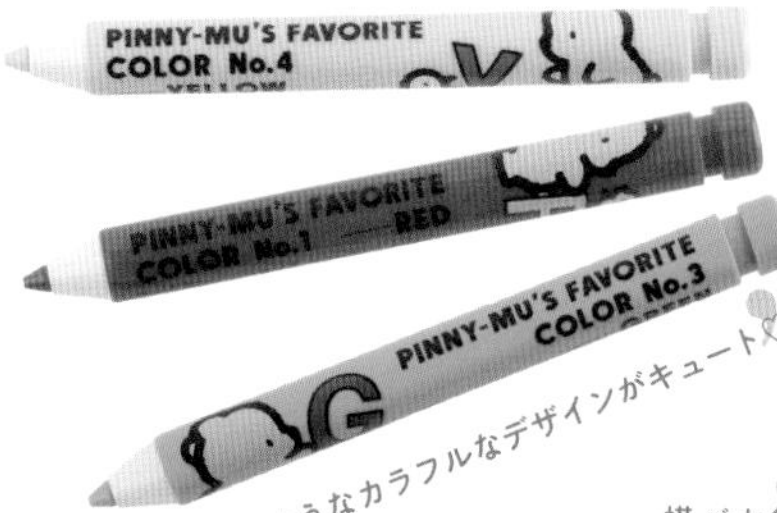

“色鉛筆のようなカラフルなデザインがキュート♡”

“鮮やかなレッドがアクセントのビニール製バッグ。ピニームーは横向きが基本系なのだ。”

左：カンペンケース〈1989〉
右上：シャーペン〈1989〉
下：布バッグ〈1989〉

それはヒミツです

84年発売。「少年ヒミツたんてい団」という謎めいた設定ゆえに、キャラの顔が見えないという斬新さ！　裏表紙にヒミツの暗号表が付いて、お友達同士の内緒のやりとりに使える。丸文字で書かれた人物設定も必読。

ノート〈1984〉

ミドリ（現デザインフィル）

MIDORI

1950年に「株式会社みどり商會」を設立。飛脚印の便箋、ノートなどの紙製品の製造や販売を手掛ける。63年に「株式会社ミドリ」に社名変更。70年、両面印刷の「デコレーションシール」を発売し、大ヒット。79年には単品販売だった便箋と封筒をセットにした「レターセット」を考案し、ティーン層にも広く浸透。77年には小売店「赤い木馬」を開店する。81年に日本男児キャラ「金太くん」、優しいタッチの猫キャラ「NYANNEES」など人気キャラクターを輩出。86年には卓上掃除機「すいとるくん」などのミニ家電シリーズも大人気に。現在に至るまで、独自のアイディアで革新的な商品を創出し続けている。

①

②

ソフビ製の貯金箱はフィギュアとしても楽しめる。迫力のおかっぱ頭と勇ましい表情にキュン！

金太くん

81年にデビューした金太郎スタイルの金太くんは、あしがら山のエキサイティングボーイ！体は小さいけれど、空手や剣道、ジョギング、けん玉など何にでもチャレンジする、負けず嫌いの男の子なのだ。赤、青、紫、ゴールドを基調とした高級感あふれるグッズはどれもインパクト抜群だった。

③

日本男児たるもの、柔道をたしなむべし!? ちょっと珍しい、道着姿の金太くん。

④
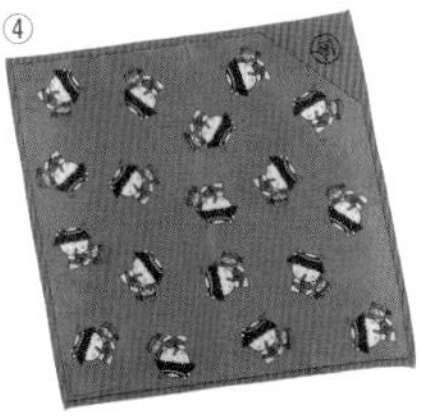

⑤

⑥

「金太くん」はさまざまなバリエーションの消しゴムがあった。⑤はまるで金太郎飴みたいでカワユイ♪

⑦

①貯金箱〈1982〉 ②アメニティセット〈年代不明〉 ③レターセット〈1982〉 ④ハンカチ〈1981〉⑤消しゴム〈1982〉⑥消しゴム〈1982〉⑦ポケットティッシュ〈1981〉

NYANNEES

こちらも「金太くん」と同じ81年生まれ。クラフト紙のような素朴なカラーとフワフワの5匹のネコちゃんが織りなすナチュラルな世界観で、5年以上の長きにわたって商品がリリースされた。

レポートパッド〈1981〉

MINEKO CLUB

87年に発売。人気イラストレーター・上田三根子のイラストをグッズ化したシリーズは、ファッショナブルかつハイセンスで、オシャレに敏感で高感度な女の子たちに愛された。

メッセージパッド〈1987〉

MILK TEEN

「金太くん」と同じ81年にリリース。カラフルな色の組み合わせがオシャレだった「MILK TEEN」は、なんともキュートなアニマル柄♡

ハンカチ〈年代不明〉

ミドリが全国に展開していたファンシーショップ「赤い木馬」の80年代の店内の様子。

本邦初公開！貴重なカタログで辿る
ミドリの'80sストーリー

1950年に創業したミドリ（現デザインフィル）には、70〜80年代当時の商品カタログが数多く残されています。町に個人経営のファンシーショップが多く存在していた時代、店はこのカタログを元にグッズを発注していました。毎月またはシーズンごとに発行されたカタログには、当時の人気キャラや注目の新作アイテムがズラリと並び、ファンシーグッズ全盛期を彩ったミドリのフレッシュな勢いや独自のセンスが感じられます。当時の貴重なカタログから、選りすぐりをプレイバック！

1981年

1981年のカタログ。「金太くん」などのミドリ社オリジナルのキャラクターのほかに、ライセンシーキャラも続々と商品化されるように。なかでも、アメリカンテイストでおしゃれなペンギンキャラの「ジミー・ペンドリックス」は大人気となり、ほかにもL.A.を舞台にした犬キャラ「ボズ」も登場した。

左：1981年4月ミドリカタログ、右：1981年「ボズ」カタログ

1980年

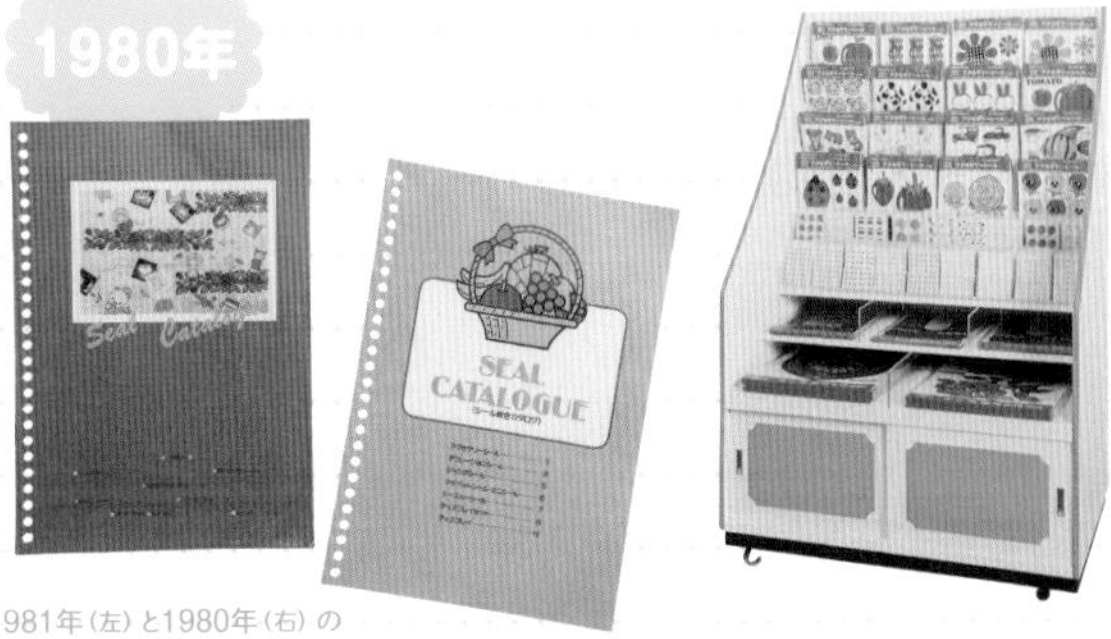

1981年（左）と1980年（右）のシール総合カタログ

1970年に発売された「デコレーションシール」は、当時画期的だった両面に絵柄の印刷が入ったシール。カラフルかつモダンなデザインで、自動ドアや美容室、喫茶店などのショーウインドーなどに装飾的に貼られ、一世を風靡。中でも内藤ルネ氏がデザインしたいちご、花柄、フルーツなどのシールはとくに人気が高かった。

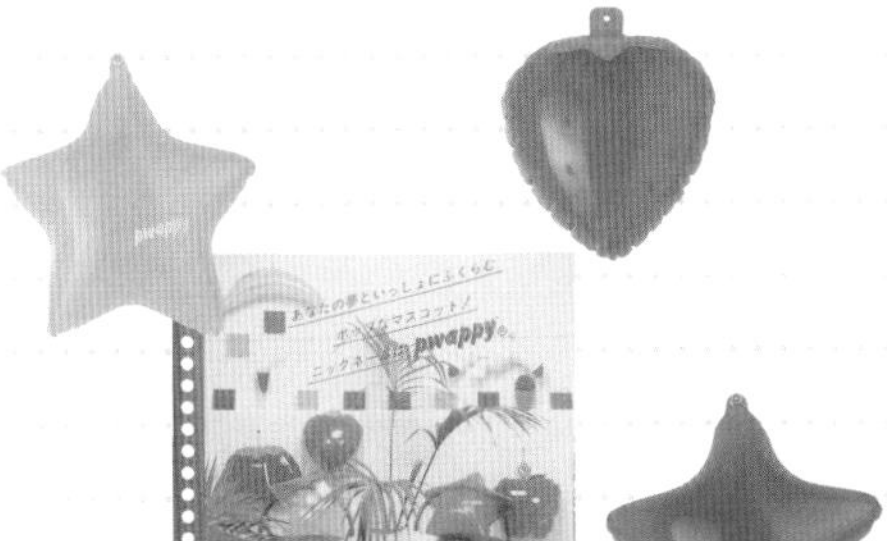

80年代前半にヒットした「プワッピー」は、ポップなエアーマスコット。ぷっくりふくらんだキュートなフォルムで、キーホルダーやインテリア、カーアクセサリーとして人気を博した。

1982年4月プワッピーエアーマスコットカタログ

1982年

1982年7月カタログ

1982年のカタログでは、ミドリファンシーを代表する「金太くん」「NYANNEES」「MILK TEEN」「ジミー・ペンドリックス」の主要4キャラクターがそろい踏み！文房具以外にも紙袋や弁当箱などの生活雑貨まで、女の子ライフスタイルを彩る多彩な商品がリリースされていた。

1983年

1983年には「HONEY DROP」が新登場。ドロップちゃんはバスバブルスの香りにも気を遣う、おしゃれな6歳の女の子！アイスクリームやキャンディも大好き♡80年代らしいポップなカラーリングにときめく〜！

1983年6月ハニードロップ総合カタログ

HONEY DROP

1982年

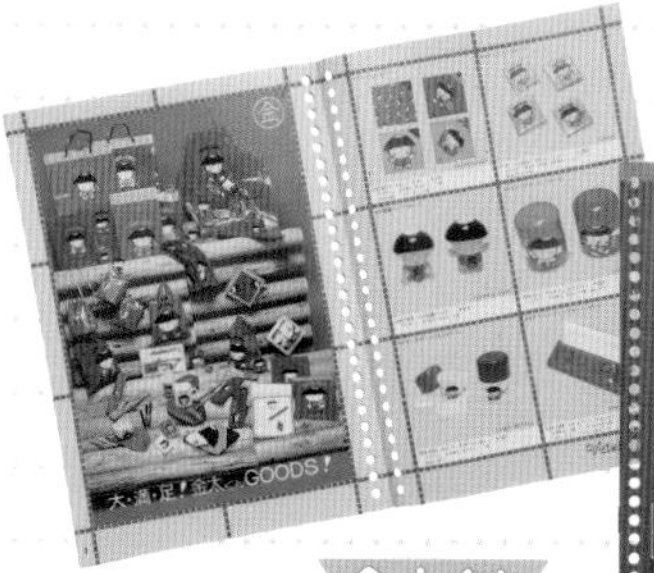

金太くん

前年のデビュー以来、快進撃を続けるジャパニーズボーイ「金太くん」は、82年も絶好調！文具やバッグ、ハンカチ、キャニスター、エプロンなど商品数も一気に拡大。あどけない「金太くん」のキャラと大人っぽい赤や紫のカラーリングが絶妙にマッチして、「金太くん」ファンは全部欲しくなっちゃう!

1982年1月金太くんカタログ

じつは、こんなキュートな「マスコットウォッチ」まで発売されていた。当時の価格は3800円という、ティーンにとってはかなりの高級品！

LUSTY JOHN

83年にデビューした「LUSTY JOHN」は元気いっぱいのわんぱくドッグ！

マイメッセージカップ

今の気分をストレートに伝えてくれる「マイメッセージカップ」。ポップな丸文字がキュート♡ほかに茶碗や湯呑み、灰皿などもあった。

プチバンド

絆創膏にポップなデザイン要素を加えて大ヒットした「プチバンド」シリーズ。ハートや星型のダイカット、メッセージやチェック柄などをプリントしたタイプがあった。シール感覚でカンペンや通学カバンに貼るのが、ツウの楽しみ方！

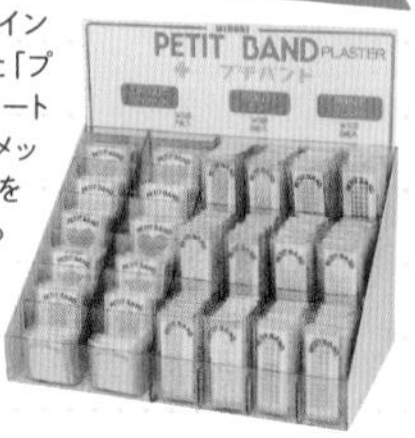

左:1984年4月カタログ、右:1984年1月レスキューシリーズ総合カタログ

KITCHEN PARTY

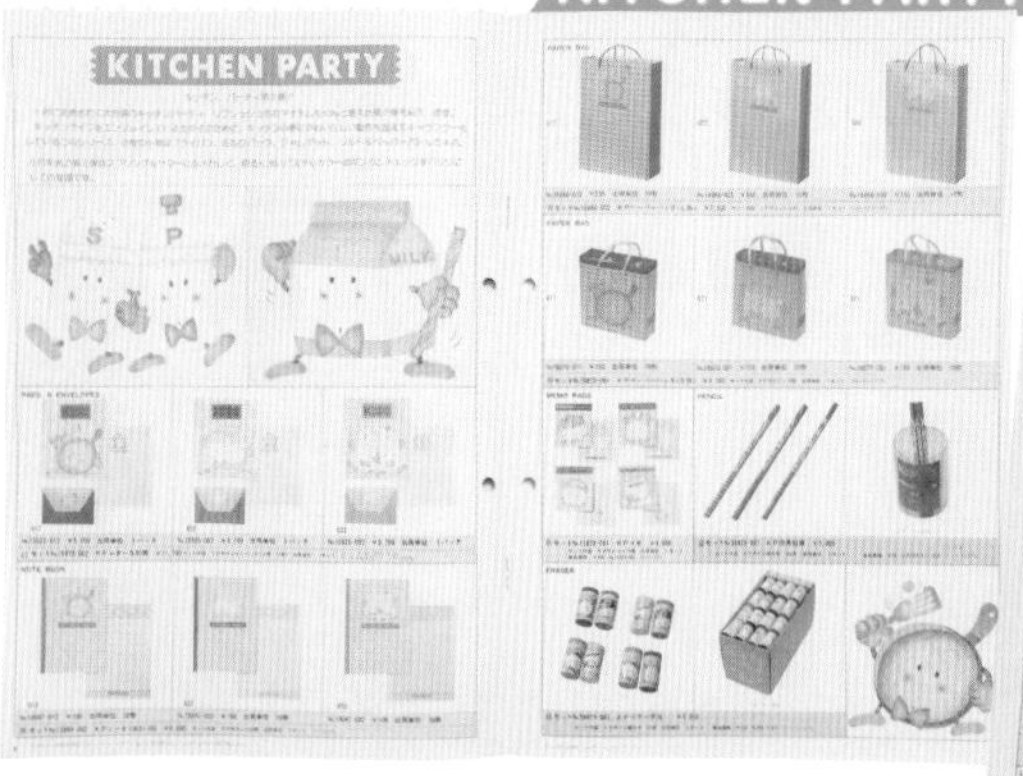

1984年

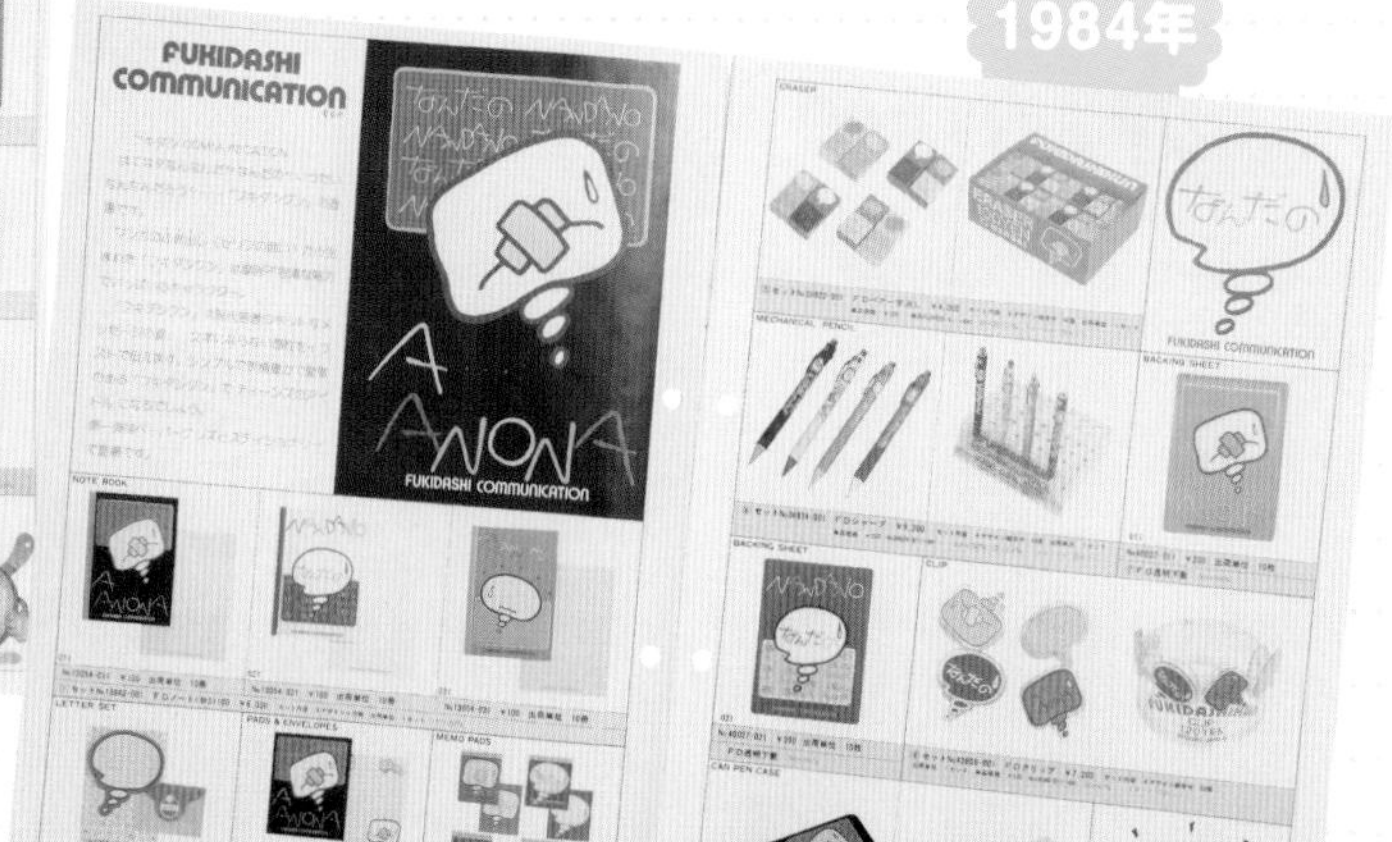

80年代初期のメルヘン&アメリカンテイストから脱却し、ファンシーグッズも劇的に進化していく。1984年には漫画の「ふきだし」がキャラ化した不思議な「FUKIDASHI COMMUNICATION」が登場。「はてな?」「なんだの?」など言葉にならない感覚をイラストで表現したユニークさが新しかった。「KITCHEN PARTY」は牛乳パックやフライパンなどのキッチンアイテムが擬人化した新シリーズ。パステルカラー&ギンガムチェックが時代を象徴していてかわゆい。

FUKIDASHI COMMUNICATION

左:1984年5月カタログ、右:1984年4月カタログ

PASTEL POWDER

パステル画風の柔らかなタッチが優しい！サッカー部の彼ピとデートする直前の女の子の、ちょっぴり不安げな表情にキュン♡

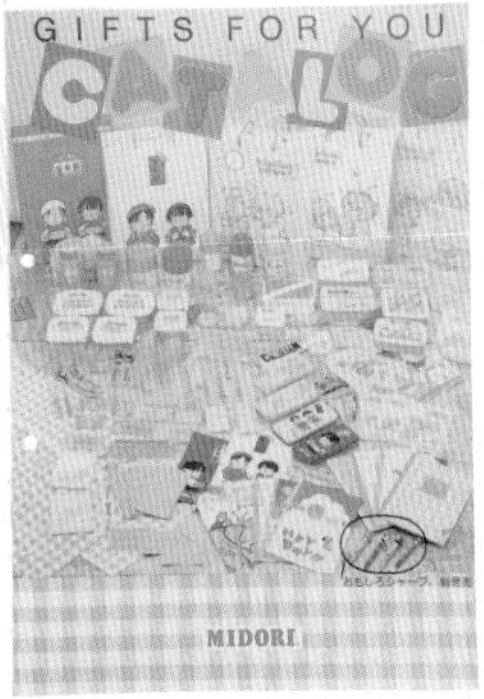

1985年

85年はファンシーキャラクターもますます多様化。この頃には「金太くん」や「MILK TEEN」のグッズは姿を消し、「PASTEL POWDER」などパステルカラーの柔らかな印象のキャラクターやイラストを用いたグッズが多く登場する一方、クスッと笑える要素のあるユルいキャラクターも続々と増えていった。

左：1985年8月パステルパウダー総合カタログ、中：1985年2月カタログ、右：1985年4月カタログ

猫にも丁寧に挨拶ができるような人は心配りができる人⁉ さあ、元気に猫に「こんばんわ」しよう。

猫にこんばんわ

YANCHA CLUB

ビビッドカラーに大きな「やんちゃ顔」の、元気印のキャラクター。明るい毎日を送れそう♪

満面のスマイルとVサインで決める小学生の2人組。淡い色使いとギンガムチェックがTHE・'80s♡

みんなぁ みてるぅ〜♪

わんぱくランド

ペットの「ぶ〜」と4人の仲間が繰り広げる冒険物語をクレヨンタッチで表現！

ぼくのおとうと

子供の自筆風のユルい文字&イラストに癒される「ぼくのおとうと」。

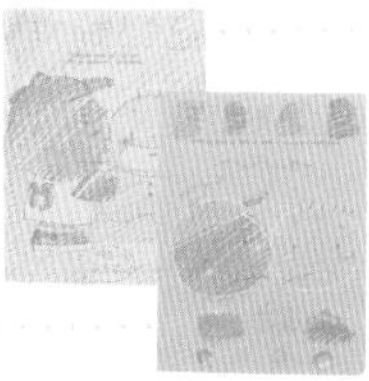

1989年

のりピーマン

80年代の終盤にファンシー業界を席巻したのは、人気アイドル「のりピー」（酒井法子）がイラストを手がけた「のりピーマン」！のりピー自らが描くユル〜い「のりピーマン」と独特の「のりピー語」がデザインされたグッズは、男女を問わず人気を集めた。ショッキングピンクを基調としたカラーリングもポップでオシャレ♪

1989年のりピーシリーズカタログN0.6

1988年

1988年のりピーシリーズカタログN0.2

コクヨ KOKUYO

1905年、大阪で和式帳簿の表紙を手がける「黒田表紙店」として開業し、61年、社名を「コクヨ」に変更。70年代後半より「ヤングコクヨ」ブランドとして、「ロンリーリトルフォックス」「ラブリーフィールド」などのメルヘンテイストのキャラを輩出。81年に「ヘッドストロング」、82年には「ガーデンスタッフ」の2大キャラが発売となり、大ブレイク。王道ともいえる正統派ファンシーグッズは同社の大きな魅力となった。

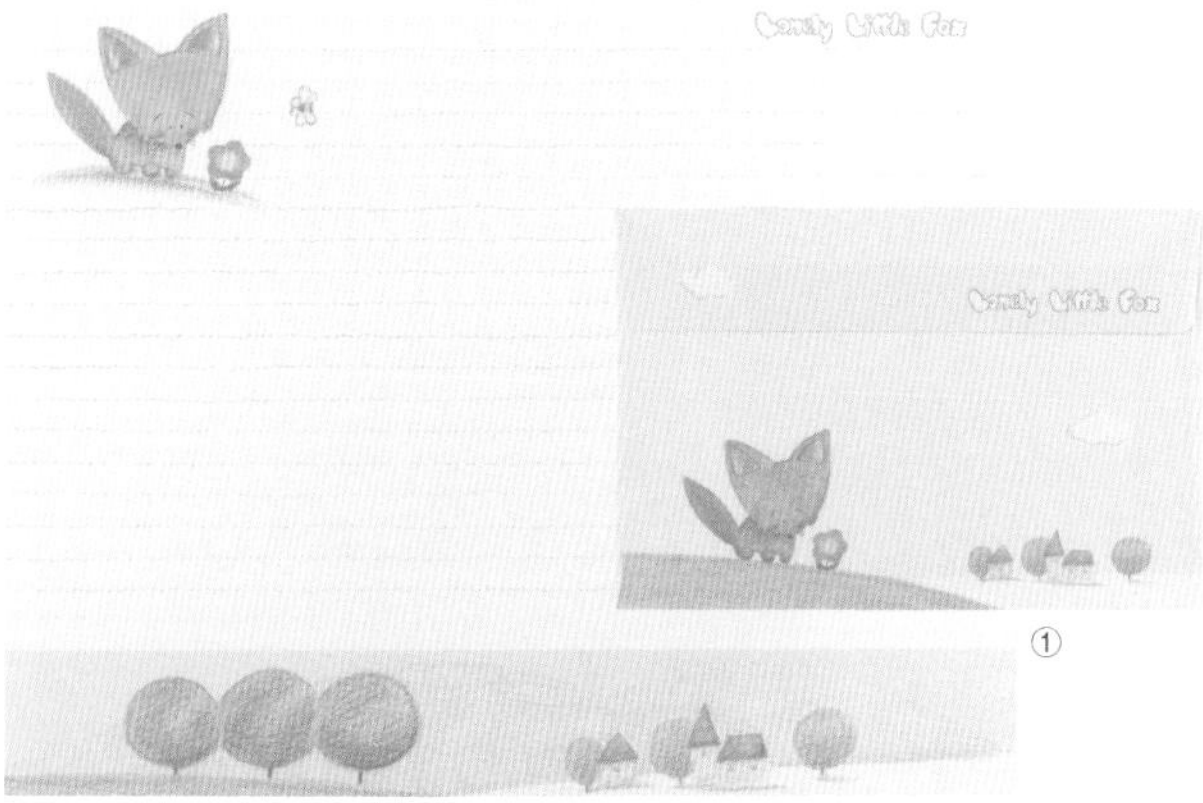

①

"マイバッグに着けたい丸いキーホルダー。昭和の時代はこんな金具でした！"

①レターセット〈年代不明〉 ②キーホルダー〈年代不明〉 ③シール〈年代不明〉 ④封筒〈年代不明〉

③

④

ロンリーリトルフォックス

76年に誕生。色鉛筆タッチの優しい森に住むひとりぼっちのきつねは、誰かと話をするために友達を探しに出かけて……。まるで絵本のような世界観と素朴なきつねの表情に癒やされる、80年代正統派ファンシーを代表するキャラ。

otto tot

81年デビュー。当時ファンシー業界を席巻していたペンギンキャラのなかでも印象深いのが「オット・トット」。その名のとおり、いろんなスポーツにチャレンジするのに、いつもズッコケて「おっとっと!」しちゃう。

①

②

① 日記帳〈年代不明〉 ②ランチボックス〈年代不明〉 ③手提げバッグ〈年代不明〉

③

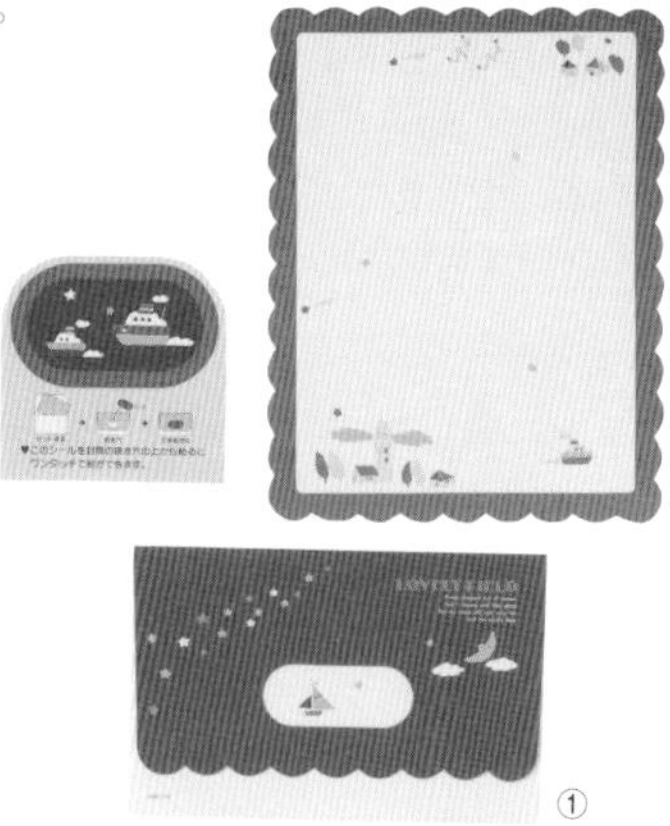

①

②

LOVELY FIELD

70年代に発売。コクヨの正統派ノンキャラ系ファンシーの象徴ともいえる、メルヘンな世界観が素敵。パステルトーンの背景をカラフルな列車や船が進む、夢がいっぱいのデザイン♡

①レターセット〈年代不明〉 ②リングノート〈年代不明〉

ガーデンスタッフ

82年に発売。ポップで元気の出るパステルカラーとキュートな野菜ちゃんのキャラで、たちまち大ヒットに。ジャガイモは愛らしい女の子、キュウリは一番年上の男の子、などそれぞれのキャラも個性的で、親しみやすかった☆

“野菜ちゃんのキャラには赤ちゃんもいるのだ。”

②

①

①調味料入れ〈1982〉 ②缶ペン〈年代不明〉
③ノート〈年代不明〉 ④シール〈年代不明〉
⑤ポケットティッシュ〈年代不明〉

③

④

⑤

“まるで海外の漫画のような洒落たデザイン。水色をベースにしたカラーリングがキレイ☆”

①

ヘッドストロング

81年に発売。目玉焼きが好きなお月様&星コンビの「MOON&EGGS」、てるてるぼうず&かたつむりコンビの「BONZ&SNAIL」の2種類があり、海外の漫画のようなコミカルさ&表情豊かなキャラクターがユニークだった。イエローや水色の色使いもオシャレ♪

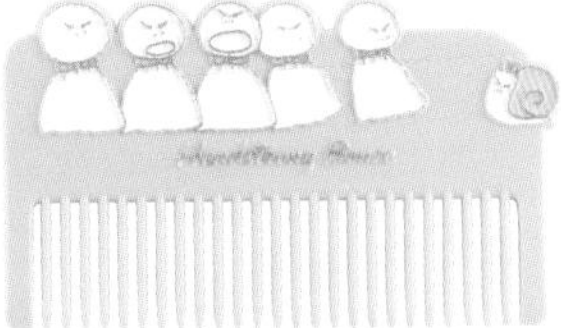

②

③

④

①ハンカチ〈1981〉 ②コーム〈1981〉 ③缶ペン〈年代不明〉 ④乾電池〈1981〉

トリプレッツ3J

'80sキャラの中では珍しい3つ子ちゃんは83年に誕生！ 笑顔のジョン、怒り顔のジャック、泣き顔のジムの男の子3人は、トリオの商品のほかにも、それぞれ単独の商品が存在した。

ノート〈1983〉

学研ステイフル

Gakken Sta:Ful

1946年、学習研究社として設立。1994年に現在の「学研ステイフル」に分社化。現在も様々なIP契約のもとファンシー雑貨、文具、知育玩具の販売を行っている。今回掲載している82年創刊のティーン向け雑誌「Lemon」から生まれたキャラクター「レモンヴィレッジ」は、1983年以降に発売。

手のひらサイズの手鏡は制服のポケットにも収まりやすい♪

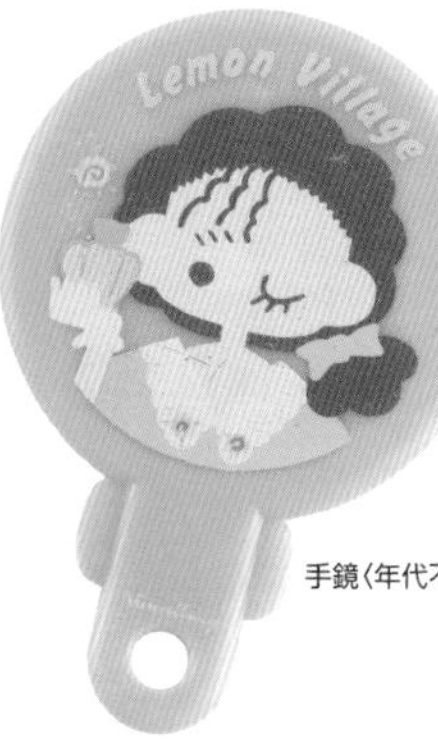

手鏡〈年代不明〉

レモンヴィレッジ

82年創刊のティーン向け情報誌「Lemon」から生まれた、とびっきりオシャレなキャラ。グッズは翌83年より発売。トラッド派のジャミー・ロールとカジュアル派のパフィー・ラムの2人を中心に、ラブラブな彼氏とのファッショナブルなコーデにファンが夢中に♡　口が描かれず、独特な大きな目をしたキャラと当時のトレンドをふんだんに取り入れたカラフルな衣装は、今見てもかわいくてときめく!

ノート〈年代不明〉

'80s女子のたしなみ（?）、ハードカバーの日記帳。おしゃれカップルのイラストにテンションも上がる♡

日記帳〈年代不明〉

「レモンヴィレッジ」といえばシャーペン！　かわゆいコーデを活かしたデザインでいろいろなバージョンがあった。

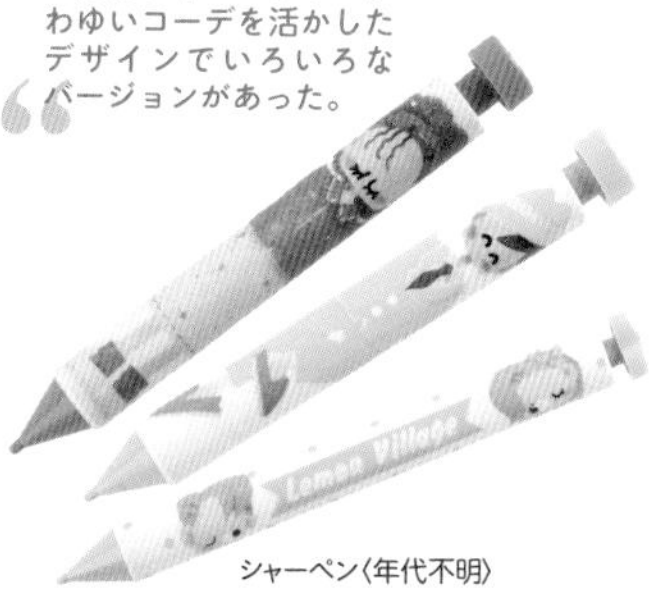

シャーペン〈年代不明〉

ポーチ〈年代不明〉

ミニタンブラー〈年代不明〉

小さなサイズのグラスはお友達へのプレゼントにも最適☆

ノート〈年代不明〉

ノート〈年代不明〉

メリーレイカー

81年に発売。カーリーヘアのメリーレイカーちゃんは、おしゃれでおセンチでちょっぴりナイーブな女の子♡　パープル、ピンク、ブラックを基調としたちょっと大人っぽい色使いでセンスあふれるガーリーな世界観を確立。文具のほかに食器や腕時計など幅広い商品ラインアップがあった。

温かみのあるホーロー製のマグカップは真っ赤でキュート!

③

①

②

①ハート形缶小物入れ〈年代不明〉②ハート形缶小物入れ〈年代不明〉③ホーローマグカップ〈年代不明〉④アメニティセット〈年代不明〉⑤メモ帳〈年代不明〉

⑤

④

修学旅行に持っていきたい、ケース入りのアメニティ。小さなボトルやケースにもキャラが付いていて、ときめく♡

SPORTS KIDS

85年発売。バスケ、サッカー、ラグビーをするスポーツ刈りの男の子キャラ。なぜか頭部のないキャラバージョンも存在し、バレーボール、テニスなど多彩な種目が発売された。ユニセックスで持てるアクティブなデザイン性で、'80s部活動系ファンシーの王道キャラとなる。

①マスコット入りレターセット〈年代不明〉②レターセット〈年代不明〉

①

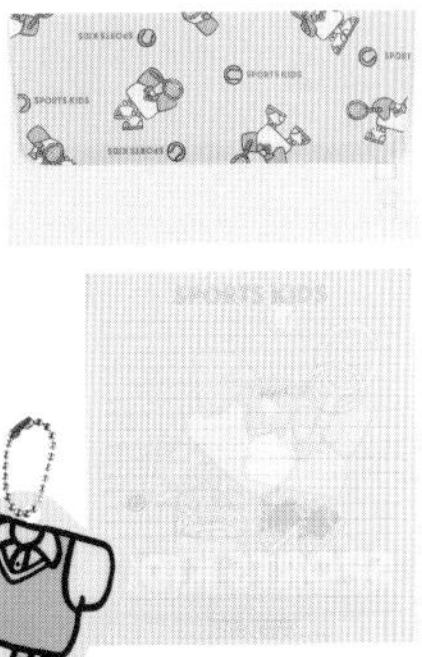

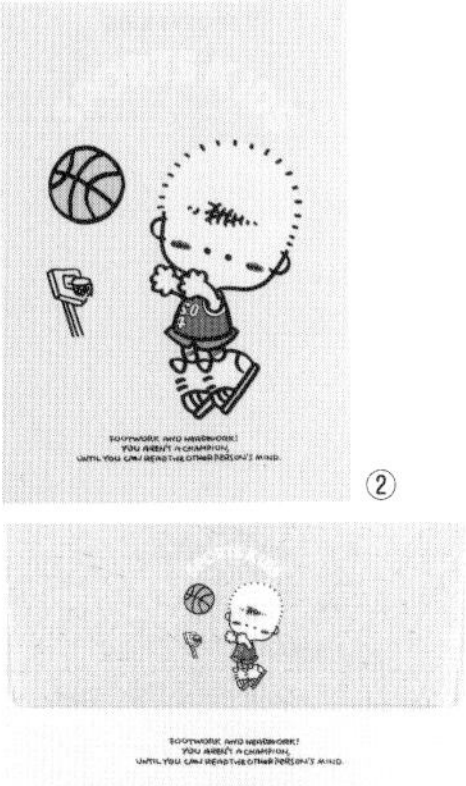

②

⑥

①

③

④

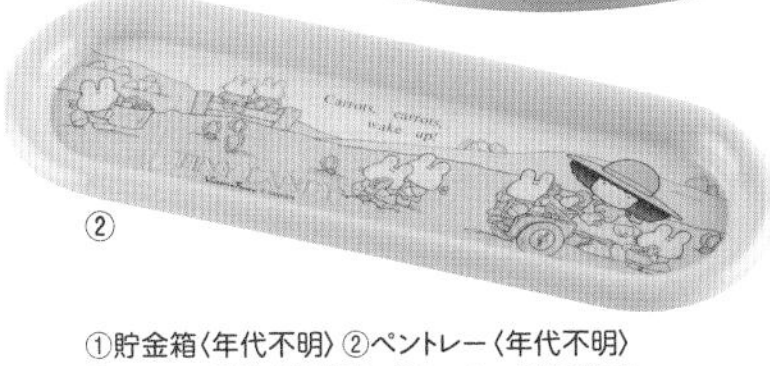

②

⑤

タイニーキャンディ

76年発売。誰も知らない小さな森の中で、うさぎ達と仲良く暮らしている女の子、タイニーキャンディ。パステル系の色使いと、どこか海外の香りも漂う優しさあふれる童話のような絵柄で、昭和の古き佳きメルヘンワールドを体現し続けた。

①貯金箱〈年代不明〉②ペントレー〈年代不明〉③ミニカード〈年代不明〉④ミニカード〈年代不明〉⑤メモ帳〈年代不明〉⑥カード〈年代不明〉

 文責=編集部

オサムグッズ OSAMU GOODS

76年からスタートした「オサムグッズ」は、化粧品メーカーのコージー本舗が製造し、関連会社のダスティーミラーが販売。イラストレーター・原田治さんがイギリスの童謡「マザーグース」に着想を得てジャック、ジル、ハンプティーダンプティーなどの個性的かつポップなキャラを手がけ、ティーンの女子を中心にたちまち人気に! 50〜60年代のアメリカンなテイストで、色遣いやデザイン、製造まで原田さんのこだわりが詰まっていた。90年には代官山にパイロットショップ「SODA FOUNTAIN」がオープンし、さまざまな情報を発信。2016年に原田氏が逝去後も、展覧会の全国巡回、グッズのリバイバル販売などが人気を呼び、親子3世代にわたって愛される存在となっている。

①

“「オサムグッズ」といえばこちらのスクールバッグ♪ 表面にはビビッドなキャラクターの顔、裏面にはキャラのシルエットとともに「マザーグース」の詩が入っていた。通学カバンと相性がよく、当時女子高生の間で大流行☆”

②

③

④

“「オサムグッズ」のポップさとジャポニズムが融合！和風なお守りの中には宝物を入れておきたい。”

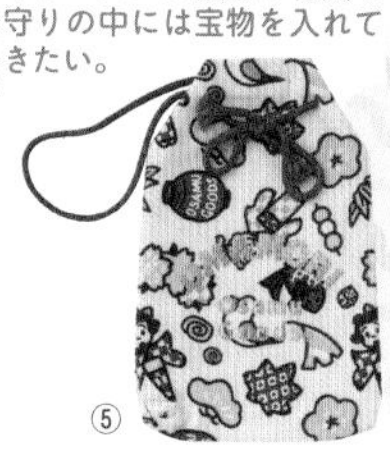

⑤

⑥

“「ハンプティーダンプティー」の絵柄。元気のいい卵だけれど、壊れやすくてどこか頼りなげなところが可愛い♡”

⑦

⑧

⑨

① スクールトート（ジル、キャット）〈年代不明〉 ②マグカップ（ジャック、ベティ）〈1986〉
③ノート〈1987〉 ④ポチ袋セット〈1983〉 ⑤お守り袋〈年代不明〉 ⑥湯のみ〈1985〉
⑦キーホルダー〈年代不明〉 ⑧カード〈年代不明〉 ⑨ハンカチ〈年代不明〉

OSAMU GOODS
公式ファンクラブ!!

78年に公式ファンクラブが発足。その後、名称は「Party」となり、会員証や会員バッジが発行されていた。90年代には約2万人の会員がいたという。Tシャツや巾着袋など、ファンクラブでしかもらえないオリジナルグッズも多数あり、サイン会やファンミーティングも活発に開催されていた。会報誌には原田さんの近況や質問コーナーなどが掲載され、オサムファンにとって貴重な情報源となっていた。

ああ、名もなきファンシー

あの頃、どこかで見たことあるような、イヤないような…そんな「名もなき」'80sファンシーキャラたち。
大ヒットキャラにはなれなかったかもしれないけれど、どれも味があってオモシロイ♡
あらゆる泡沫キャラクターが爆誕した80年代という時代のパワーを感じる。

③ ④ ② ①

文房具や学用品を通して「ティンクルちゃん」に出会った人も多いのでは。三菱鉛筆製のふでばこ、下敷き、かきかた鉛筆はどれもピンクを基調とした「ゆめかわいい」デザイン！小学生のマストアイテムである鉛筆削り機は、手動のものから後に電動式も発売された。

①かきかた鉛筆 三菱鉛筆〈年代不明〉 ②下敷き 三菱鉛筆〈年代不明〉 ③鉛筆削り〈年代不明〉 ④ペンケース 三菱鉛筆〈年代不明〉

'80sファンシーアナザーストーリー❶

星座のティンクルちゃん

80年代のキャラクターの中でも、絵本、文房具やおもちゃ、服飾雑貨など、とくに多彩なジャンルで大活躍していたのが「星座のティンクルちゃん」☆星のヘッドドレスを着けた、ブルーの髪色のかわいい女の子を覚えている方も多いはず！当時の貴重なグッズとともに、誕生秘話を探ります。

絵本の発売をきっかけに、愛らしいキャラクターで大活躍！

「星座のティンクルちゃん」は、昭和期に活躍した漫画家・夢野凡天氏が生み出したキャラクター。１９８２年に発売された「ティンクルちゃんえほん」（講談社）の「おかしのおしろ」が始まりでした。基本のコンセプトは「星の国に住んでいる女の子」。ブルーの髪にお星さまのヘッドドレス、女神様のような素敵な布のドレスを着ています（ふつうのお洋服のパターンもあり）。「ティンクルちゃん」といつも一緒にいるのは、おひつじ座の「こひつじさん」。その他、お友達の「ヘラクレスくん」やいたずら好きの「エンゼルちゃん」などが登場します。

絵本の出版を皮切りに、その愛らしいキャラクターと夢のある世界観は多くの企業に注目されます。鉛筆やものさしなどの文房具、ドールハウス型のおもちゃから、お菓子、腕時計や水着など服飾雑貨・生活雑貨に至るまで、たくさんの商品が発売されました。その数はなんと40社・６００アイテムにも及んだといいます。グッズの多くはブルーやピンク、イエローを基調にしたかわいらしい色使いとデザインで、80年代ガールたちの絶大な支持を得ました。

それから長い時を経て、２０１８年。「星座のティンクルちゃん」は新たな展開

⑥

インテリアのアクセントになる大きなダイカットの壁掛け時計。振り子が星形なところにもときめく!

豪華な仕様のドールハウスは、憧れのおもちゃだった。星形のブランコやトランポリンで遊べたり、雲のエレベーターで屋上のテラスに出たり♪ティンクルちゃんのくものおしろは夢がいっぱい!

⑤

⑦

白を基調にしたキュートなバスケットの中には、かわいらしいピクニックセットが☆

⑧

⑤ティンクルちゃんのくものおしろ 野村トーイ〈年代不明〉⑥キャラクタークロック リズム時計工業〈年代不明〉⑦丸型ビニールポーチ メーカー不明〈年代不明〉⑧ランチボックスセット 野村トーイ〈年代不明〉⑨腕時計 Q&Q〈年代不明〉⑩ティンクルちゃんのえほんシリーズ『1 おかしのおしろ』(1982年)、『2 ふしぎなりんごのき』(1982年)、『3 さかなのくに』(1984年) すべて文・絵 夢野凡天(講談社)

⑨

輝かしい「ティンクルちゃん」の歴史はここから始まった!「ティンクルちゃんえほん」シリーズ(講談社)は「おかしのおしろ」「ふしぎなりんごのき」「さかなのくに」の3作からなる。

⑩

2018年になって新たに発売されたアイテム。80年代当時のかわいらしさはそのままに、新たなセンスで現代に蘇った(在庫は要確認)。

https://twinkle-chan.com/
Instagram：@seizano_twinkle_chan/

を迎えます。「ティンクルちゃん」の版権を管理する会社「TWINKLE」が発足し、懐かしさと新しさが融合した、新作の「ティンクルちゃん」グッズが発売になりました。今後も新たなグッズのリリースや、LINEスタンプの発売予定もあるとのこと。現代に再び舞い降りた「ティンクルちゃん」の今後に大注目です☆

 撮影協力：TWINKLE

ソフトドール〈1992〉

’80sファンシーアナザーストーリー❷

MR.FRIENDLY

80年代後半に、アメリカンテイストのおしゃれな雑貨と、スマイルフェイスのキャラクター「MR.FRIENDLY（ミスター・フレンドリー）」でファンシーグッズ業界に新風を巻き起こした「S.PAPA（エスパパ）」。キャラ誕生の秘密や、東京・代官山を拠点に、今も当時と変わらぬ精神でものづくりを続ける原動力に迫ります！

ノートの片隅のデザインがきっかけに

ちょっと困ったような顔でほほ笑むキュートなキャラクター「MR.FRIENDLY」や、輸入雑貨のようなおしゃれなアメリカンテイストの商品を数多くプロデュースし、80年代後半から90年代にかけて、学生を中心に大ブームを巻き起こしたブランドが「S.PAPA」。これらを手がけるスーパープランニングは、元々78年に静岡県でデザイン事務所として創業。84年に株式会社化し、この頃よりオリジナルグッズの企画や製造を始めます。87年に流行の発信地である東京・代官山に東京支社を創設し、翌88年には同地にアンテナショップ「スチューデンツコミュニティー」がオープンしました。

アメリカンでポップなデザインの「S.PAPA」の雑貨の中で、自社のデザイナーによって、とあるノートのデザインの一部としていたずら描きのように描かれたのが、「MR.FRIENDLY」誕生のきっかけだったそう。「最初は名前もありませんでしたが、そのノートがとても好評で。周りからもかわいいと言われるので正式にキャラクター化しようということになったのが、88年のことでした」と、同社のFRIENDLY事業部・今井里子さんが語ります。「友だち仲良くしようね」というコンセプトには、「MR.FRIENDLY」が友達同士のコミュニケーションに役立つように、という願いが込められています。

人間も地球も、みんな仲良くしていたい

シンプルだけれどハッピーな「MR.FRIENDLY」グッズは発売当初から人気が爆発し、自社製品だけでなくライセンス商品も数多く登場。大ヒット商品となったデイパックや文房具、キーホルダー、お弁当箱などは、「人とはちょっと違ったものを持ちたい」という女子学生の絶大な支持を得ました。当時は、商品カタログを取り寄せて、クラスの友達の分もまとめて注文してくれる熱心なファンもいたとか。94年にはオンリーショップ「MR.FRIENDLY Daily Store（現：「MR.FRIENDLY Cafe」）」がオープンし、スイーツも食べられる、代官山のおしゃれな雑貨店として人気を博します。さらに、アメリカやフランス、台湾、韓国などでもグッズが販売され、その人気は世界規模にまで拡大！

「2000年代の初めごろから、人間や動物や植物、すべての自然と仲良しでいたい。地球が友達だよねという考え方で、環境に配慮したものづくりに取り組んでいるんです」（今井さん）

「MR.FRIENDLY Cafe」の店内や販売されているグッズは、エコやリサイクルを意識したコンセプトで、その優しさあふれる精神を伝え続けています。

「『MR.FRIENDLY』の笑顔を見ると、なぜかみんながにっこり笑顔になる！シンプルなキャラクターだけれど、LOVE&PEACEの強い思いが込められているんですよ」と今井さん。

お店には、当時のファンが子供を連れて訪れたり、近年ではSNSの影響で当時を知らない新たな若い客層も増えているとか。幅広い世代に愛される「MR.FRIENDLY」は、今も変わらずその愛らしいスマイルで、愛と平和を発信し続けているのです。

MR.FRIENDLY Cafe

ミスター・フレンドリーのひと口サイズのホットケーキが名物のカフェ。ソフトドールやデイパック、ステーショナリーなど今も人気のアイテムも揃います。

東京都渋谷区恵比寿西2-18-6 SPビル1F
https://mrfriendly.jp
Instagram：@mr.friendly_cafe

当時大人気だったというお弁当箱。
カラーリングが抜群にオシャレ♪
ランチボックス〈1991〉

こんなポップなボールペンや絆創膏を使ったら、
まるでアメリカの学生になったような気分に!
左:マルチカラーボールペン〈1991〉/右:オーキューバン〈1988〉

ビビッドなオレンジがオシャレなプラコップ。
プラスチック製マグカップ〈1992〉

こちらも当時からの人気アイテム、
ふわふわ素材のキーホルダー!
フローティングキーホルダー〈1988〉

ダイカットの消しゴムは
授業中に大活躍〜。
イレーザー〈1988〉

「MR.FRIENDLY」がブックスタンドに
なって、アナタの本を守ります!
左:ブックバンド〈1989〉/ブックスタンド〈1993〉

並んだ姿もカラフル&ユーモラスな、
プッシュピンセット。
プッシュピン〈1989〉

ミニサイズのクリップセットも大人気だった。
プラスチッククリップ〈1989〉

手をつないだデザイン
がなんともピースフル。
コーヒーマグカップ〈1991〉

「MR.FRIENDLY」といえば
このビニール素材のバッグ!
左:トートバッグ〈1991〉/右:ミニポーチ〈1991〉

これぞ現在でも1番人気のデイパック!じつは「MR.FRIENDLY」の眉毛は左右非対称。それが親しみやすさを醸し出すポイントなのだ。

デイパック〈1989〉

こちらは80年代の「S.PAPA」
グッズ。ポップなカラーリング
で、高感度なオシャレ女子か
ら絶大な支持を得た。
左:ノート〈1988〉/中:レターセット〈1988〉/
右:ペンケース〈1988〉

 撮影協力:スーパープランニング

'80sファンシーアナザーストーリー③

科学万博つくば'85キャラクター

コスモ星丸

1985年は「科学万博つくば'85」のフィーバーぶりが大きな話題になった年。科学への夢や未来の希望を伝えるエキスポで一躍アイドルになったのが、「コスモ星丸」くん☆当時のグッズとともに、誕生秘話を紐解きます♪

左：風鈴／中：湯のみ／下：巾着袋（すべて年代不明）

可愛い星丸くんはおみやげなどのグッズでも大活躍☆ 定番のメダルやバッジ、キーホルダーのほか、変わったところでは風鈴まで！

丸いボディに土星を思わせる環、かわゆい触角がポイント。1984年には万博のイメージソング「HOSHIMARU アッ！」（作詞・阿久悠、作編曲・TPO）がリリースされ、星丸くんの貴重な「星丸語」を聴くことができる。

デザインデータ提供：公益財団法人つくば科学万博記念財団

懐かしくって新しい！ 愛らしいデザインの星丸くん♡

1985年3月17～9月16日まで、現在の茨城県つくば市で開催されたのが、「国際科学技術博覧会」（通称「科学万博つくば'85」）でした。「人間・居住・環境と科学技術」をテーマに、国内外から出展されたパビリオンではロボットや飛び出す映像などが人気を呼び、来場者数2033万人を超える一大エキスポとなりました。万博のキャラクターとして誕生したのが「コスモ星丸」です。当時1万5245通もの公募の中から、愛知県の中学一年生の女の子がUFOをイメージして描いたものが選ばれ、それを選考委員のイラストレーター・和田誠氏がブラッシュアップ。名前はネーミングに関する小委員会や小中学生らへのアンケートの結果、「コスモ星丸」と命名されました。

星丸くんはその愛らしい風貌や名前で一躍人気者となり、会場には星丸くんロボットが登場したり、数多くのグッズになったりと大活躍！グッズは万博の定番ともいえるメダルやバッジ、キーホルダーや帽子、マスコット人形など数多く販売されていました。じつは、万博会場跡地にある科学館「つくばエキスポセンター」には当時の星丸くんロボットが現存！現代の星丸くんグッズも好評販売中で、いまだ人気は衰えません。あの熱狂的な万博が終わった後もずっと、星丸くんは未来の科学の希望を伝え続けているのです。

缶バッジ、キーホルダー（年代不明）

’80s Girly Culture Guide

CHAP.,5

お菓子

80年代に発売されたお菓子は、
いまだにロングセラーで売られているものも多く、
ヒット商品が続出した時代でした。
その一方で、残念ながら消えてしまったお菓子も。
子供のハートにヒットするキャッチ―なキャラクターや
ＣＭも思い出に残ります。
懐かしく、甘酸っぱいお菓子メモリーズです♪

ぜんぶ買い占めたい!

懐かしファンシーお菓子大集合!

80年代のお菓子は美味しさはもちろん「カワイイ」の要素も重要なファクター! もう一度食べたい最愛のあのコから、現在も現役活躍中のロングセラー品まで、ファンシー&ラブリーなお菓子が一挙に大集合〜♪ あなたの思い出のお菓子が見つかりますように♡

'80sガールズライフを彩る重要な要素の一つが、お菓子ではないでしょうか。今でもお店でよく目にするおなじみのお菓子は、60年代の「マーブルチョコレート」(明治)や、「ポッキー」(グリコ)など、また70年代の「カプリコ」(グリコ)、「きのこの山」(明治)など、超ロングセラー品が多数。そんなお菓子の名作がリリースされた時代を経て、80年代のお菓子は、さらに多様な進化を遂げます。1980年には子ども(0〜14歳)の数が2750万人を超え、需要が拡大。TVや雑誌が情報発信源として隆盛を極め、広告文化が花開き、お菓子のCMや広告が多数出稿されました。今も心に残るキャッチーなお菓子の広告が多いのは、80年代の特徴といえるかもしれません。各メーカーから、より個性的なお菓子が登場し、ユニークさが進化したのもこの時代。味のクオリティはもちろん、友達同士で話題になるようなネーミングやギミック、おまけなどの「おもしろさ」が求められる風潮がありました。さらに、ファンシーグッズ全盛期でもあった80年代は、お菓子業界にもその影響が波及。お菓子のキャラがファンシーグッズ化したり、ファンシーキャラがお菓子になったりと、相乗効果で女の子の人気を集めます。お菓子やグッズが、「カワイイ」というキーワードで見事につながり、劇的な広がりを見せた時代だったのです。

COOKIE クッキー

1985年頃のパッケージ

「しましまクッキー」

明治製菓(現 明治)
販売期間:1982年(一部地区)〜90年代前半

しましま模様がラブリーな動物クッキー。懸賞でもらえた、しましま柄のペンダント型ミニラジオや腕時計も最強にかわいかった!

1982年頃のパッケージ

「きどりっこ」

ブルボン
販売期間:1984年〜2020年

近年まで発売されていた「きどりっこ」は立体的な動物クッキー。パッケージをイラストレーターの宮尾怜衣氏が手がけ、バニラ味の優しい味わいと80年代最強のファンシーさを兼ね備えた名菓として名高い。かわゆい「きどりっこ」キャラグッズも多数♡

「きどりっこ」缶ペン サンスター文具〈年代不明〉、缶バッジ メーカー不明〈年代不明〉、ハンカチ メーカー不明〈年代不明〉

ICECREAM
アイスクリーム

1978年頃のパッケージ

「雪印宝石箱」

雪印乳業(現 雪印メグミルク)
販売期間:1978年〜(販売終了)

高級感あふれるパッケージの中にはバニラ味のアイスが。さらにアイスには、宝石のようにちりばめられた氷の粒！ スイートなアイスに、ガリッとした氷が合わさった、独特の食感が忘れ難い。広告タレントのピンクレディーのおふたりもとってもステキだった、永遠の憧れアイス♡

1986年頃のパッケージ

「アイスの実」

江崎グリコ
販売期間:1986年〜

シャーベットが一口サイズのカラフルなまん丸ボールになった! 初めて食べたときの、口の中がキーン! となった衝撃は忘れられない。今や国民的アイスに成長したロングセラーアイス。

1984年頃のパッケージ

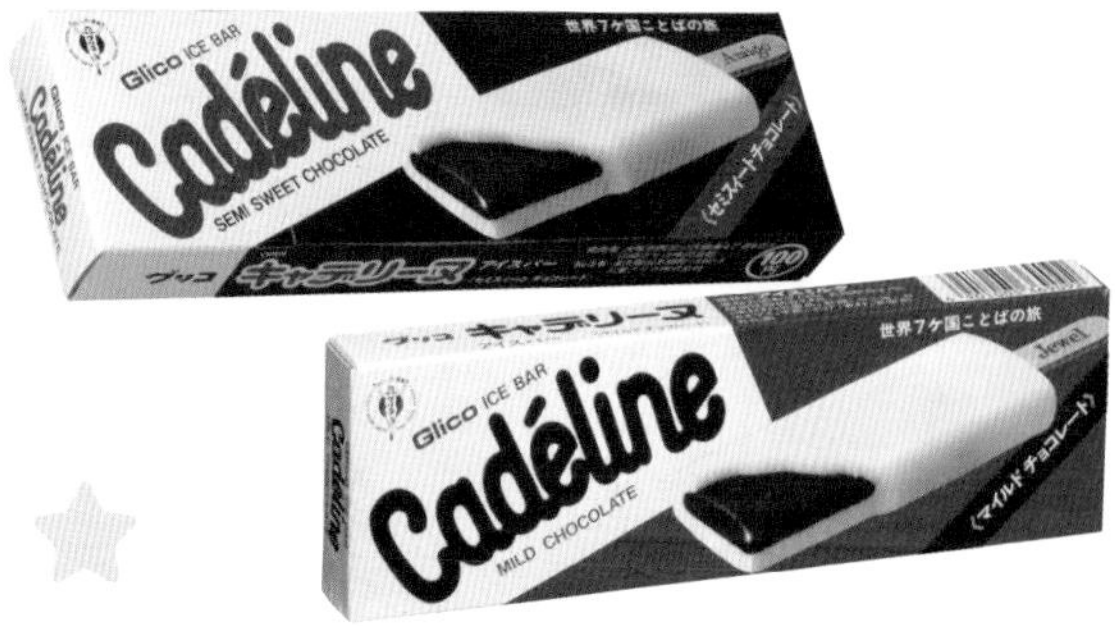

「キャデリーヌ」

江崎グリコ
販売期間:1984年〜

チョコレートをアイスで包んだおしゃれな一品。聖子ちゃんの「グリコ、キャデリーヌ〜♪」のTVCMで一躍有名になった。チョコレートがとろけるようなマイルドさでリッチな気分♪ 現在も好評発売中。

1980年頃のパッケージ

「アイスバーガー」

森永製菓
販売期間:1979年〜(販売終了)

1971年にマクドナルドが日本1号店を銀座にオープンしたことを皮切りに、ハンバーガー文化が広まった。アイス業界でも、まるで本物のハンバーガーみたいな「アイスバーガー」が人気沸騰！ ドライアップルが味のアクセントに。

1980年頃のパッケージ

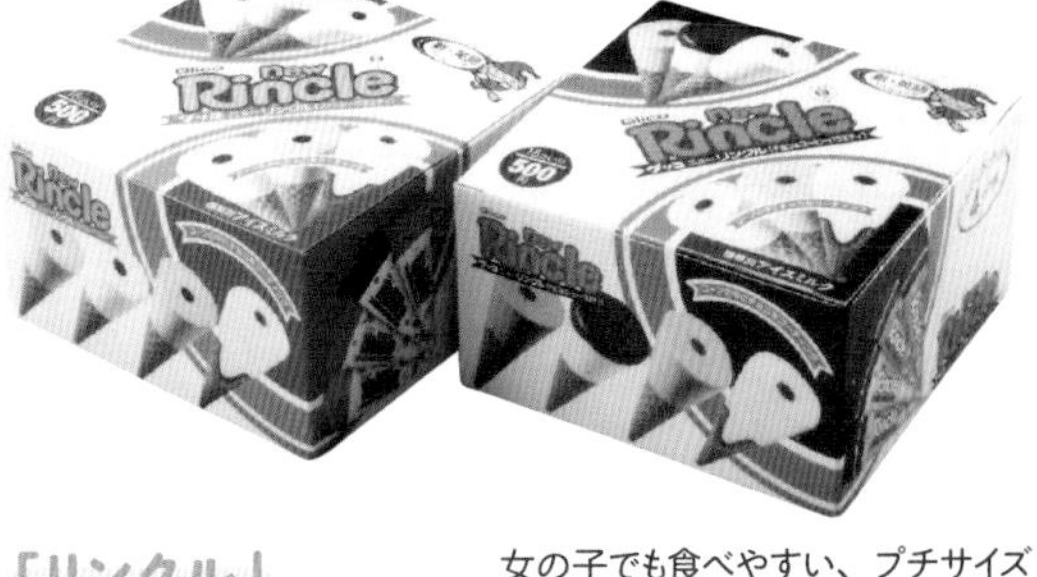

「リンクル」

江崎グリコ
販売期間:1980年〜(販売終了)

女の子でも食べやすい、プチサイズのコーンアイスが箱にい〜っぱい♪ アイスの中央にソースが入っているのがポイント。さまざまなフレーバーがあって、パーティーにもピッタリ。

CANDY
キャンディ

1986年頃のパッケージ

「ジュエルリング」

ロッテ
販売期間：1979年～（販売終了）

豪華なダイヤの指輪のようなデザインで、指にはめていただくという斬新なキャンディ。指輪に憧れる乙女心を見事にキャッチして大ヒット♪ 味はイチゴサイダー、メロンサイダーの2種類。指がベタベタになろうが構わず舐めまくった思い出（笑）。

1978年頃のパッケージ

「さくらんぼの詩」

味覚糖（現 UHA味覚糖）
販売期間：1978年～2021年

1980年頃のパッケージ

「野いちごの小道」

味覚糖（現 UHA味覚糖）
販売期間：1979年～2018年

世にもガーリーな、さくらんぼのキャンディ♪ レトロファンシーなイラストのパッケージもかわいかった。さくらんぼとヨーグルトの甘酸っぱいフレーバーがなんとも懐かしい。同じシリーズの「野いちごの小道」、「クリームソーダ」とともに、長年にわたって愛された。

1980年頃のパッケージ

「クリームソーダ」

味覚糖（現 UHA味覚糖）
販売期間：1980年～2021年

「小つぶキャンレディー」

1988年頃のパッケージ

江崎グリコ
販売期間：1988年～（販売終了）

箱入りタイプの「キャンレディー」（1982年／下）のヒットを受けて、1988年に袋入りが発売。こちらは1つの小袋に2つの味（アップル&グレープなど）の小粒なキャンレディーが備わり、お口の中で混ざると味がミックスされるというコンセプト。小粒だけれどちゃんとハート形でかわゆいの♡

1980年代後半頃のパッケージ

「キャンレディー」

江崎グリコ
販売期間：1982年～（販売終了）

ハートがちりばめられた小箱に、小さなぷっくりハートのキャンディというファンシーを極めた逸品♡ ヨーグルト風味というのも当時抜群に新しかった。

1981年頃のパッケージ

「ノースキャロライナ」

不二家
販売期間：1968年～1995年

「ノースキャロライナ」は渦巻き模様がラブリーなヌガーキャンディ。不二家ならではの伝統的かつリッチな味わいで人気に! 1995年頃に販売終了したものの、現在は「西洋菓子舗　不二家」ブランドで復刻販売されている。

1990年頃のパッケージ

「かわりんぼ」

ロッテ
販売期間：1984年～（販売終了）

一見棒付きのペロペロキャンディだが、その実、キャンディの間にはラムネがサンドされており、棒の部分がガムという新感覚複合型お菓子！さらに、キャンディは表と裏で味が違うというこだわりよう。一度にさまざまなお菓子が楽しめる楽しさとコスパのよさが受けて、ロングセラーに。

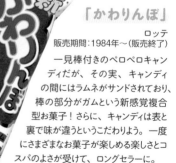

1980年頃のパッケージ

「セボンスター」

カバヤ食品
販売期間:1979年〜

「セボンスター」は40年以上の歴史を持つ、玩具菓子の金字塔☆ 六角形のパッケージに、キラキラのアクセサリーとチョコレートが入っている。ゴージャスなデザインに輝くビジュ―のペンダントは、アクセサリーに憧れる女の子にとって宝物となり、コレクションする楽しさを教えてくれた。現在も最新シリーズが展開中。

1985年頃のパッケージ

1980年頃のパッケージ

「スカイミント」

江崎グリコ
販売期間:1974年〜(販売終了)

「歌声さえる、さわやかキャンデー」というキャッチコピーの、ミントの香りがお口に広がるソフトキャンディ♪ ミント味だけど、甘さもあるから子どもでも食べやすかった。青空と虹がデザインされた清涼感あふれるパッケージも印象的。

「キューピィロップ」

ブルボン
販売期間:1986年〜

1986年頃のパッケージ

フルーツ味の小さなキューブ状のキャンディを2個一緒に食べると、新たなミックス味になるのが新しい! もちろん1つずつ食べるのもグッド。

GUM
ガム

1972年頃のパッケージ

「イブ」

ロッテ
販売期間:1972年〜1995年頃

キンモクセイなどの花の香りをベースにした魅惑の香水ガム。ひと口噛んだときに広がる、高貴で芳醇な香りが今も忘れられない! ゴールドに輝くパッケージもまばゆい、まさにオトナ仕様の憧れガムだった。

1980年頃のパッケージ

「キャンデーフーセンガム ペロチュー」

江崎グリコ
販売期間:1979年〜(販売終了)

棒付きのキャンディをペロペロすると楽しいイラストが出てきて、さらにガムになるというお得な「キャンデーフーセンガム」♡ コーラ味やグレープ味など、さまざまなフレーバーがあった。

「カルズ」

扇雀飴本舗
販売期間:1986年〜1990年

キュートなソフトクリームの形をした「カルズ」は乙女心がときめく名品♪ バニラ、チョコ、ストロベリーの3種類があり、見た目だけでなく味までもがかわいかった。パッケージも'80s風ポップでオシャレ♡

1986年頃のパッケージ

1990年頃のパッケージ

「ドンパッチ」

味の素ゼネラルフーヅ(現 味の素AGF)
販売期間:1979年〜(販売終了)

「はじけるキャンディ」のキャッチフレーズのとおり、細かな粒状のキャンディがお口の中でパチパチ躍る! 初めて食べたときは「お口がイタイ〜(笑)」と言っていたのがそのうち癖になり、いつしかみんなが「ドンパッチ」の虜に!

CHOCOLATE
チョコレート

1984年頃のパッケージ

「きこりの切り株」

ブルボン
販売期間：1984年～

ミルクチョコと全粒粉入りのビスケットのハーモニーが楽しめる「きこりの切株」は発売から40年近くも売れ続けているロングセラー！ パッケージの木こりのおじさんは今も健在で特技は歌（オペラ歌唱）なのだとか☆

「エブリバーガー」

ブルボン
販売期間：1985年～

1985年頃のパッケージ

当時のハンバーガー人気を受けて生まれた、本物のハンバーガーみたいなチョコスナック♡ リアリティを出すために、バンズに見立てたビスケットの表面に艶を出して、アクセントにうるちひえパフがトッピングされている。パッケージもポップで楽しい♪

「チョコあ～んぱん」

ブルボン
販売期間：1986年～

1986年頃のパッケージ

上の「きこりの切株」「エブリバーガー」と並ぶ、ブルボンの大ヒットチョコスナック。パンの部分は本物同様にイースト菌で発酵させた本格的なもの！ お口の中にポイポイ入れられる手軽さがよかった。キャラクターのあんぱんおじさんは、実は「きこりの切株」のおじさんと親友なのだ！

1985年頃の
パッケージ

「いも作くん」缶ペン Reimei〈年代不明〉

「いも作くん」

明治製菓（現 明治）
販売期間：1985年～90年代前半
※2005年に期間限定で復刻

サクサクとした歯ごたえのおいも風味のクッキーをチョコでくるんだ「いも作くん」！ さつまいもの形そっくりのフォルムも楽しい。素朴なキャラクターのいも作くんは、文房具のキャラにもなるほど人気に♪

1986年頃のパッケージ

「エリーゼ」

ブルボン
販売期間：1979年～2022年

軽い食感のウエハースでチョコ味とホワイトチョコ味のクリームをサンドした、その名も美しい上品なお菓子。細くてサクサク食べやすいから、当時無限に食べていた記憶（笑）。

「ぬ〜ぼ〜」

森永製菓
販売期間：1988年〜（販売終了）

1988年頃のパッケージ

「ぬ〜ぼ〜」景品巾着
メーカー不明〈1995年〉
©NOOBOW PRODUCTIONS.

チョコの中に多量の空気を含ませて口当たりを軽くする「エアインチョコ」の登場は革新的だった。今までに食べたことのないふわっふわな食感とモナカがマッチして大ヒット！ 黄色い謎の生き物「ぬ〜ぼ〜」は文具や雑貨などグッズ展開され、その後長きにわたって愛されるキャラクターとなった。

「ハンコください!!!」

カネボウ食品（現 クラシエフーズ）
販売期間：1985年〜1995年

1985年頃のパッケージ

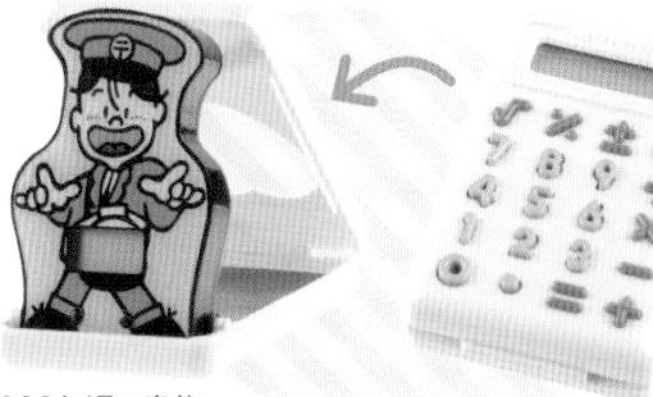

1988年頃に実施されたキャンペーンの景品「チェンジ電卓・トケデンタ」。電卓をパカっと開くと時計が飛び出す！

いろいろな名字や名前のハンコがチョコスナックになった、インパクト抜群のユニークお菓子。自分の名前や好きなアイドルの名前が出ると超うれしかった♪ 商品の人気とともに名前のパターンが増え、500種類ものハンコが存在した。懸賞品の「トケデンタ」（時計＋電卓）も登場！

「ツインクル」

明治製菓（現 明治）
販売期間：1980年〜

メタリックな包み紙をあけると、チョコレートでできたかわいいタマゴが。さらにタマゴの中には「コロコロいちご」や「コロコロボール」などのプチお菓子が入っていてワクワクが止まらない！ カラーリングやキャラクターのツインクルちゃんも超ラブリー♡ 現在も販売を続けるロングセラーのガーリースイーツ。

1980年頃のパッケージ

「ツインクル」販促用紙袋
〈年代不明〉

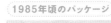

1983年頃のパッケージ

「つくんこ」

森永製菓
販売期間：1983年～（販売終了）

どんぐり、くるみなど、里山系をモチーフにしたお菓子シリーズの1つで、こちらは素朴なつくしがモチーフ♪ 軽～い食感のスティックの先端に、つくしの穂を模したチョコがかかっている。

「マリンバ」

1982年頃のパッケージ

江崎グリコ
販売期間：1982年～（販売終了）

打楽器のマリンバを模した、1本ずつ折って食べるスティック型のゴーフレット。中にはクリームが入っていた。横着な私は折らずにそのままガブリとかじって食べていたっけ（爆）。

1987年頃のパッケージ

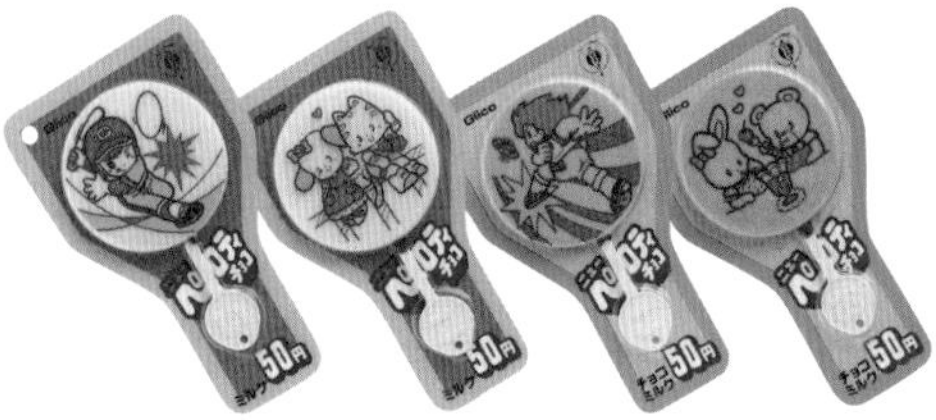

「ペロティチョコレート」

江崎グリコ
販売期間：1970年～

ミルクチョコ、ホワイトチョコが2層になった棒付きチョコ。チョコレートの部分にはキャラクターがプリントされ、ペロペロしながら絵を消して遊ぶという楽しみ方もあった。棒の部分はスタンプになっていて、食べ終わったら紙に押してよく遊んだよね♪

1987年頃のパッケージ

「すぎのこ村」

明治製菓（現 明治）
販売期間：1987年～1988年
※2005年に期間限定で復刻

明治が誇るチョコスナック界の2大巨頭「きのこの山」、「たけのこの里」に続く新星として登場した。棒状のビスケットにつぶつぶアーモンドとミルクチョコをコーティング。2005年に期間限定で復刻した。

1982年頃のパッケージ

「シルベーヌ」

ブルボン
販売期間：1982年～

洋酒のきいたケーキにクリームをそれぞれ閉じ込めたチョコケーキ。その優美な見た目とリッチな味わいで、お菓子界の高嶺の花として名高い。上にのっているレーズンチョコがまた美味しいの～♡

1982年頃のパッケージ

「パラソルチョコレート」

不二家
販売期間：1954年～

今なお愛され続ける、パラソル形の棒付きチョコ。ペコちゃん、ポコちゃんが描かれた包み紙や傘のフォルムがかわいくて、手も汚れずに食べやすい! 永遠のグッドデザインお菓子♡

1981年頃のパッケージ

「マイレコード」

明治製菓（現 明治）
販売期間：1979年（一部地区）～（販売終了）

まるで本物のレコードみたいなかわゆいチョコ♪ 紙ジャケットの仕様のリアルさにもびっくり。1981年頃には実際に音が聴けるミニミニソノシートが付いていた。

1976年頃のパッケージ

「ポポロン」

明治製菓（現 明治）
販売期間：1976年〜2015年

「ポポロンロンロン、ポポロンロン♪」のCMソングでもおなじみ！ かわゆいペーパートレイに入った軽〜い口当たりのシュースナック「ポポロン」は、ひと口サイズでポンポン食べやすかった。その人気を受け、エクレア形の「チョコロン」も発売。

1981年頃のパッケージ

「チョコロン」

明治製菓（現 明治）
販売期間：1980年〜（販売終了）

1981年頃のパッケージ

「私の定期券」

明治製菓（現 明治）
販売期間：1981年〜（販売終了）

学生にとっておなじみアイテムの定期券が、本物そっくり、まるごとチョコレートに♪ 少女漫画チックなパッケージイラストや、チョコに書いてある区間にも乙女たちは胸キュン！ 食べたらきっと恋が叶いそう♡

「キティランド」販促用下敷き〈1980年〉、
販促用紙袋〈年代不明〉

1979年頃のパッケージ

1985年頃のパッケージ

「キティランド」

江崎グリコ
販売期間：1978年〜（販売終了）（キティランド ビスケット）、
1979年〜（販売終了）（キティランド チョコレートビスケット）

かわゆい動物の仲間たちのイラストがプリントされたビスケットはとにかくファンシーで、お友達同士の会話も弾む♪ シンプルなプレーン味とチョコレート味があった。サクッとした味わいで、見た目も味も◎！ キャラクターがプリントされたノベルティも、さすがのかわゆさ♡

SNACKS, etc.
スナックその他

1985年頃のパッケージ

「おさつどきっ」

味覚糖（現 UHA味覚糖）
販売期間：1985年～

さつまいもをそのまま薄くスライスしてカラッと揚げた「おさつどきっ」は、発売当時ユニークなネーミングに度肝を抜かれた！ さつまいもの自然な甘みが楽しめて、食物繊維も摂れちゃう一石二鳥のスナックは現代でも大人気♡

「5／8チップ」

エスビー食品
発売年：1979年～2003年

1979年頃のパッケージ

名前のインパクトや紙箱入りのパッケージも新鮮だった、新感覚のポテトチップス。「プリングルス」等のアメリカンサイズの5／8の大きさで、一口で食べられる手軽さで大ヒット！

1981年頃のパッケージ

「クリームコロン」

江崎グリコ
販売年：1971年～

筒状のサクサク薄焼きスナックの中に、ほわほわのクリームがin！ 世にも幸せな組み合わせがお口の中で楽しめちゃう♡ 今やグリコを代表する焼き菓子ブランドへと成長。

1980年頃のパッケージ

「ピッカラ」

ブルボン
販売期間：1979年～

くるっと巻いた軽い口当たりのライススナックは食べ始めたら止まらない甘じょっぱい美味しさ。時々混じっているグリンピースが重要な味のアクセントだった（現在はカシューナッツ）！ 珍しい筒状のパッケージも特徴的だった。

「パピー」

江崎グリコ
販売期間：1982年～
（販売終了）

1982年頃のパッケージ

おもちゃ付きのお菓子の楽しみを教えてくれたのが「パピー」！ おもちゃは男の子向けと女の子向けがあり、女の子向けにはプラスチックの着せ替え人形「パピーちゃん」が付いていた。ピンクのハート形のスナックのお菓子にもときめいた♡

1982年頃のパッケージ

「おっとっと」

森永製菓
販売期間：1982年～

おさかなやヒトデなど、海の生き物の形をした塩味のスナック。発売した1982年から14年間にわたって続いた「とんねるず」のCMのインパクトも抜群だった！ 赤いクジラのマークもおなじみ♪

「鈴木くん」と「佐藤くん」のパッケージデザインを活かしたミニリングノート等の販促グッズもあった。

「鈴木くん」「佐藤くん」リングメモ　animetopia / H.Y〈年代不明〉

「鈴木くん」ノート animetopia / H.B〈年代不明〉

「鈴木くん」「佐藤くん」

エスビー食品
販売期間：1984年〜1989年

群雄割拠の'80sスナック界に彗星のごとく現れた新星が「鈴木くん」と「佐藤くん」だった。親しみやすい名前に、どこかで会ったことのあるような男の子のキャラクター！「鈴木くん」は「チョッピリしお味」、「佐藤くん」は「ほんのりチーズ味」で、どちらもサクサク美味しかった〜。2人の人気は留まるところを知らず、その後、コンソメ味の「田中くん」やサラダ味の「山本さん」という仲間も登場した。

1984年頃のパッケージ

やんちゃなイメージのスポーツマン「佐藤くん」のレターセットがあった。

「佐藤くん」レターセット
animetopia / H.B
〈年代不明〉

こちらは「鈴木くん」のノート。成績優秀な「鈴木くん」ファンはマストハブ!?

「鈴木くん」ノート　animetopia / H.B〈年代不明〉

“美味しい”も! “たのしい”も!

お菓子広告セレクション

子どもの頃に読んでいた雑誌に載っていたお菓子の広告はときめきやワクワクがいっぱいだった! 見てかわいい、食べて美味しい、懐かしのお菓子広告を4点セレクト♡

「'87 秋のチョコレートキャンペーン めざましっぽプレゼント」

（カネボウ食品 現クラシエフーズ）1987 年

カネボウ食品（現クラシエフーズ）は、お菓子だけでなく懸賞品もユニークで楽しかった。
キツネやアライグマの目覚まし時計と思いきや、大きなしっぽはなんと枕なの!

「夢みるツインクルプレゼント」

（明治製菓 現 明治）1983年

キャッチフレーズは「お星さまのたまご」。ファンシーなツインクル（p.111）のお人形がもらえちゃうキャンペーン。毎月毎月2,000名様とは太っ腹！

「カネボウのバレンタインチョコレート」

（カネボウ食品 現クラシエフーズ）1986 年

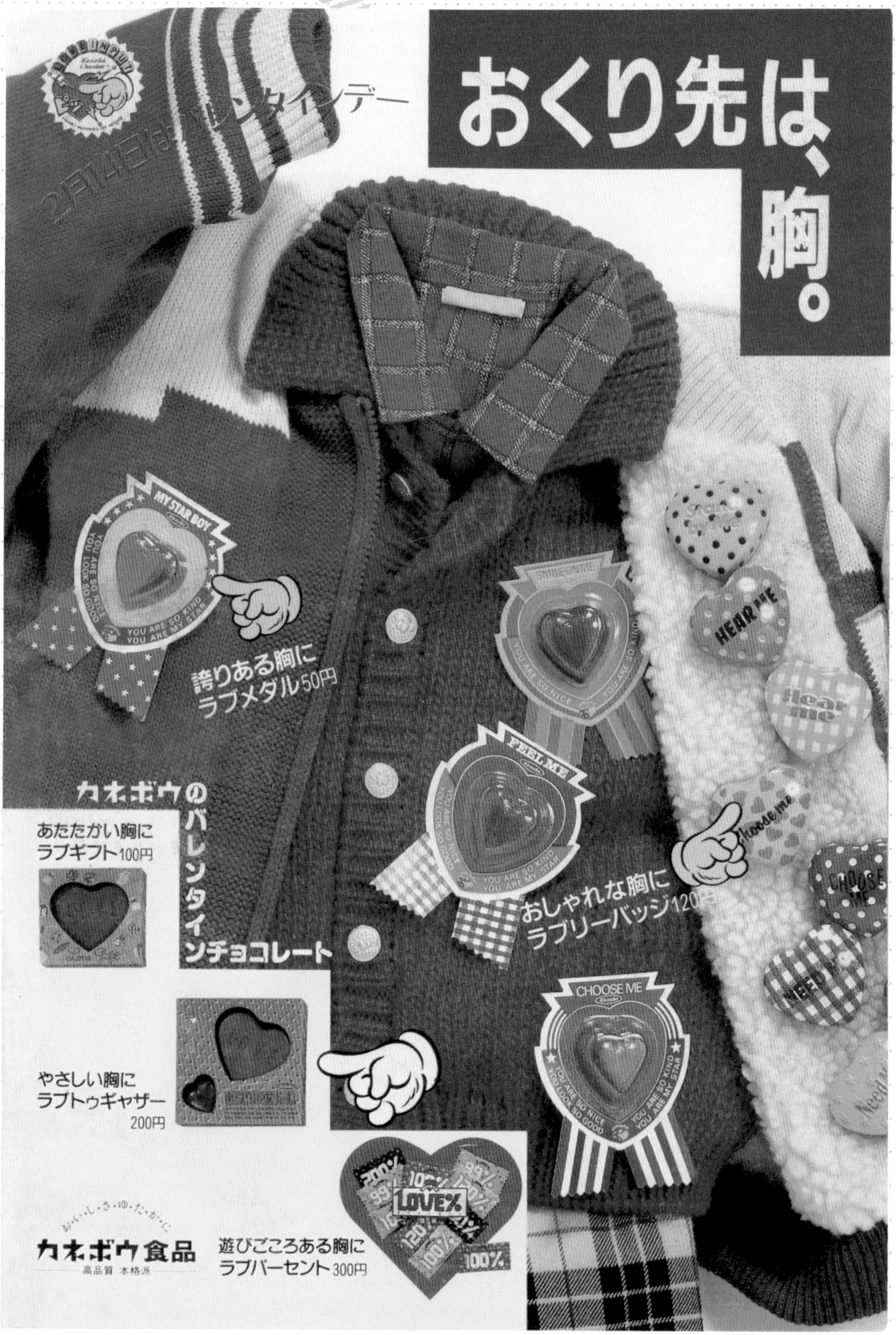

80年代はバレンタイン商戦も多いに盛り上がったよね！'80sトラッド風の洋服に
まるでバッジのように並べたカラフルなハートのチョコが、なんともオシャレ。

「いちごポッキー　ミルクハウスプレゼント」

（江崎グリコ）1982 年

いちごポッキー＆ミルクでおもてなし
POCKY & MILK HOUSE
夢がひろがる、おしゃれなミルクハウス。
ドアを開いて、さあファンシーな
おもてなしのはしまりです。
いちごポッキーにミルクを添えて
ロマンティックなおいしさをどうぞ。
抽選で毎週1,000名様に当ります
(総数8,000名様)
ファンシーな ミルクハウス プレゼント
♥応募方法♥ グリコいちごポッキーの箱上部をあけたところについているトランプマーク 2枚をハガキに貼って、郵便番号・住所・氏名・年令を書いて下記までお送りください。抽選で毎週1,000名さまにさしあげます。
♥送り先♥
★この部分を切りとって送ってください。
♥しめきり♥昭和57年11月24日（第1回しめきり）～昭和58年1月12日（最終回しめきり当日消印有効）の8週間
♥発表♥ 当選の発表はしめきり後1ヵ月以内に賞品の発送をもってかえさせていただきます。
●カップはミルクハウスにきちんと収納できます。
Glico
Pocky
Strawberry
グリコ いちご ポッキー
80円

世にもかわゆい「いちごポッキー」とミルクの組み合わせで、ロマンティックなスイーツタイム！

メルヘンなカップを収納できる懸賞品の「ミルクハウス」もラブリーね♡

もう一度、80年代「HONEY」の甘い夢をみよう

ポップでかわいらしいパッケージや忘れられない味に、今なお恋焦がれて――。80年代～90年代にかけて存在したお菓子メーカー「HONEY」の足跡と思い出を振り返るスペシャル記事です！

77年にHONEYのロゴを統一したときの手描きのデザイン版下（貴重）！おなじみのロゴマークはここから生まれた。

70年代～90年代にかけて存在したお菓子を製造・販売する「HONEY」は、センスあふれるスイーツの商品ラインナップで私たちの心に鮮烈な印象を残しました。カラフルでポップな包み紙のキャンディやチョコレートは、ひと目でHONEYのスイーツとわかる、それは特別なものでした。什器いっぱいに詰め込まれたカラフルなバラ売りのスイーツを選んで、好きなだけ買えるワクワク感。そんな楽しみを教えてくれたのがHONEYだったのです。

HONEYは71年、代官山に本社を構え、73年に当時人通りもまばらなその代官山に現代風の駄菓子屋「ハラッパA」を作りました。75年には「スウィートリトルスタジオ」がオープン。その後80年代に入ると、こだわりのギフト雑貨とラッピングの専門店「キネティックス」(82年)、日本初のテディベア専門店「カドゥリーブラウン」(84年)、一年中クリスマスをテーマにした「クリスマスカンパニー」(85年)、日本手ぬぐい専門店「かまわぬ」(87年)などを代官山にオープン。斬新かつ自由な発想でユニークな専門店を次々にプロデュースし、雑誌「オリーブ」に憧れのお店として紹介されるなど、代官山カルチャーの発信源となります。

73年に代官山にオープンした「ハラッパA」

一方で、キャッチフレーズである「JUST MY FAVORITE STUFF」(好きなかたちいろいろ)のとおり、クリスマスやバレンタイン、ハロウィンなどさまざまなシーンを楽しくするアイディアをかたちにしていました。

HONEYのお菓子といえば、おしゃれなパッケージデザイン！キャンディの包装ひとつにしても、グラフィックデザインの要素を取り入れた、誰かにあげたくなるような、そしてもったいなくて捨てられないような愛らしいデザインでした。美味しさだけでなく、楽しさ、かわいらしさ、美しさ――それらをすべて包み込むのはHONEYの遊び心なのです。

四角いチョコレートをトンカチで割って食べる「ブレークチョコ」、薬や絆創膏風デザインのチョコ、HONEYの象徴ともいえるテディベア形のチョコ、棒付きのロリポップキャンディ、ハートの形のバレンタインチョコ……。今も胸の奥から消えることのないHONEYの愛らしいスイーツは、あの頃の少女たちのキラキラした思い出の中に確かに存在してくれた、夢のようなお菓子でした。

HONEYのキャンディの中でも人気のあった、ストライプ柄のミルクキャンディ、水玉のフルーツビット、少し大きめのクリームソーダ。それぞれフレーバーはフルーツをベースにしている。

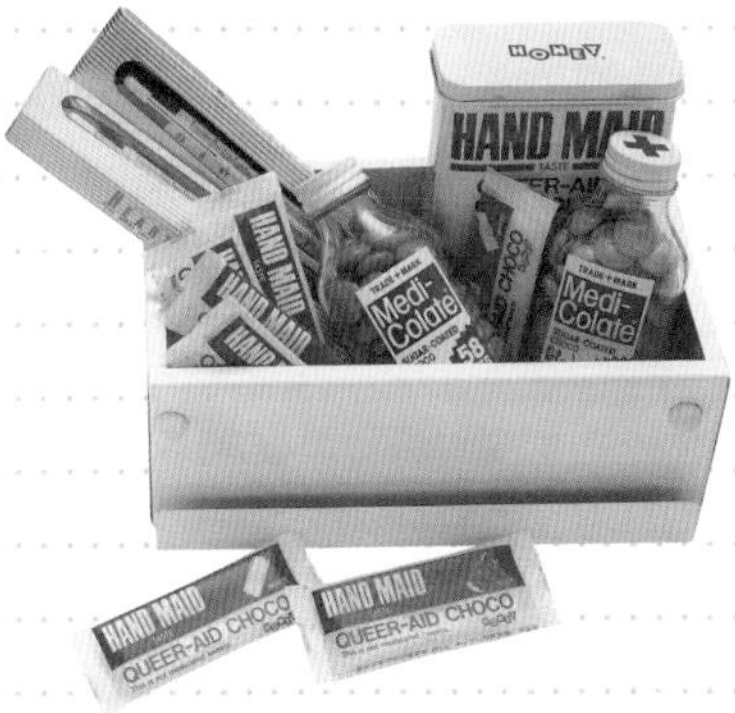

薬や絆創膏をモチーフにしたチョコレート

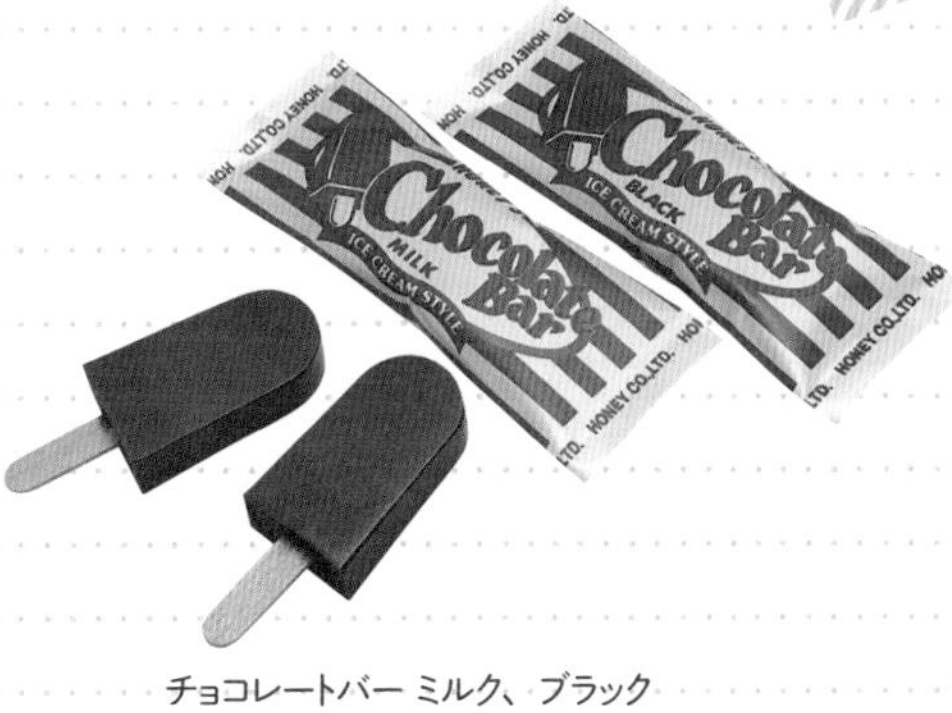

チョコレートバー ミルク、ブラック

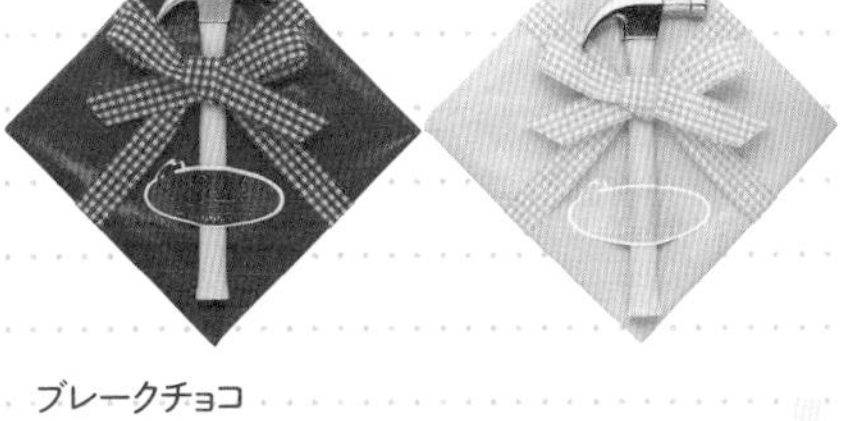

ブレークチョコ

クリームソーダボックス

私たちのもうひとつの教科書!

ティーン向け雑誌クロニクル

第二次ベビーブームの子どもたちが10代となった80年代は、多彩なティーン向け雑誌が登場した華やかなりし時代！ 今のようにSNSもなく、ファッション、美容、インテリア、芸能など、いろんな情報を雑誌から教わりました。懐かしのタイトルや思い出を語ります♡

©セブンティーン 1989年8月18日号／集英社 撮影／石倉和夫

「セブンティーン」集英社

1968年～2021年（月刊での発行終了）

88年1月号から「セブンティーン」としてリニューアル。現在はデジタルメインで発信。

70年代、「女性」をめぐる状況は世界的に大きく変わり、1970年には日本でも女性のための新しいタイプのファッション雑誌「an・an」（平凡出版　現マガジンハウス）、翌年には「non-no」（集英社）が発売され、「アンノン族」という言葉が生まれるほどの影響力がありました。75年には「JJ」（光文社）、77年には「MORE」（集英社）が発売になるなど、女性誌の創刊ラッシュが続きます。しかし、このような流れは主に20代以上の女性がターゲットであり、その下の世代、ティーン（ローティーン）向けのファッション誌やライフスタイル誌にも実は大きな潮流があったのです。

まず二大巨頭として、68年創刊の少女向け総合誌「週刊セブンティーン」（集英社）、そのライバル誌として78年創刊、50年代からの「女学生の友」の流れを汲む「プチセブン」（小学館）がありました。時代によってコンセプトが多少変わるものの、主にファッションや芸能情報＋少女漫画というのが主流でした。

一方、憧れのファッション誌として記憶されるのは、66年創刊「mc Sister」（婦人画報社 現ハースト婦人画報社）、そして82年創刊の「Olive」（平凡出版　現マガジンハウス）です。前者はシスター専属モデルが着こなす洗練されたおしゃれ、後者は「チープシック」、「リセエンヌ」を地で行く自分らしいおしゃ

手芸フレンド ピチ 1982年4月号／学習研究社

「手芸フレンド ピチ」学習研究社

1976年～（休刊）

「メル」の姉妹誌。アイドルのグラビアとともに編み物などの手芸全般を紹介。

料理フレンド メル 1984年7月号／学習研究社

「料理フレンド メル」学習研究社

1979年～（休刊）

お菓子や軽食など、多彩なメニューが作れる調理系雑誌。「ピチ」の姉妹誌。

プチノーブル 1988年7月号 笠倉出版
イラスト/別府ちづ子

「プチノーブル」笠倉出版

1988年～(休刊)

ローティーン向け占い雑誌の派生系の1つ。他誌同様「毎日の星占い」記事もあった。

Lemon 1986年8月号 学習研究社
イラスト/さいとうまり&HAVE

「Lemon」学習研究社

1982年～1998年

占いやおまじないのほか、トレンドのファッションやビューティー記事も充実していた。

プチセブン 1987年3月15日号 小学館

「プチセブン(プチSeven)」小学館

1978年～2002年

ファッション&芸能情報誌だが、時代によってデザインやコンセプトが異なる。隔週発行。

れを教えてくれました。

82年、学習研究社から創刊されたのが「Lemon」。当時ティーンの少女たちに絶大な人気を誇っていた占い系情報誌「My Birthday」(実業之日本社)を多分に意識した構成で、占い&おまじない、ファッション、インテリアなどの充実した内容で人気が拡大。86年には姉妹誌「ピチレモン」も発売となり、占い好きの小学生読者もフォローします。占いブームの頃は、同様に占いを中心にしたティーン向け類似雑誌がいくつか発行されていたのは特徴的な出来事でした。

小中学生向けとしては、学習研究社の「手芸フレンド ピチ」(76年創刊)と「料理フレンド メル」(79年創刊)がありました。昭和アイドルのグラビアやイラストを多用して、手芸や料理をやさしく解説した楽しい内容で人気に。このようなハンドメイド系雑誌では、ほかに洋裁系の「ジュニアスタイル」(後の「Junie」、鎌倉書房)がありました。

その他情報誌としては、83年創刊の「San Sun」(学研)、87年創刊の「Candy」(講談社)などもあり、まさによりどりみどり!

女の子が自分らしさを主張するようになり、それぞれ個人の生き方や好みに合った雑誌が必ずあって、それを選択できる80年代はティーン向け雑誌の黄金時代だったのです。

ピチレモン 1986年5月創刊号 学習研究社
イラスト/さいとうまり

「ピチレモン」学習研究社

1986年～2015年

「Lemon」の姉妹誌として誕生。レモンちゃんの絵のふろくやグッズも人気を博した。

Crépe 1987年1月号 日之出出版

「Crépe」日之出出版

1984年～(休刊)

「Fine」で知られる日之出出版から、占い&ファッション系の情報誌が誕生。

Candy 1987年12月号 講談社
イラスト/上田三根子

「Candy」講談社

1987年～(休刊)

占いやファッションがメインの情報誌。イラストレーター・上田三根子の挿絵がかわいかった。

デオドラント（制汗剤、コロン）

部活動や体育の後の汗のにおいに、シュッとひと吹き！ 80年代は、汗を抑えてさらに香りを楽しむ「デオドラント」の文化が進化した。シトラス、フローラル、グリーン……初めて出会う香りにドキドキしたよね。

シャインフローネ リフレッシュ コロン
ニベア花王　1987年発売

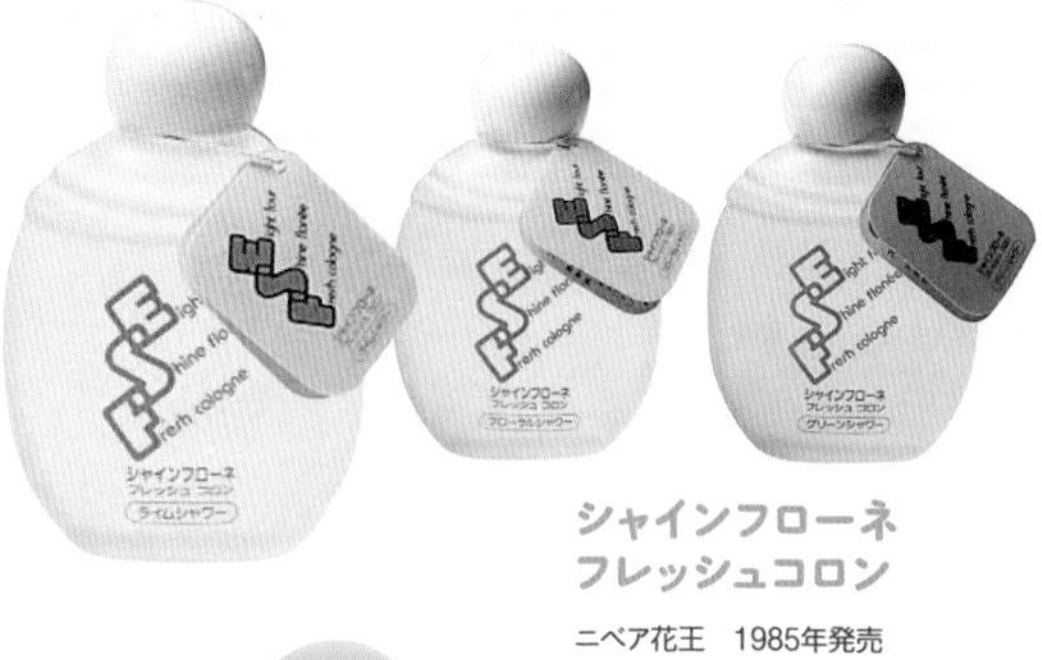

シャインフローネ フレッシュコロン
ニベア花王　1985年発売

“名門「シャインフローネ」シリーズ！”

シャインフローネ フレッシュ コロン
ニベア花王　発売年不明

資生堂シャワーコロン
資生堂　1985年発売

“憧れの香り、「シャワーコロン」！”

おしゃれ心が加速する！

ビューティーアイテムセレクション

'80sのティーンズライフに魔法をかけてくれたのが、ポップでカラフルなビューティーアイテム。おしゃれ心が加速するときめきのラインナップで、ガーリーパワーが格段にアップしました。愛用していたコロンやシャンプーの香りって忘れられないものなんです♡

“かわいいコンパクトのパウダータイプ♡”

小霧子パウダー
資生堂　1988年発売

“「香りのつぶ」が画期的だった!”

お母さんと同じシャンプー&リンスを使っていた子ども時代はもう終わり。80年代は新感覚のシャンプー&リンスがたくさん登場して、ちょっとお姉さん気分で使っていたな♪TVCMも懐かしい、人気のブランドが集合〜。

シャンプー&リンス

フルーツシャワー シャンプー&リンス
ライオン　1984年発売

“恋が叶いそうな、ヘアコロンシャンプー!”

ヘアコロン コンディショニング シャンプー&リンス
資生堂　1989年発売

“ハーブ系シャンプーの新潮流!”

ティモテ　シャンプー &コンディショナー
日本リーバ 現ユニリーバ・ジャパン
1984年発売

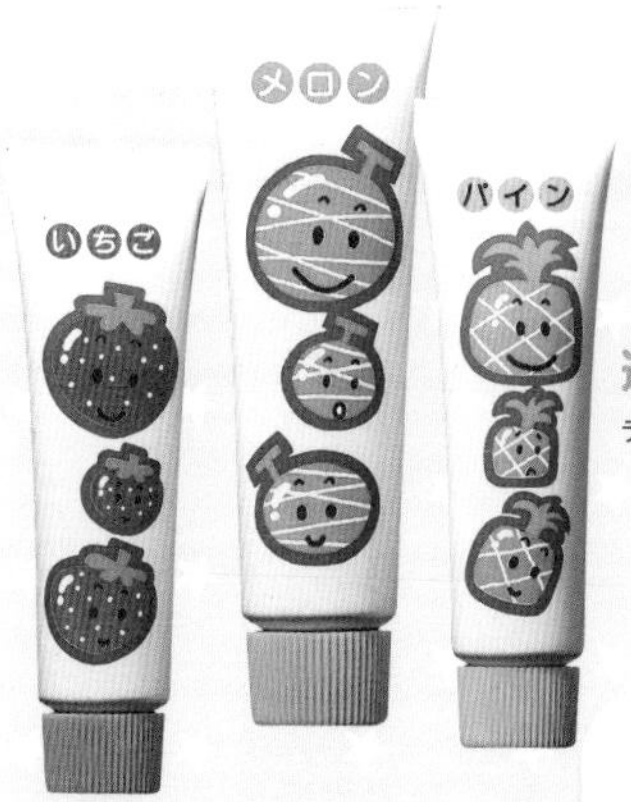

“世にもかわゆい透明はみがき☆”

透明はみがき　レオ
ライオン　1984年発売

“お口にシュッ!が大流行☆”

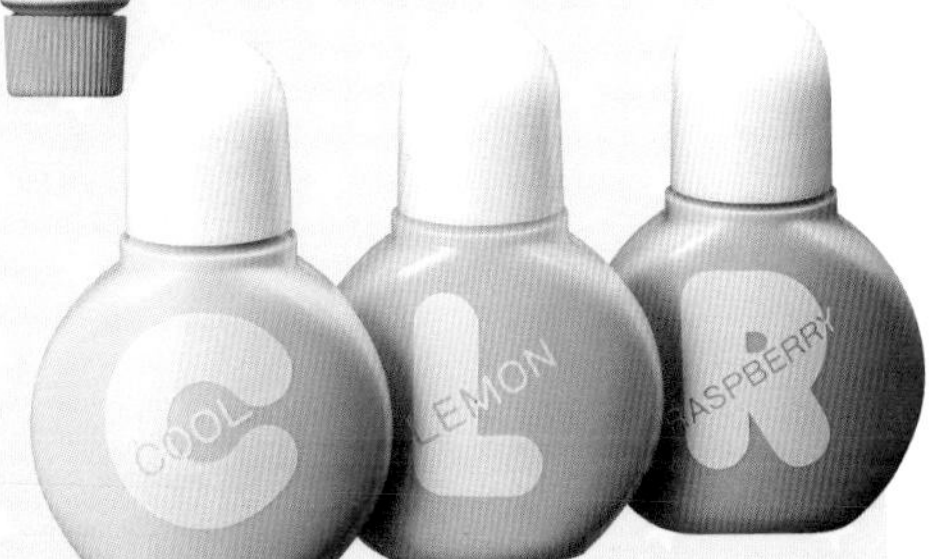

マウスペット
ライオン　1985年発売

マウスエチケット

80年代はマウスエチケットのアイテムも飛躍的な進化を遂げた。子ども向けながら、「透明はみがき」やフレーバー付きの歯磨き粉はテンションが上がったし、学校にも持ち運べる口臭対策のスプレーもかわいくてみんな持ってた!

“悩めるニキビには「エクボ」!”

エクボ
資生堂　1986年発売

ニキビやカサカサ肌など、ティーンのお肌の悩みにはまず洗顔から!クリーミィーな泡で洗い上げる洗顔フォームが一気に広まった。

洗顔フォーム

ダイエー 1983年「ティーンズの冬休み特集バザール開催」告知広告より

オシャレに目覚めるお年頃♡
'80sティーンズファッション物語

いつの時代も少女の最大の関心事の一つ、ファッション。若者のファッションが劇的に進化を遂げた80年代はファッション雑誌の隆盛期で、ティーンの女の子のオシャレ感度が加速度的に高まった時代でもありました。

少女ながらに恋焦がれ、憧れた'80sガーリーファッションの世界。80年代という特別な10年間において、やはり「DCブランド」というキーワードを外すことはできないでしょう。DCブランドとは「デザイナーズ&キャラクターズブランド」を指す造語で、当時社会的なブームを巻き起こしました。「BIGI」「NICOLE」「KENZO」「PERSON'S」「Y's」「COMME des GARCONS」など個性的で革新的なファッションは熱狂的な支持を受け、日本のタレントたちもこぞって身に着けていました。しかし、それらはティーンの少女にとっては少し敷居の高いものでもありました。

ティーンにとってのファッションの教科書は「mc Sister」(婦人画報社 現ハースト婦人画報社)！憧れの「VIVA YOU」「DO! family」「HYSTERIC GLAMOUR」などをオシャレかつ上品に着こなすシスターモデルたちの姿が誌面で眩しく輝き、ティーンのオシャレ心に火をつけたのです。そして「Olive」(マガジンハウス)との邂逅で「リセエンヌファッション」を知り、「ATSUKI ONISHI」「SCOOP」「NICOLE CLUB」「MILK」「PINK HOUSE」「45RPM」「FLANDLE」「PAGEBOY」などのブランドに心底憧れて……という刺激的な日々。小物は「WEEKENDS」に「文化屋雑貨店」「大中」「宇宙百貨」「SWIMMER」のアイテムを取り入れて遊んでみたりしました。さらに、これらに古着などを組み合わせれば、もう立派なオシャレ上級者！原宿のファッションビル「ラフォーレ」を探検したり、雑誌の切り抜きを持ち歩きながら行ってみたいショップを巡るのは、とっても楽しい「ファッション体験」でした。

鈴丹 1986年「COAT & PARTY '86」広告より

けれど、人気ブランドの洋服を気軽に買ったり着こなすことすら、お金持ちでもない、地方の田舎に住む一女学生にはなかなか難しかったりするのです。そこで、ティーンのリアルクローズとして注目されたのが「ハニーハウス」や「cantwo」「リッチガール」「シュガー」といったガーリーブランド。とにかくかわいくてオシャレな、ティーンにはおなじみのブランドで、ショップに行くたびにワクワクしたのを思い出します。

さらに、「鈴丹(SUZUTAN)」「リオ横山」「CABIN」「鈴屋」などの、トレンドをおさえながらもリーズナブルな価格を実現したチェーン店もマストでチェック！　今ではそれらのショップがほとんど消えてしまったことに、一抹の寂しさを覚えます。

一流ブランドの華やかなファッションを目にしたり、トレンドの服を着てお出かけしていた80年代の10年間は夢のような日々だったと、今改めて切なく思うのです。

ラフォーレ原宿 1986年「ラフォーレ原宿パートII」広告より

'80s Girly
Culture Guide

CHAP.,6
少女向け実用書

おしゃれにお料理、手芸に編み物、占い―。
'80sガールの嗜みやトレンディなホビーは、
すべて少女向け実用書が教えてくれました。
眺めているだけでうっとりする実用書は少女時代の宝物♪
私たちの憧れ・大高輝美先生や「こまったさん」シリーズ、
伝説の占い情報誌「My Birthday」のヒストリーも必見です！

本棚にマスト！
百花繚乱 実用書シリーズ

少女向け実用書の金字塔！
本格的な内容と
美麗なイラストは圧巻

70年代頃から、児童向けの実用書が複数の出版社から数多く刊行されはじめました。内容は、少年少女に向けた、趣味や生活に関するハウツー本がメイン（ときどき読み物も）。たとえば少年向けでは「カブトムシ」「ブルートレイン」「野球」「妖怪」「プラモデル」などの男子向けホビーの人気タイトルがリリースされました。一方、少女向けでは「クッキング」「編み物」「折り紙」「おしゃれ」など、昭和期の女の子のライフスタイルに即したリアリティのあるテーマや、「少女漫画」「バレエ」「世界のお菓子」など憧れの世界を学ぶテーマで人気を博します。80年代はとくに大ブームとなった「占い」や「おまじない」のタイトルが多く、そのほか学校生活や性についてなど、思春期の悩みをテーマに

学習まんが ふしぎシリーズ

出版社／小学館　刊行開始／1970年代〜
主なジャンル／なぞなぞ、手品、昆虫、工作、料理…

わかりやすいコミック形式で
小学生に人気

小学館 ミニレディー百科シリーズ

出版社／小学館　刊行開始／1970年代〜
主なジャンル／料理、手芸、インテリア、占い、マナー、女の子の悩み…

ビバレディー百科シリーズ

出版社／秋田書店　刊行開始／1980年代〜
主なジャンル／料理、手芸、インテリア、占い、マナー…

本家「ミニレディー」に負けない
個性的なタイトル

おしゃれな写真と
イラストの
ポップな実用書

プチロレッタシリーズ

出版社／小学館　刊行開始／1980年代〜
主なジャンル／料理、手芸、メイク、占い、マナー…

した本も見られました。
各社のシリーズの中で、とくに少女たちから絶大な支持を得たのは「ミニレディー百科」(小学館)です。幅広いテーマ性と豪華執筆陣による大人顔負けの本格的な内容、さらに人気の少女漫画家が手がける華やかなイラストで、長きにわたるヒットシリーズとなりました。そのほか、「ピチレディシリーズ」、「学研ジュニア実用百科」(以上、学習研究社)や「わんころべえＢｏｏｋ」(講談社)、「モンキー文庫」(集英社)など、各社がイラストや写真をふんだんに使い工夫を凝らした内容で次々に新作を刊行し、「少女向け実用書ブーム」という一大ムーヴメントを作り上げていきました。

眺めるだけでも楽しい
夢いっぱいのシリーズ

ピチレディシリーズ

出版社／学習研究社 刊行開始／1980年代～
主なジャンル／料理、手芸、インテリア、占い、マナー…

「わんころべえ」の世界観と
手作り作品が楽しめるファン必携の書

NAKAYOSI SPECIAL わんころべえBOOK

出版社／講談社 刊行開始／1980年代～
主なジャンル／料理、手芸

ぶきっちょさんシリーズ(ONDORI手づくりの絵本)

出版社／雄鶏社 刊行開始／1980年代～
主なジャンル／料理、手芸

初心者向け料理本シリーズの永遠の名作

真面目かつきめ細やかな内容はさすが学研！

入門チャンピオンコース

出版社／学習研究社 刊行開始／1970年代～
主なジャンル／謎解き、迷路、スポーツ、料理…

ここが見どころ!

あなたの知らない少女向け実用書の楽しみ方

1970〜80年代にかけて多数リリースされた少女向け実用書は、ティーンのホビーカルチャーブームの火付け役! かわいいイラストやグラビアにその道のプロの本格的な指南が載った実用書は、女の子のバイブルでした。実用書を読めば、当時の少女文化がわかります。

お菓子作り

ティーン時代は誰しも一度はお菓子作りにチャレンジしたはず♪「お菓子」の実用書は初心者向けから難易度の高い本格的なものまで、幅広いレシピを教えてくれた。

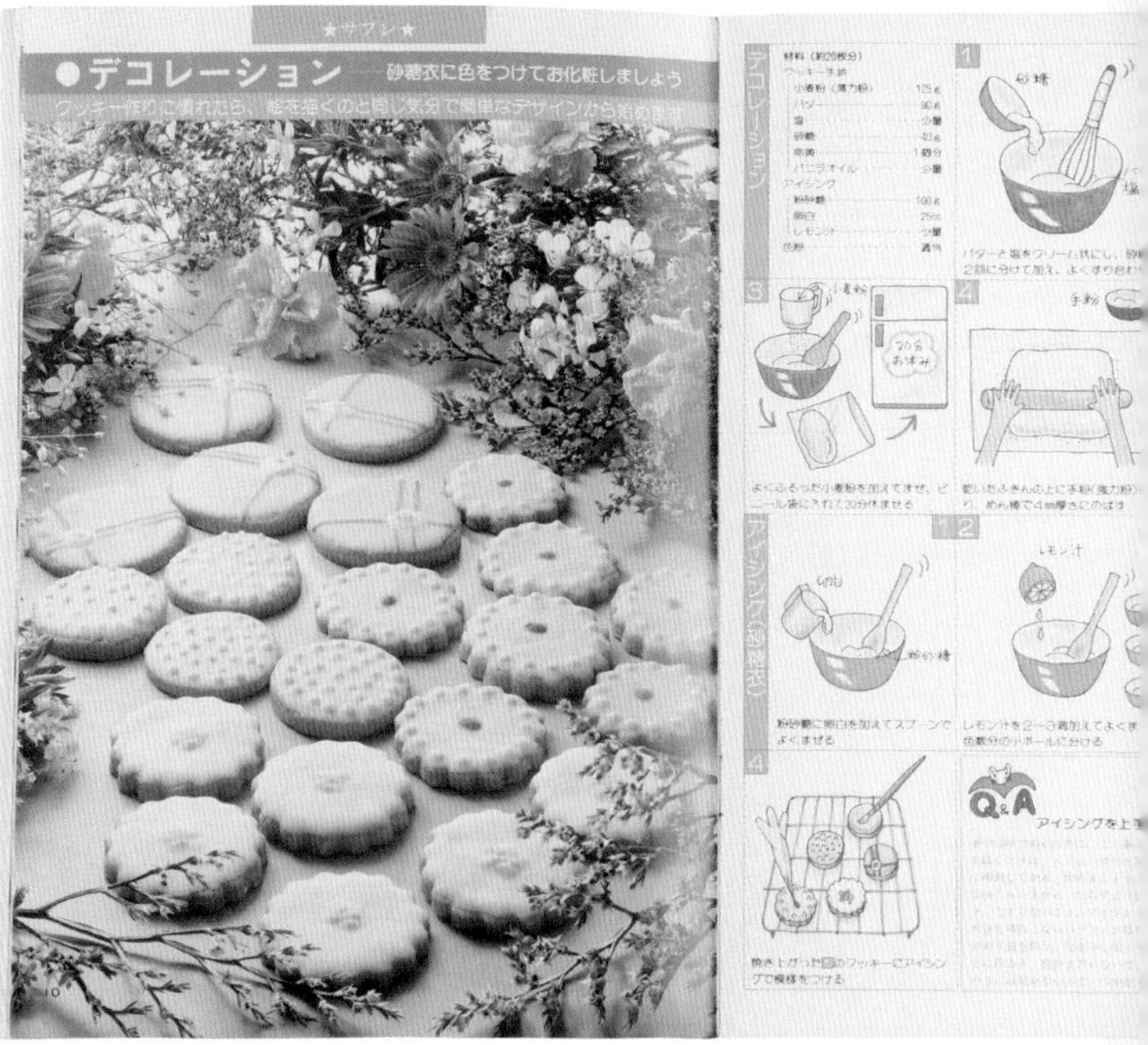

『ぶきっちょさんのクッキーパーティ』(雄鶏社) 1981年
著者：森山サチ子　イラスト：鴻巣博子

当時の少女たちから熱い支持を集めていたのが「ぶきっちょさんシリーズ」(雄鶏社)。豊富なイラストと丁寧な手順解説で、ぶきっちょガールでも簡単に調理ができると評判を呼ぶ。なかでも森山サチ子先生の「クッキー」はデザインもかわいくて美味しいと大人気に!

秋田書店のビバレディー百科10『すてきなクッキング』(秋田書店) 1982年
編著：ひとみ編集部　イラスト：せがわ真子、イズミ♡ヨーコ 他

秋田書店が放つ少女向け実用書シリーズが「ビバレディー百科」。「すてきなクッキング」では、ファンシーなグラビアとユルめなイラストで、「3色ゼリー」など月ごとのおすすめレシピが楽しめる♡

モンキー文庫『ラブリー・クッキング』(集英社) 1982年
著者：バーバラ寺岡　イラスト：河井ノア

料理研究家・バーバラ寺岡先生によるバーバラ風個性派レシピがたくさん！ 先生が提唱する「バーバランス」では、食事のバランスを整えて健康的な生活を送るように説いている。

料理レシピ

「花嫁修業」なんて言葉はもう時代遅れだけれど、お料理のできる女の子は間違いなくステキ♪ 見た目も味も◎のレシピが載った料理本は眺めているだけでお腹がすいちゃう～！

NAKAYOSI SPECIAL わんころべえBOOK2
『たのしいおべんとう作りのひみつ』(講談社) 1986年
構成：いだけいこ　料理：大庭英子、
あべゆりこ、いだけいこ　イラスト：あべゆりこ 他

おなじみ「わんころべえ」のキャラクターが活躍する講談社の実用書シリーズ！ポップでカラフルなお弁当レシピがてんこもり♡

今はなき鎌倉書房から刊行されていた「はりきりうさぎさん」シリーズは、豪華な装丁と美しいスタイリングのグラビアが光る料理本。「ホカホカごはん絵本」では炊き込みごはんやピラフ、丼ものなど、バラエティに富んだごはん系メニューを掲載。うさぎのミルキーさんのイラストやエピソードが絵本のようにかわいくって癒された♡

『はりきりうさぎさんのホカホカごはん絵本』
(鎌倉書房) 1987年
編者：鎌倉書房書籍編集部
イラスト：香山桂子

ピチレディシリーズ『ゆめのポプリノート』（学習研究社）1982年
著者：森田洋子　イラスト：小室しげ子、田村セツコ 他

学研のガーリー系実用書・ピチレディシリーズ。とびきり華やかなグラビアとロマンチックなレシピでポプリの魅力がたっぷり解説されたステキな1冊♡

ポプリ

80年代に巻き起こった「ポプリ」ブームは少女向け実用書界をも席巻！ 花びらにスパイスを混ぜて作る手作りの香りものは最強のロマンチックホビーだった。

なかよしホビーランド1『―やさしいポプリづくり―　すてきなポプリ』（講談社）1981年
著者：熊井明子　構成：いだけいこ　イラスト：あべゆりこ他

少女漫画雑誌「なかよし」（講談社）から派生したホビーシリーズの第1弾。ポプリ界の第一人者・熊井明子先生による夢いっぱいのレシピと「なかよし」ならではのかわゆいイラストが国宝級にすばらしい♡

インテリア

マイルームは自分だけのお城♡
お部屋のインテリアは'80sガールの関心事のひとつで、小物の飾り方や簡単なDIYまでを指導する実用書が登場♪

お部屋を自分好みにチェンジするインテリアのグッドアイディアが満載！ パーティーの華やかなお部屋作りも参考になる。

ピチレディシリーズ『アイデア♡キラリ 楽しい部屋作り』（学習研究社）1982年
監修：中沢常夫　イラスト：立原あゆみ 他

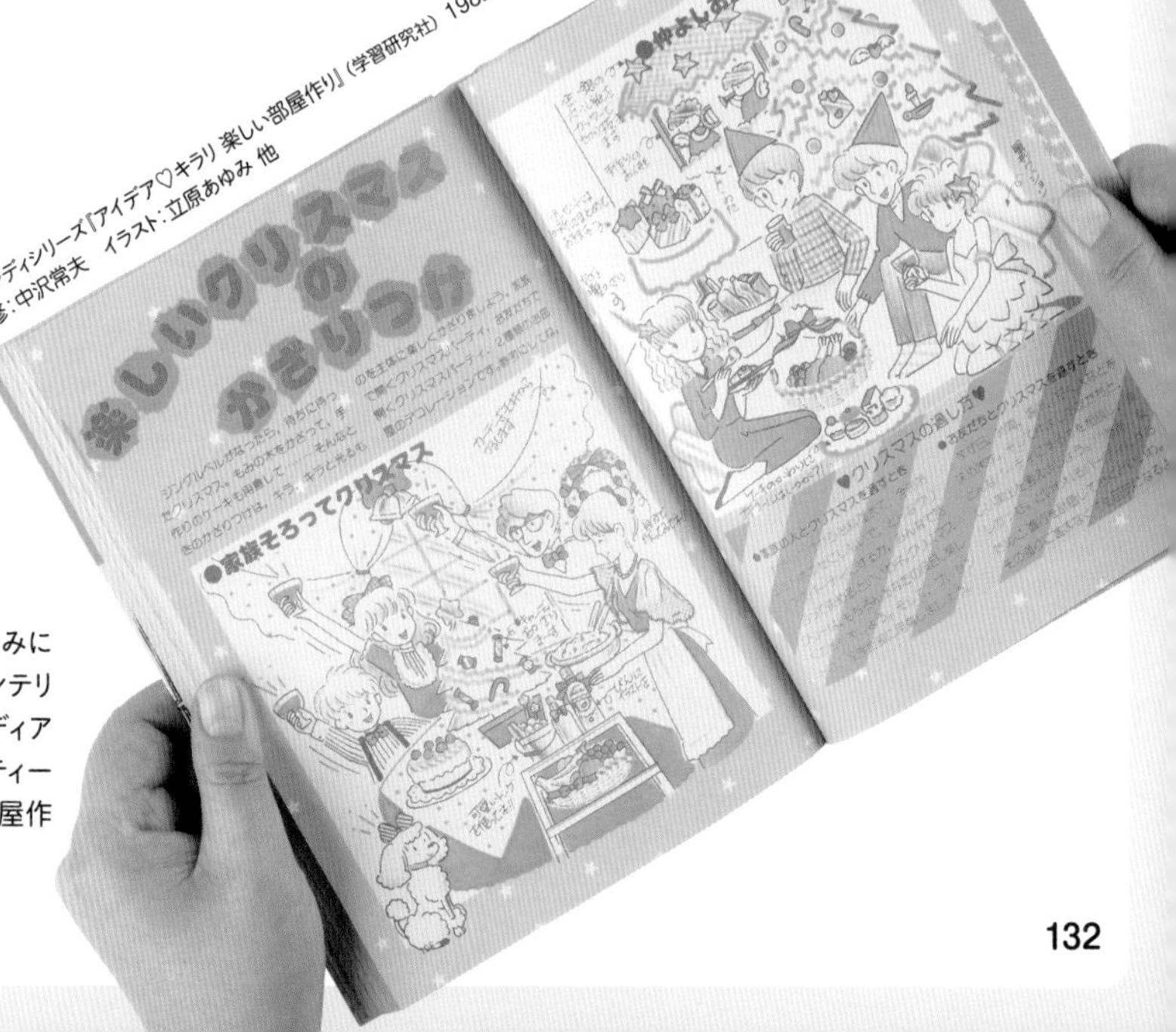

オシャレなティーン雑誌「Lemon」（学習研究社）の人気キャラ「レモンヴィレッジ」がニットに♡ そのほか、イラストと同じセーターのデザインが編めるという楽しい内容でチャレンジしたくなっちゃう。

Gakken Knit Series No.13
『ニットブック mari&have 1987秋冬』（学習研究社）1987年
イラスト：さいとうまり&HAVE　ニットデザイン：あとりえ ハーブ

編み物

B・Fに手編みのセーターをプレゼント♡ なんて少女漫画みたいな展開に憧れた！ 自分のために洋服や小物を編めば、オシャレ&節約にもなってステキよね。

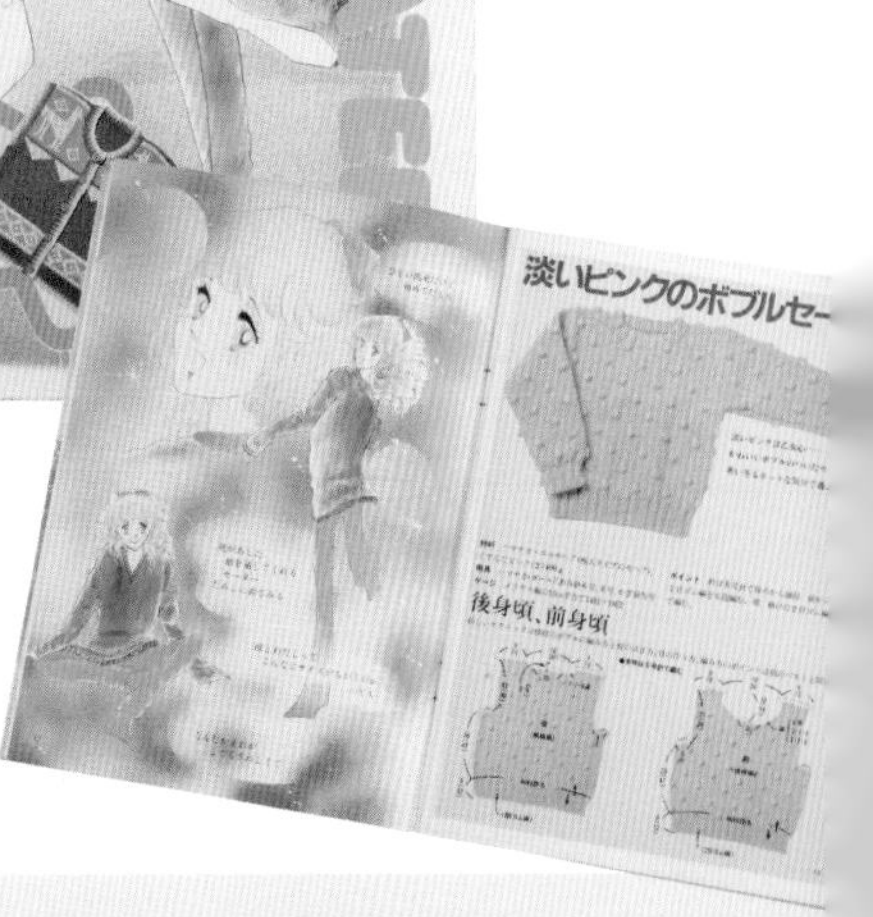

少女漫画と編み物本がドッキング！ ラブストーリーを読みながらさまざまな編み物の作り方が学べるユニークなシリーズ。

左／ヴォーグコミックブック『絵を見て編む ギャルのセーター PART2』（日本ヴォーグ社）1983年
ニットデザイン：たむらひとみ　イラスト：秋月志穂

右／ヴォーグコミックブック『絵を見て編む ギャルのセーター』（日本ヴォーグ社）1983年
ニットデザイン：津川良　イラスト：秋月志穂

プチロレッタ12
『ねこ好き集まれ!! 秘密のにゃんにゃん手芸』
（小学館）1984年
著者：西田典子　イラスト：佐藤竹右衛門 他

「女の子だけの秘密の課外授業」がテーマのプチロレッタシリーズ（小学館）による全部猫尽くしの手芸ブック! アクセサリーやクッション、マスコットなどセンス抜群の猫アイテムがぎっしり♡

手芸

手芸は'80s女子の基本。かわいいキャラや作品がいっぱいの手芸本は眺めるだけでもワクワクして、ハンドメイドの楽しさと温かさを教えてくれた。

『てるみのなんでもかんでも作っちゃおう フェルトの小もの集』
（雄鶏社）1981年
著者：大高輝美　イラスト：西村玲子、大森郁子

手芸界の巨匠・大高輝美先生によるおなじみの1冊! 温かみのあるドアプレートやティッシュケース、お守りなどキュートな手作り小物のアイディアが満載。「てるみキャラ」の愛らしさに癒される～。

講談社「なかよし」発のホビーシリーズの第2弾。「なかよし」の人気作品や名作童話から着想を得たマスコットや小物入れなどが作れる。ドリーミーで女の子ちっくなかわゆい作品ばかりで心がほっこり♪

なかよしホビーランド2『かわいい小物手芸』（講談社）1982年
著者：井田昌子　構成：いだけいこ
イラスト：あべゆりこ、あさぎり夕 他

ファンファン文庫
『女の子だけの愛のマナーブック』
（集英社）1978年
著者：グループ・サフォー　イラスト：しらいしあい 他

「おもしろくてためになる」ファンファン文庫シリーズ（集英社）の、日常のあらゆるシーンで役に立つマナー集。テーブルマナーやテレフォンマナー、プレゼントのポイントなど、全編ファンシーなイラスト付きで学べちゃう♪

エチケット

少女向け実用書の看板タイトルといえば、女の子のマナー&エチケット本！ 学校では教えてくれない礼儀作法は、みんな本から教わったのだ♡

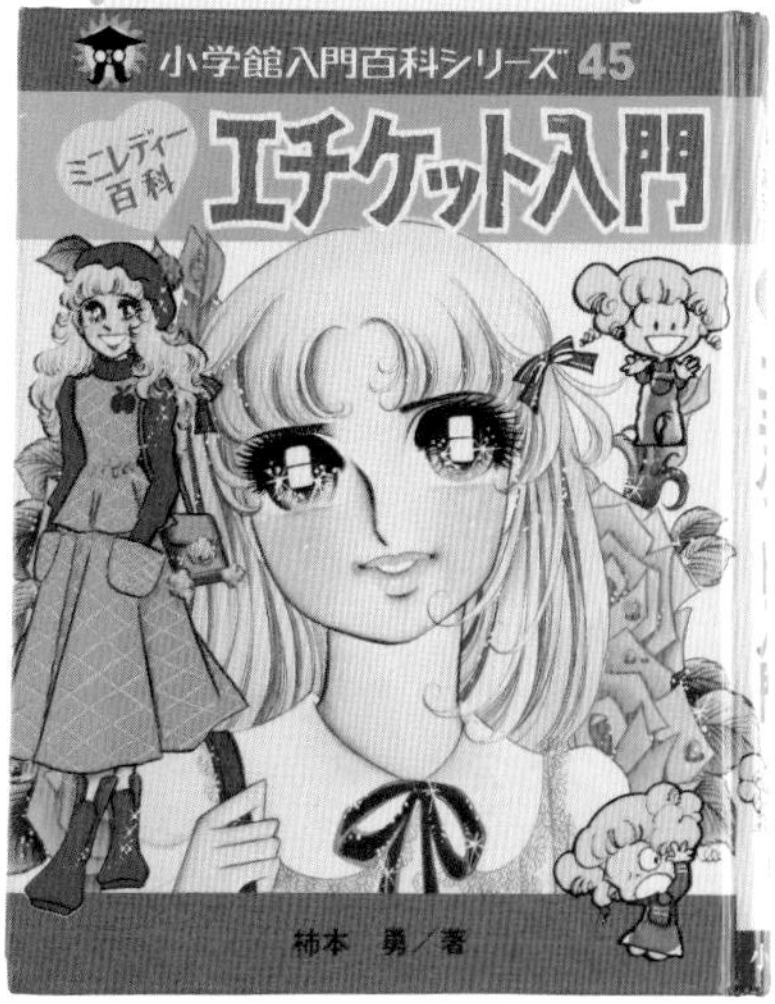

小学館入門百科シリーズ45 ミニレディー百科
『エチケット入門』（小学館）1976年
著者：柿本勇　イラスト：上原きみこ、すなこ育子、市川みさこ 他

名著「ミニレディー百科」（小学館）の人気タイトル、「エチケット入門」♡ 主にスクールライフや家庭、B・Fとの付き合いなどの基本エチケットを網羅した充実の内容！ 表紙の上原きみこ先生や本編の市川みさこ先生、すなこ育子先生らのイラストが華やかで楽しい！

美容

ティーンの関心事といえば、やっぱり美容。美容系実用書は、ヘアケア、スキンケア、ダイエット、性などティーンのお悩みに寄り添って解決するお助けブックだった。

小学館入門百科シリーズ33 ミニレディー百科
『おしゃれ入門』（小学館）1974年
監修：八木美重子　イラスト：上原きみこ、市川みさこ 他

ミニレディー百科シリーズ（小学館）の中でも憧れNo.1のタイトル♡「週刊少女コミック」（小学館）で活躍する漫画家が描く、華やかなファッションスタイルにときめいた〜。

モンキー文庫『ティーンのおしゃれ教室』
（集英社）1977年
著者：宇田川あやこ　イラスト：忠津陽子

こちらもモンキー文庫シリーズ（集英社）。おしゃれにはT.P.Oが必要だということを教えてくれる重要な1冊。

モンキー文庫
『あなたをすてきな女の子にする　ビューティー・ブック』
（集英社）1981年
著者：宇田川あやこ　イラスト：立原あゆみ、西村玲子 他

モンキー文庫（集英社）の1冊。ヘアスタイルやスキンケア、シェイプアップの具体的なヒントがたくさん♡

ファンファン文庫『愛をよぶときめき占い百科』
(集英社) 1983年
著者:エミール・シェラザード　イラスト:すずきなつき他

ファンファン文庫(集英社)より。人気占星術師・エミール・シェラザード先生が、星占いやトランプ占い、夢占いなどいろいろな占いの世界をナビゲート♪　エミール先生ならではの「妖精とおまじない」コーナーも必見。

占い

80年代は空前の占いブームが到来♡ 恋のこと、勉強のこと、友情のこと……ステキな占い系実用書で自分の気になるコトをまるごと占っちゃう!

学研ジュニア実用百科 生活10
『ハッピー星占い』(学習研究社) 1980年
著者:英瑛ジュニア　イラスト:田村セツコ、柳田寿江

田村セツコ先生によるファンタジックな表紙絵に心惹かれる星占いブック。
本編はすべてフルカラーのイラストに手書き文字で、読み応え十分!

小学館ミニレディー百科シリーズ27
『愛の星うらない』(小学館) 1982年
著者:結城モイラ　イラスト:三浦浩子、市川みさこ 他

ミニレディー百科(小学館)は占い系タイトルも充実。占い研究家・結城モイラ先生による12星座占いでは星座別のラッキーファッションも伝授。自分の星座以外のページも楽しい♪

左／入門チャンピオンコース27『あなたもなれる！少女まんが家入門』（学習研究社）1982年
編者：学研　参加作家：里中満智子、青池保子、竹宮恵子 他

右／小学館ミニレディー百科シリーズ6『少女まんが入門』（小学館）1976年
参加作家：上原きみこ、牧野和子、萩尾望都、竹宮恵子 他

少女漫画

'80s女子の憧れの職業といえば「少女漫画家」！ 人気作家陣のマル秘エピソードや作画方法が学べて、レクチャー本としてはもちろん、少女漫画史の資料としても貴重だった。

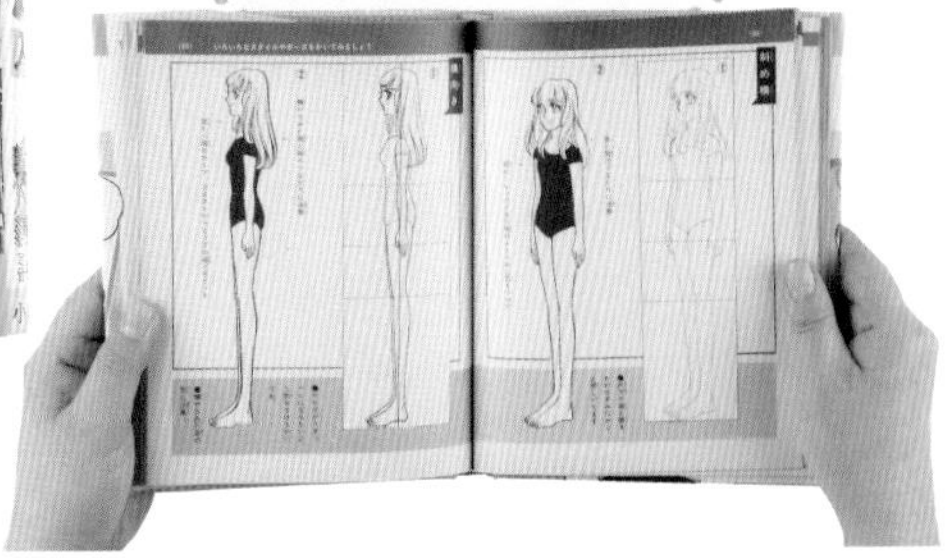

左／いがらしゆみこ先生、里中満智子先生ら超人気作家の仕事場訪問など、リアルな漫画家ライフに迫った充実の内容。
中・右／冒頭の萩尾望都先生、上原きみこ先生らによるフルカラーの名場面集でしっかり心を鷲づかみされる!! 難しいスタイルやポーズの描き方も懇切丁寧に教えてくれる、漫画家志望のバイブル！

ペット

インターネットのない時代、ペットを飼うときの有益な情報源はガーリー実用書だった！ 昭和期ペットブームを牽引した、かわいらしいペット本の世界♡

学研ジュニア実用百科 生活12『犬のなんでも百科』（学習研究社）1981年
監修：宗像彰　イラスト：田村セツコ、伊藤久子、柳田寿江

女の子に人気の犬種43種や犬を飼う際の注意点をフルカラーの写真と豊富なイラストで伝授。ポメラニアン、ヨークシャーテリア、マルチーズ、チャウチャウなどが人気だった。

小学館ミニレディー百科シリーズ26
『かわいいネコ』（小学館）1982年
執筆：小林博義、大木卓 他
イラスト：市川みさこ、中原千束 他

猫派だって負けてはいません！ 猫の飼い方はもちろん、猫の昔話や猫グラビア、猫の手芸アイテムまで、猫にまつわるあらゆる話題が満載♪

永久不滅のラブリーさ♡

大高輝美ワールドへようこそ!

少女時代に嗜む「手芸」というホビーにおいて、必ず出会うのが大高輝美先生の御本ではないだろうか。フエルト製の愛らしい人形&微笑ましい表情にキュン♡ 永久不滅のラブリーさで私たちを魅了する、輝美先生のヒストリーに迫ります!

70年代に「フエルト人形」作りで国内外に手芸ブームを巻き起こしたのが、人形作家の大高輝美先生。身近なフエルトで作られるカラフルで温かみのある人形に、当時の女の子はみんな夢中になりました。

輝美先生はなぜ人形作家に?

「子どもたちに夢を与えるような仕事につきたいとずっと思っていました。本当は絵本作家になりたかったのですが、自分の作ったマスコット人形を見た編集の方に『おもしろい!』と言っていただいて、人形作家になったんです」(輝美先生)

小さな頃から手芸が大好きだったという輝美先生は、当時から子どものお小遣いでも買える10cm×10cmサイズのカラフルなフエルトで、小さな動物などを作っていたのだとか。

最初は他の作家との共著で作品を発表。そして、77年、初の単独著書『てるみのおもちゃ箱』(雄鶏社)が発売になります。

「初の単著はとてもうれしかったですね。出版された自分の本はどれも、表紙から中身、裏表紙まですべて自由にしていいと任されていました」(輝美先生)

それが功を奏して、1冊まるごと、あのかわいらしい〝大高輝美ワールド〟を表現できることに!

「作品は自分の内面が表現されたもの。ふだんの生活の中に『おもしろい』と思えることがいっぱいありますよね。それを形にしたらいいんです。人間以外の、どんなものにも目鼻や口があっても不思議だとは思いませんでした。出来上がったいろいろな人形が『こんにちは♪』してくれたら素敵!」(輝美先生)

出版された何冊かの本はミリオンセラーになり、『大高輝美のコロコロ人形てるみの宝物』(78年)は英語版も出版され、国内外のファンから手紙が届くようになったそう。

「うれしかったのは、子どもたちからの手紙やハガキが多かったこと。子どもたちに夢を与える仕事をしたいとずっと思っていたので、本当に感激しました」と輝美先生。ブラジルから読者の方が突然アトリエに訪ねてきたこともあったそうです。

「『私はあなたに会いにブラジルからやってきました』と言われて驚愕! 大きな袋の中に手作りの人形がいっぱい入っていて、自分が作ったものを私に見てもらいたかったと言ってくれて」(輝美先生)

最後に、輝美先生が人形作りにおいて大切にしていることを伺いました。

「人形に限らず、作りだすものには作る人の中身が出てしまいます。私が人形作りで大切にしていることは、いつも自分自身を豊かにさせるということですね」と語る輝美先生。現在も静岡のアトリエで創作を続ける先生の、人形作りへの真摯な姿勢をひしひしと感じます。

『復刻新版 大高輝美のコロコロ人形』(ブティック社)2022年

2022年、輝美先生の70〜80年代の人気3冊(てるみのおもちゃ箱/てるみの宝もの/てるみのお店屋さん)をまとめた復刻新版が発売! 大切にしまってあった「コロコロ人形」やお店屋さんなど、懐かしくてラブリーなマスコットが346点掲載されています。

輝美先生の'70s &'80s名作ライブラリー

1977年に単著を発表して以来（上段右）、30冊にもおよぶ手芸本をリリースしてきた輝美先生の著書の一部がこちら。中段右『大高輝美のフエルト細工 てるみのお店屋さん』は八百屋さんやおもちゃ屋さんなどお店がいっぱい載っている楽しい内容でミリオンセラーに！

上段右から『大高輝美のお人形 てるみのおもちゃ箱』（雄鶏社）1977年、『大高輝美のコロコロ人形 てるみの宝もの』（雄鶏社）1978年、『てるみの人形遊び』（主婦と生活社）1979年／中段右から『大高輝美のフエルト細工 てるみのお店屋さん』（雄鶏社）1980年、『大高輝美のマスコット大百科』（雄鶏社）1982年、『プチロレッタシリーズ8 大高輝美の秘密のおもしろ手芸』（小学館）1983年／下段右から『大高輝美のてるてるぼうず プレゼントショップ』（小学館）1987年、『てるみの人形絵本』（主婦と生活社）1988年、『大高輝美のおしゃべり人形』（雄鶏社）1988年

『復刻新版 大高輝美のコロコロ人形』（ブティック社／2022年）に収録されているものを中心に、輝美先生の貴重な作品をご紹介。かわいい女の子、星座や虫のモチーフ、動物などなど。フエルトの優しい手触りにユーモラスな表情とかわいいポーズ、これぞ懐かしの「コロコロ人形」♡

うっとり…!!

味を想像しながら物語の世界へ
おはなしりょうりきょうしつ「こまったさん」シリーズ

料理作りの楽しさを教えてくれる「こまったさん」シリーズ（あかね書房）。挿画を担当した岡本颯子さんの貴重なお話も交えながらロングセラー童話の“美味しさ”の秘密に迫ります。

こまったさんのおみせは、えきのまえです。小さな小さな花やさんです。すぐに、こまったわ、というのが、こまったさんのくせです。それで、ごしゅじんのヤマさんが、こまったさん、とあだ名をつけました。

40年もの長きにわたり子どもたちから熱く支持されている「こまったさん」シリーズ。毎回、花屋のこまったさんが不思議な出来事に遭遇しながらお料理を仕上げていく様子を夢中になって読みふけったものでした。登場するのは、ハンバーグやオムレツ、グラタンなど子どもが大好きなメニューばかり。出版元のあかね書房によると、お料理はすべて作者の寺村輝夫さん自身が考えていたそうです。寺村さんは普段からお料理好きで、思い立っては台所に立ちオムレツを焼く練習をしたり（「ぼくは王さま」をはじめ卵を題材とした作品も多い）、来客があったときは自ら腕をふるうこともあったとか。こまったさんシリーズのあとがきでも、毎回豊富な料理エピソードを披露しています。

　そのお料理をより魅力的に見せているのが岡本颯子さんの挿画。こまったさんが迷い込む夢なのか想像なのか、それとも現実なのかわからない不思議な世界がカラフルに描かれています。こまったさんの衣装や建物、家具なども細かいところまで凝っており、また、毎回登場する料理中の歌唱シーンはページをそのまま額に入れて飾っておきたいくらいのかわいさ!

　寺村さんや編集者が絵について細かくリクエストすることはなかったそうで「作家は物語に懸けていますから、その文章から描くものを汲み取ろうとしていました」と岡本さん。画材は、にごらないところがしっくりきたという色鉛筆とカラーインクを使い、「色鉛筆なら、塗り方の強弱で立体感が出せる。影に黒やグレーを使わないから鮮やかな印象を出せるのだと思います」。ちなみにもうひとつ色鉛筆を使う理由があったそうで、「まだ幼い娘を育てている最中だったので、すぐに描き始めることができる色鉛筆は、お母さんをやりながら仕事をしていた私の味方でした」。

　時代を超えて、いつまでも色褪せない物語と挿画。大人になった今も、ページを開けばいつだってこまったさんが私たちをワクワクする世界へと誘ってくれるのです。

『こまったさんのレシピブック』（あかね書房）2020年

レシピ原案・寺村輝夫
絵・岡本颯子
レシピ監修・さわのめぐみ

子どもの頃に夢見た味を実際に作ることができる、うれしいレシピブック。シリーズ刊行40周年を前に発売された。この本をきっかけに再び童話を手に取った人も多いのでは。

こまったさん 全10作品紹介!

現在もロングセラーを続ける10作品。「こまったわ」と言いながら毎回果敢かつ柔軟に料理にチャレンジするこまったさんと、相棒の九官鳥・ムノくんの掛け合いも楽しい。

すべて作・寺村輝夫、絵・岡本颯子、あかね書房・刊

1 こまったさんのスパゲティ
1982年

記念すべき1作目。シリーズの中でもとくに人気が高いそう。

2 こまったさんのカレーライス
1982年

ヤマさんのお友達に振る舞った「いかカレー」の味に興味津々!

3 こまったさんのハンバーグ
1983年

動物たちが作るハンバーグは旨味を閉じ込めた焦げ目がポイント!

4 こまったさんのオムレツ
1983年

オムレツ島に招待されたこまったさんが作ったのは…?

5 こまったさんのサラダ
1984年

花を野菜に変えてしまう魔女が美味しいサラダをレクチャー。

6 こまったさんのグラタン
1985年

ほうれん草、ハム、ポテト…。模型の汽車の食堂車で、お客さんの注文に応えていろんなグラタンが登場。

7 こまったさんのサンドイッチ
1987年

サンドイッチ好きの鬼のキャラクターは岡本さんのお気に入り。

8 こまったさんのコロッケ
1987年

意外と難しいコロッケ作りのコツが詰まった一冊。

9 こまったさんのラーメン
1988年

突然ラーメン屋さんになったこまったさん。とろーり、たまごラーメンが美味しそう!

10 こまったさんのシチュー
1990年

こまったさんの誕生日を祝うのは、野菜と愛情たっぷりのシチュー。

「My Birthday」
公式マスコット
「マイビーちゃん」は
創刊号から登場！

一晩中語り明かしたい！

悩める女の子たちの“読むお守り”「My Birthday」メモリーズ

80年代に絶大な人気を誇った「愛と占いの情報誌 My Birthday」（実業之日本社）。「占い」を切り口に、ファッション、ビューティーなどさまざまなライフスタイルの情報を教えてくれた思い出の雑誌を振り返ります♪

表紙絵：野崎ふみこ先生（1984年2月号〜1990年12月号）

左：「My Birthday」1988年5月号／右：「My Birthday」1983年6月号（ともに実業之日本社）

表紙絵：まつざきあけみ先生（創刊1979年5月号〜1984年1月号）

2代目・野崎先生は占い・おまじないブームを迎えた華やかな時代にふさわしい、キュート&ハッピーなイラスト。

左：「My Birthday」1986年9月号／上：「My Birthday」1984年2月号／右：「My Birthday」1986年5月号（すべて実業之日本社）

初代の表紙絵は、漫画家・まつざきあけみ先生による、繊細かつ美麗なイラストだった。

左：「My Birthday」1981年10月号／右：「My Birthday」1982年1月号（ともに実業之日本社）

ゆかしなもん MBの思い出

愛と占いの情報誌「マイバースデイ」。私は親しみを込めて「MB（エムビー）」と呼んでいる。稀代のマセガキを自負している私は、記憶が確かならば、1984年ごろ（9歳）からMBを買っていたと思う（早熟？）。野崎ふみこ先生が手がける、少女漫画チックで明るく、キュートな表紙は書店のティーン向け雑誌の棚でもひときわ目を引いた。行きつけの本屋さんで真新しいMB最新号を見つけて手に取ったときのワクワク感を、今でもよく覚えている。

私にとってMBは、青春のすべてが詰まっている雑誌だった。恋も友情も、輝きも闇も。80年代はティーンの女の子向けの素敵な雑誌がたくさんあったけれど、私はなかでもMBが圧倒的に好きで、好きすぎて雑誌を捨てることができなかった（部屋に大量に山積みにしていて、母によく怒られていた爆）。でも、それってなぜだろう？ と考える。今になって思うのは、MBはどこまでも私（読者）に対して愛情深く、優しかったのだ。「愛と占いの情報誌」というキャッチフレーズのとおり、毎回バラエティに富んだ本格的な占いの企画と、ファッション、料理、雑貨、お悩み相談など女の子らしいライフスタイルを、愛をもってめいっぱい教えてくれる雑誌だった。

思えば、家でも学校生活でも、常に言いようのない不安を抱えていたあの頃。過去のことにクヨクヨ、未来に希望も持てなかった。きっと私だけではなくて、そんな女の子が当時いっぱいいたと思う。そんなときに出会ったMBの、名物レギュラー記事である「毎日の星占い」を毎日チェックして心の準備をしたり、「テストでいい点が取れる」「友達と仲良くなれる」といった効果のあるふろくの護符シールを生徒手帳に貼って持ち歩いたり、全プレの「TRAPSキーホルダー」をお守りにしたり、彼の心がわかる心理テストを試してみたり！ 私のガラスの乙女心を安心させてくれたのは、いつもMBだった。

「おまじない」が流行ったときは、みんなで恋のおまじないやジンクスをやってみたことも♡ そうそう、中学2年生のときに、大好きな先輩に通学路で偶然会えるおまじないをやったときに、見事に一発で叶ったことがあって、飛び上がるほどうれしかったんだ。あとは「じゅもん」も！ 緊張しないじゅもん（「ミオコンターギオ…」っていうやつ）は、大人になった今でも心のなかで無意識に唱えてしまうことがある。悔やまれるのは、地方に住んでいたので、東京・早稲田の「魔女っこハウス」に一度も行けなかったことだ。伝説の聖地に行って「おまじないグッズ」をたくさん買ってみたかったなー。

80年代のMBで執筆されていた、浅野八郎先生、紅亜里先生、ルネ・ヴァン・ダール・ワタナベ先生、エミール・シェラザード先生、マドモアゼル・愛先生、マーク・矢崎先生など、一流の占い師の先生方に雑誌を通して巡り合えたことは、占い好きにとってはこの上ない幸せだった。ライトな占いファンも、本格的な占い好きも、どちらも受け入れてくれたMBって、やはり凄い雑誌。今もMBからたくさんもらった「愛」を心の拠りどころにしながら、この混沌とした世の中を懸命に生きている。MBよ、昔も今も、本当にありがとう！

My Birthdayファミリー

My Birthday

1979年創刊。日本中に「占い&おまじないブーム」を巻き起こしたメガヒット情報誌。

「My Birthday」（実業之日本社）1987年7月号

おまじないコミック

折原みと、牧村久実、湖東美朋ら人気作家を多く擁した。

「別冊My Birthday 月刊おまじないコミック」（実業之日本社）1988年1月号

増刊My Birthday

本誌とは異なった専門的なテーマの占いや記事が人気。

『「My Birthday」増刊 No14 恋のおまじない』（実業之日本社）1984年

プチバースデイ

小学生向けMB妹誌。妖精の物語や妖精文字が人気を誇った。

「プチバースデー」（実業之日本社）1987年3月号

M.Bブックス

MBの単行本レーベル。占い、おまじない、心霊写真など。

『ドキドキ不思議じゅもん』（実業之日本社）1986年

MISTY

本格的な占いと心理テストがメイン。1989～2011年刊行。

「MISTY」（実業之日本社）1989年5/19号

MONIQUE

20代女性向けのMB姉妹誌。1989～2002年刊行。

「MONIQUE」（実業之日本社）1989年10月号

読者のハートをキャッチ♡ 名物コーナーセレクション

MBといえば、毎号の充実した連載コーナーが大人気でした！ あの頃ワクワクしながら読んだ名物コーナーをセレクト♪

★ 毎日の星占いをチェックしてから学校へ！ ★

Monthly Horoscope

♍ 毎日の星占い 4/11〜5/10

月日	運気	ラブ運	その他	ラッキーカラー	ラッキーナンバー	女の子の運勢	男の子
4/11	好調			ゴールド	1	手紙・電話が幸運のカギ。誤解のうちに終わってしまったラブの相手に電話を。気持ちが伝わります。	[illegible]
12	吉凶混合			レッド	8	ボーイフレンドといっしょに、桜の咲く公園を散歩すると愛が深まりますが、早めの帰宅をおすすめ。	[illegible]
13	波乱			イエロー	4	何ごとも進展が遅れがちな日だが、控えめな行動は禁物。自分の意見は、はっきり伝えましょう。	[illegible]
14	吉凶混合			ベージュ	1	活気のある運気だが、PM3時、トラブルに注意。慎重に対処しないと、あとで泣くハメに。	[illegible]
15	自重			グリーン	3	仲間の協力が得られる日だが、自分の考えのゴリ押しをすると、孤立してしまうのでご用心。	[illegible]
16	波乱			パープル	9	グループ内で分裂、対立が生じそう。うわさ話やかげ口を言うと、矢おもてに立たされる可能性大。	[illegible]
17	好調			グレイ	2	1人で過ごすことにツキがある日なので早めに帰宅し、芸術などに接するようにしましょう。	[illegible]
18	好調			ブルー	9	運気好調。何げなく言ったひと言が幸運を呼び込む結果に。青色のノートがラッキーグッズ。	[illegible]
19	午後下降			グリーン	1	午後から運気下降。でもあなたの隠れた善意がのちのちの幸運を招きます。体をこわさないよう注意。	[illegible]
20	自重			[illegible]	8	誤解の多い日なので、できるだけ1人で過ごし、[illegible]	[illegible]
21	低調			[illegible]	3	[illegible]	[illegible]
22	波乱			[illegible]	3	[illegible]	[illegible]
23	自重			[illegible]	1	[illegible]	[illegible]
24	午後上昇			[illegible]	2	[illegible]	[illegible]
25	好調			[illegible]	2	[illegible]	[illegible]
26	平凡			[illegible]	4	[illegible]	[illegible]
27	自重			[illegible]	0	[illegible]	[illegible]
28	午後下降			[illegible]	7	[illegible]	[illegible]
29	好調			[illegible]	0	[illegible]	[illegible]
30	自重			[illegible]	1	[illegible]	[illegible]
5/1	平凡			[illegible]	7	[illegible]	[illegible]
2	好調			[illegible]	2	[illegible]	[illegible]
3	吉凶混合			[illegible]	5	[illegible]	[illegible]
4	波乱			[illegible]	3	[illegible]	[illegible]
5	自重			[illegible]	9	[illegible]	[illegible]
6	吉凶混合			[illegible]	5	[illegible]	[illegible]
7	好調			[illegible]	8	[illegible]	[illegible]
8	吉凶混合			[illegible]	0	[illegible]	[illegible]
9	波乱			[illegible]	0	[illegible]	[illegible]
10	低調			[illegible]	8	[illegible]	[illegible]

星座の境い目一覧 [illegible]

おとめ座 8/23〜9/22生

●エミールから今月のあなたへ
1年のうちで一番緊張する季節があるとしたら新学期を迎える今頃かな？ おとめ座さんの場合はとくに緊張してしまいそうだけれど、ゆったりと肩の力をぬこうね。

スタートは波乱含みだが、後半は少しもち直しそう。友だちのアラ探しタブー。

今月の星の動き

[illegible] そして、クラブ活動に入部する時もあまり考えすぎたりすると、結局決まらないので、パッと雰囲気で決めてしまってみては？ [illegible] 水星が移動すると同時に自分自身の表現法が変わりそう。だんだん、心のプレッシャーがとれて、いつものペースに戻るのはいいことだけれど、友だちのアラ探しなんかを始めないように気をつけてくださいね。

神経質なあなた。友だちにとっつきにくい印象あたえないで。

今月のおとめ座の運勢は、スタート波乱含みで、後半、ゆったりというところです。どうしても性格的に神経質なところがあるおとめ座は、新学期早々からハネを伸ばすのはムリにしても、新しいクラスメイトに「とっつきにくいナ…」って印象をあたえないようにご用心。

★運気好転ポイント
火星の応援がある今月は、スピード感のあること、とにかく何に対しても積極的に取り組んでみることから運勢が開けます。だから、何か始めよう！ と思ったら、すぐにそのことにだけエネルギーを集中して始めてごらんなさい。きっと、いつものあなたと違う面がアピールできて、友だちも思わずあなたを見直しそう。
連休は家でゴロゴロしているなんて最低最悪。たとえ豪華でなくっても、近郊の野原や、海辺へ波の音を聞きにいくくらいの気持ちをもって欲しいわね。

ラブチャンス 交際の申し込みがきたら、早めに返事を

上昇運です。今月はうれしくなるような出来事がイッパイで、かえって気分が散漫になってしまいそう。男の子からついにきた、ラブコールや交際の申し込みは、早くYesかNoの返事を出してください。いつまでも保留にしておくと恋のツキが逃げてしまうばかりか、お高いなんていう評判がたってつまらない気持ちに。すでに交際中の彼がいるあなたは、知り合ってからまだ日が浅いのならご用心。好奇心も手伝って、ファーストキスにまでエスカレートする気配もあるのです。もちろん、好きで納得なら、後悔なんてしないでしょうが、まるまる好奇心のみ！ って場合が心配。3年以上の安定カップルは、連休はお弁当をつくって、ピクニックに出かけてみましょう。

スタディ・仕事運
集中力が欠けそうで、頭の中が混乱。当然、仕事や勉強の能率は落ちてくることに。でもなぜかそのわりには、上司や先生の目は好意的。

ラッキーファッション
スカッとした、5月の空のような色調でまとめましょう。ワイルドorフェミニンはあなたのお好みだけれど、要はカラーリングのセンス。水色を基調に。

ヘルシーチェック
元気いっぱい。心配ゼロの今月です。でも、考えすぎや人の言葉をいちいち気にするなど、心の病気が心配。おおらかな気持ちでいるなら絶対大丈夫。

レジャー・金運
身近なところで楽しめるレジャーを開発してみましょう。遠くまで行って、疲れて、お金を使って…なんていうのはバカバカしいでしょ!?

マイバースデイ 不思議なことや、ミステリー小説が大好きな私。同じだ！ と思う人、すぐお手紙ください。（〒福島県郡山市愛宕町9の13 [illegible] 中2 おとめ座）

32

「My Birthday」（実業之日本社）1986年5月号より

月日	運気	ラッキーカラー	ラッキーナンバー	女の子の運勢
12	吉凶混合	レッド	8	ボーイフレンドといっしょに、桜の咲く公園を散歩すると愛が深まりますが、早めの帰宅をおすすめ。
13	波乱	イエロー	4	何ごとも進展が遅れがちな日だが、控えめな行動は禁物。自分の意見は、はっきり伝えましょう。
14	吉凶混合	ベージュ	1	活気のある運気だが、PM3時、トラブルに注意。慎重に対処しないと、あとで泣くハメに。
15	自重	グリーン	3	仲間の協力が得られる日だが、自分の考えのゴリ押しをすると、孤立してしまうのでご用心。
16	波乱	パープル	9	グループ内で分裂、対立が生じそう。うわさ話やかげ口を言うと、矢おもてに立たされる可能性大。
17	好調	グレイ	2	1人で過ごすことにツキがある日なので早めに帰宅し、芸術などに接するようにしましょう。
18	好調	ブルー	9	運気好調。何げなく言ったひと言が幸運を呼び込む結果に。青色のノートがラッキーグッズ。

名物コーナー その1

毎日の星占い

創刊から休刊まで続いた看板連載コーナー。80年代は紅亜里先生（創刊〜86年4月号まで）、エミール・シェラザード先生（86年5月号〜）が執筆を担当。12星座それぞれに、月ごとの運勢のポイントや毎日の運気、ラブ運、ラッキーカラーやアドバイスが書かれており、ページを切り取って持ち歩く読者も多かった。

★ 1年に1度の詳しいスペシャル占い♡ ★

名物コーナー その2

星座細密研究

毎年、お誕生月のお楽しみ、12星座ごとのスペシャルな細密研究！ 12星座ごとの神話から読み解く使命や相性研究、ホロスコープによる進路と人生の研究など、少女向け占い誌とは思えぬほど本格的な占い記事が好評だった。

今月の星座特集 徹底ガイド編

ルル・ラブア／マドモアゼル・愛

おうし座生まれ細密研究

TAURUS トーラス 4/20〜5/20生

PART1

おうし座 徹底分析 ルル・ラブア

★守護星物語

大地を緑でいろどり、花を咲かせる愛の女神ビーナス（金星）

イラスト／[illegible]

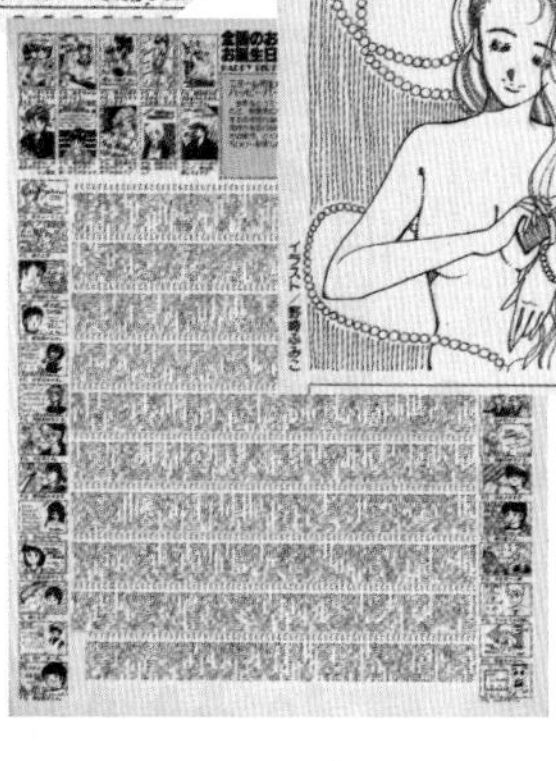

全国のお友だちからのお誕生日[illegible]

必ず掲載されるという「お祝いメッセージ」投稿の字の細かさは毎号圧巻！

「My Birthday」（実業之日本社）1986年5月号より

★ ティーンの繊細な想いをポエムに託して ★

「My Birthday」（実業之日本社）1986年5月号より

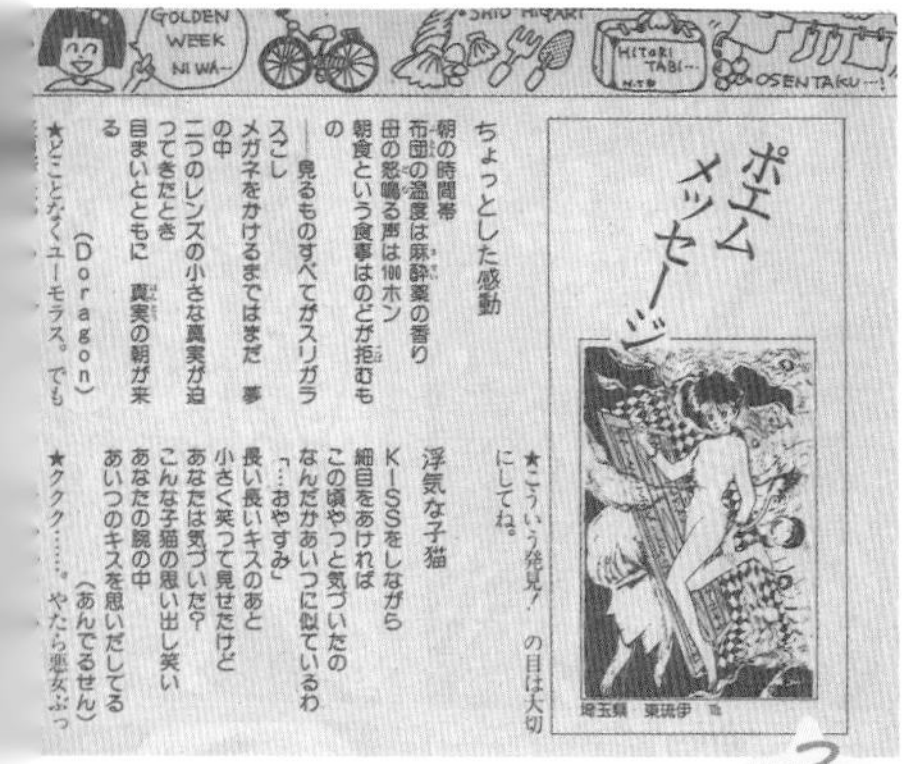

ポエムメッセージ

ちょっとした感動

朝の時間帯
布団の温度は麻酔薬の香り
母の怒鳴る声は100ホン
朝食という食事はのどが拒むもの
の
——見るものすべてがスリガラ
スこし
メガネをかけるまではまだ　夢
の中
二つのレンズの小さな真実が迫
ってきたとき
目まいとともに　真実の朝が来
る
（Doragon）

★こういう発見！　の目は大切にしてね。

浮気な子猫

KISSをしながら
細目をあければ
この頃やっと気づいたの
なんだかあいつに似ているわ
「…おやすみ」
長い長いキスのあと
小さく笑って見せたけど
あなたは気づいた？
こんな子猫の思い出し笑い
あなたの腕の中
あいつのキスを思いだしてる
（あんでるせん）

★どことなくユーモラス。でも

★ククク……。やたら悪女ぶっ

埼玉県 東琉伊 [illegible]

名物コーナー その3

ポエムメッセージ

読者投稿コーナー「ハローバースデイ」内の「ポエムメッセージ」は、毎月力作が寄せられる人気コーナー！ 常連も多数登場していた。詩人・土屋明子氏による温かく、ときにストレートな批評も楽しみだった。

「My Birthday」（実業之日本社）1986年9月号より

★ 全国の「MB」読者のアツすぎる交流の場！★

名物コーナー その4

ハローバースデイ

恋や友情の悩みや将来の夢を打ち明けるなら「ハローバースデイ」！読者のほとばしる情熱メッセージにコメントを返してくれるのは編集部のお姉さん! 27年間の歴代担当は「ドミ」→「K坊」→「コジャマ」→「アチ」→「ユッコ」→「コッコ」→「アヤ」→「ミユ」。

名物コーナー その5

名画展ふりーぱす

★ プロの漫画家になった絵師さんも！★

「My Birthday」（実業之日本社）1986年5月号より

毎回超絶技巧のイラストが投稿されていた。牧村久実先生、日下部拓海先生など、ここから巣立ってプロになったケースも! 選者はおなじみ「さそりの一成」さん。

★ 毎回1テーマで素敵なアイテムを紹介♡ ★

名物コーナー その6

ひとりで楽しむひみつの時間「○○物語」

「My Birthday」（実業之日本社）1986年9月号より

占い以外のライフスタイルの記事も充実していた「MB」。巻末のグラビアページで、毎回1テーマ「○○物語」としてさまざまなグッズや情報を展開。最新のかわゆいグッズがたくさんで、憧れた～♡

★ お守りパワーは絶大！全プレアクセサリー ★

名物コーナー その7

全員プレゼント

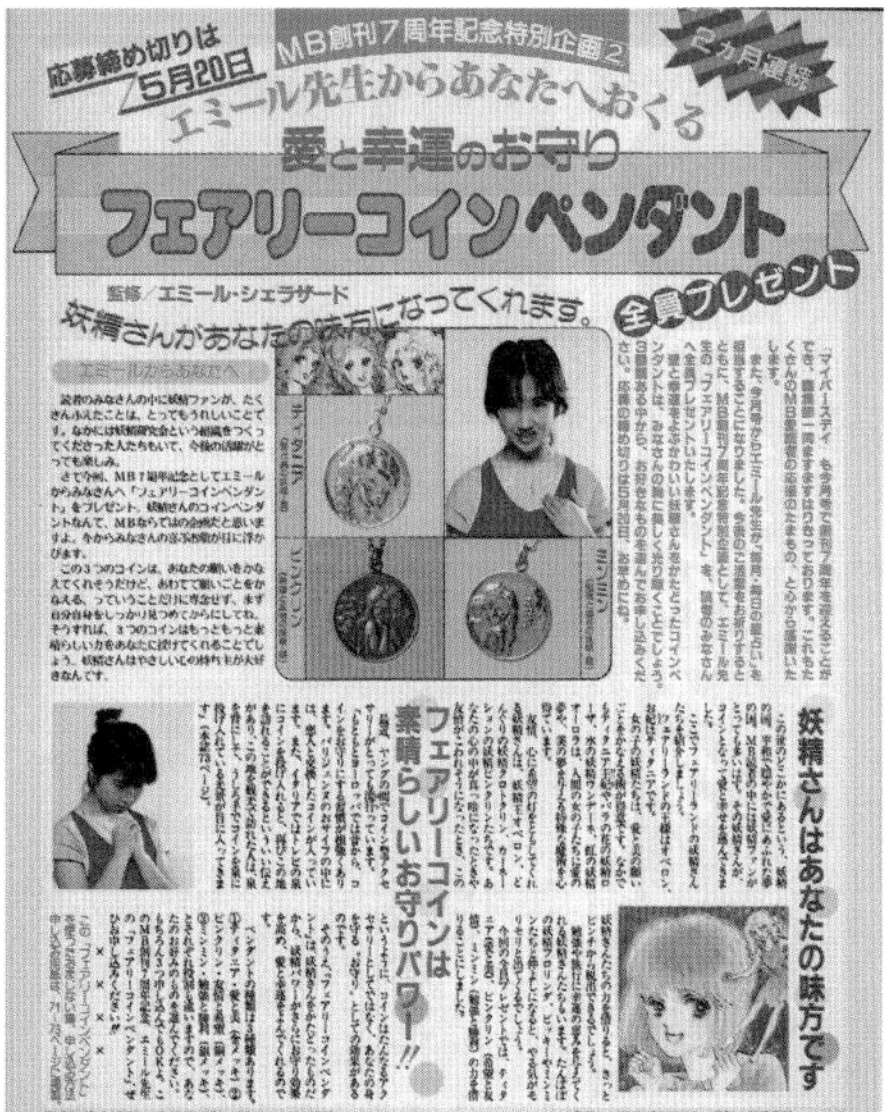

「My Birthday」（実業之日本社）1986年5月号より

MBといえば、アクセサリーなどの全員プレゼントもお楽しみ♪あまりにも有名な「TRAPS」シリーズや「北極星ペンダント」、「フェアリーコインペンダント」など、300円ほどの切手を送ると絶大なお守りパワーのアクセサリーを手に入れることができた。

その効力は色褪せない…
伝説のおまじない&呪文よ、もう一度！

80年代に日本中に巻き起こった空前のおまじないブームは、MBが火付け役だった！ 読者が作った身の回りのアイテムを使ったおまじないは「当たる」と評判を呼び、もはや伝説の域に。超有名なものから変わり種まで、懐かしのおまじない・呪文がカムバーック！

大ヒットおまじない

★昭和の恋はダイヤル式電話が大活躍！★

これぞ超有名おまじないナンバーワン！ 家の電話さえあればすぐにできてしまう手軽さと驚異の両想い率で一躍人気のおまじないに♡「ダイヤル0（ゼロ）は、LOVEのO（オー）！」

第1位
勇気がなくとも♡の花が咲く
電話0ゼロ番！

♥Hi！　みなさまがた。両思いになれるおまじないなのだ！　それは〝電話0《ゼロ》番〟ってゆーの。

　まず電話の受話器を取り、耳にあてて「OX君へ思いが伝われ！　ダイヤル0《ゼロ》はLOVE《ラブ》のO《オー》！」といって0《ゼロ》番をまわすの。そしてすぐ切っちゃうの。

　そうすると3週間以内に両思いに！　そのあとに彼にTELするともっと早く♡がくる。

（注意）彼にTELするときは最初に「あたし……」から始めよう。私の友人2人が、すでに♡になったのだ。試してね！

（魔子）

N君へ思いが伝われ！
ダイヤル0はLOVEのO!!

★絆創膏は恋にも効く★

第2位
彼サマの名前の上にピトッ！
カットバン

♥好きな彼とラブになる方法です。

　左腕にボールペンで彼の名前を書きます。そして、彼の名前を書いた上に、カットバン（バンドエイド）を貼って、3日したら、そのカットバンをとります。

　カットバンをとってから7日のうちに、彼チャマと友だちより上の仲になれるよ。カットバンは3日間、絶対にとらないでね！

　もちろん私もちゃんと成功したのです。

（鬼奴孤）

カットバン3日め。これをとって7日めのうちに……
ルンルーン

絆創膏（カットバン）を使ったおまじないも懐かしい！ 手軽にできるけど、3日の間に絆創膏が取れちゃった場合のリスクもある!?

★あの悩みも丸かじり！★

第3位
リンゴよ、願いをきいて！
アップル・ゴット

♥ハイ！　こんにちは。今ルンルン気分です。

　それは〝アップル・ゴット〟っていうおまじないのおかげなんです。

　リンゴにボールペンで「リンゴの神様お願いします」と書いてから、希望を書いて食べちゃうだけです。

　Meなんて、ずっとF君に無視されていたのね（うわさのために）。でもおまじないのおかげで、仲直りできただけでなく、席までも近くなれたのです。うふ♡

　リンゴに「F君、無視しないで〟とか、〝席が近くなれるといいね」って書いたら、次の日、F君から話しかけてくれたり、席が前後になったりして、すごくGOODですよ！

（IMOつ子少女）

リンゴには不思議な魔法の力があるのかも♡ リンゴにボールペンで願いを書いて食べるだけという、美味しいおまじない。グリーンのペンで書くとよいという説もあった。

この3つのおまじないが載っている一冊。読者に人気の、効力絶大の有名おまじないが満載！

私の知っているおまじない
MBbooks

『私の知っているおまじない』マイバースデイ編集部・編（実業之日本社）1982年

呪文、呪文、呪文…

678
彼に思いが通じるじゅもん
まだ1度も行ったことのない喫茶店に行きます（1人で）。そして、レモンティーをオーダーします。砂糖を1ぱい入れて、好きな男の子の名前を心の中でつぶやきます。そして、スプーンを静かに入れて、**「私の思いはお砂糖、あなたの心は紅茶、砂糖が紅茶にとけるように、あなたの心に、私の思いが甘い砂糖のようにとけていきます」**と、心の中でつぶやきながら、砂糖をとかしてください。そうしてから、それを飲みます。飲んでる間は、しゃべっちゃダメ！（わんだぁらんどのありすちゃん）

こちらはただじゅもんを唱えるのではなく、アクションも伴うパターン。「紅茶」という乙女なアイテムを使った、詩的なじゅもんにキュン♡

752
スカッティング　ビービー　ボーボ

●彼《かれ》と会《あ》えるじゅもん

イスタ　イシス　私《わたし》のさけびを聞《き》きたまえ！　愛《あい》なしに私《わたし》は生《い》きられません。アプヒロディート　神《かみ》よ、会《あ》いたいあの人《ひと》を私《わたし》のもとに！　フレイヤー！　キューピッド！　エロス！　聞《き》きたまえ　私《わたし》のさけび！　ソール　アグニイ　全能《ぜんのう》のゼウスの神様《かみさま》！

右は「彼と会えるじゅもん」なのだが、あらゆる神の名を総動員した壮大なじゅもんで効きめがスゴそう!

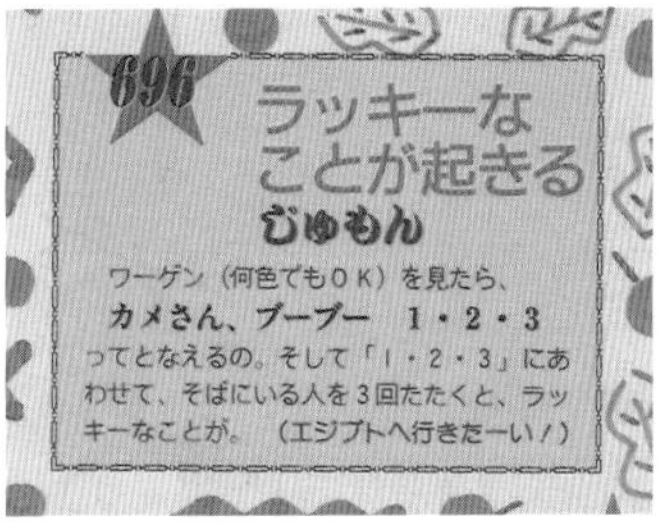
696
ラッキーなことが起きるじゅもん
ワーゲン（何色でもＯＫ）を見たら、
カメさん、ブーブー　1・2・3
ってとなえるの。そして「1・2・3」にあわせて、そばにいる人を3回たたくと、ラッキーなことが。（エジプトへ行きたーい！）

街でワーゲンを見かけること自体がラッキーな気もするが、「カメさん、ブーブー、1・2・3」という謎のじゅもんがいかにも読者のオリジナル風味で楽しい♪

どんな願《ねが》いもかなえられる強力《きょうりょく》な
5時《じ》37分《ふん》の雨《あめ》のじゅもん

朝《あさ》5時《じ》37分《ふん》ぴったんこに雨《あめ》が降《ふ》ってたらチャンス！　自分《じぶん》のいちばん長《なが》い髪《かみ》の毛《け》を1本《ぽん》ぬき、北《きた》の空《そら》にかざして雨《あめ》にぬらしたら、北《きた》を向《む》いたまま赤《あか》い糸《いと》と結《むす》び合《あ》わせます。できたら左手《ひだりて》に持《も》ち、

おおいなる空《そら》よ　大地《だいち》よ
清《きよ》き水《みず》から私《わたし》に力《ちから》をあたえたまえ

ととなえて、もう1度《ど》雨《あめ》でぬらして願《ねが》いごとを言《い》いながら投《な》げます。これであなたの思《おも》いはバッチリかないます。
（むらさきしきぶ）

「朝5時37分ぴったんこに雨が降っている」というレアなシチュエーションが大前提！でも、やってみる価値アリ!?

★ 壮大なものから笑えるものまで☆
「じゅもん」の言霊パワーはスゴイ!? ★

カンタンおまじない
905
試合でファイト！
犬の底力《そこぢから》
試合などのある前日に、おでこに"犬"という字をマジックで書いておくと、次の日ファイトが出て、勝利をつかめます！（ひでみ）

何がきっかけで生まれたのだろうか!?

364
イヤなコトが起きそうな時
3回★チョップ
イヤなことがありそうな時、自分の頭のてっぺんの空気を、3回、チョップで切るまねをすると、のがれられるとゆーことです。（アッチ）

悪い「気」を追い払う、必殺アクション！

★ ティーン読者たちの
若さゆえの
強烈なおまじない！★

人目なんて気にしない！
ゆかしなもん厳選！
"へまじない"
（変なおまじない）

落ちついて勉強できる
79
ヒーロー仮面
大好きな特撮《とくさつ》ヒーローや、アニメなどのお面を買って、それをかぶって勉強すると心が落ちつくの。そのヒーローを好きな分だけ、効果があるみたいよ。（石渡康浩応援しよ）

これぞ「へまじない」!? 親や兄弟に見つからないことを祈る。

第8位
179
グループがうまくいく
ウサギのダンス
私たちのグループって、気の強い子が多くて、もめごとが絶えなかったの。そこで、だれかがケンカしそうだなっていう時、おもしろ半分に右足を上げ下げしながら"ウサギのダンス、ウサギのダンス"って、はやしたの。そしたら、みんな吹き出しちゃって。もめごとが起きそうな時、みんなでやってるんだ。（ウサリン）

緊張した場が和むグッドアイデアな「へまじない」。

めざせ！両思い!!
755
やりすぎると、かわいそーかも…
チョークばらりんこ
黒板に"私"と何度も書いて消した時のチョークの粉（書く回数が多ければ多いほど◎）を、彼の机の上にバラまいておくの。そして、その机のおくに、自分の名前と星座マークを書いた紙をはっておきます。そうすると、いつのまにか♡（I'm Lemon）

やりすぎると迷惑行為になるので要注意!!

645
好きな歌手がベストテン1位！
天までのぼれ
ベストテンなどで、好きなスターにどうしても1位になってほしい時は、自分の家の天井に手がつくくらい高いところ（机の上など）に登って、**天井に**両手をあてて念じます。そして、スターの年齢の数だけ数えるあいだ、手を天井にくっつけているの。わりとききますよ！　でも、落っこちないようにじゅうぶん気をつけてね！（優美）

好きなスターの曲のベストテン1位を願う、いじらしい「へまじない」！

ここで紹介したおまじない、呪文は……

『ドキドキ不思議じゅもん』1986年、『My Birthday特別編集 わたしの知ってるおまじない1000』1987年、『My Birthday特別編集 ざ・おまじない1000』1988年（すべて実業之日本社）より

左から「北極星ペンダント（ティタニア）」
「フェアリーコインペンダント」
「ユニコーンペンダント」

左から
「アルテミスペンダント」
「フェアリーコインペンダント
（ミンミン）」

全員プレゼントやグッズの通販ページなどで手に入れることができた、MBオリジナルのペンダント！ お守り代わりに身に着けてました♪

TRAPS 恋成就御守、
TRAPS キーホルダー、
TRAPS ペンダント、TRAPS 指輪

人間関係をスムーズにするおまじない護符「TRAPS魔法陣」シリーズは「効き目バツグン！」と大評判を呼んだ人気アイテム。ペンダントの裏には、マークさん（マーク・矢崎治信）が希望ネームを彫ってくれる！

今も大事に持ってる人、手を挙げて〜！懐かしのMBグッズ

雑誌から巻き起こった占いブームに乗って、
さまざまな「My Birthday」グッズが登場！

明治キャンデー My Birthday

80年代末にはお菓子まで発売に！ おまけの「おまじないペンダント」も大好評の甘酸っぱいキャンディー。

明治製菓

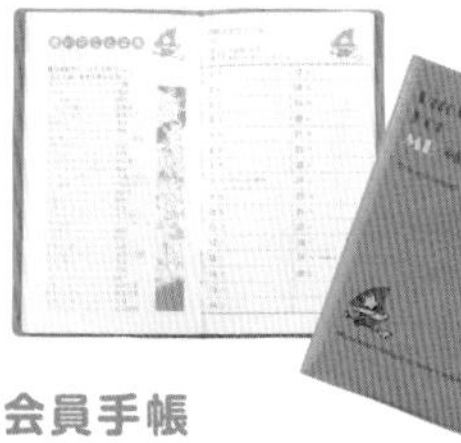

MB会員手帳

毎年募集のあった会員制度「MBメイト」の特製手帳。「MBメイト」の一員であることの誇りを持って生きよう！

My Birthday編集部（実業之日本社）

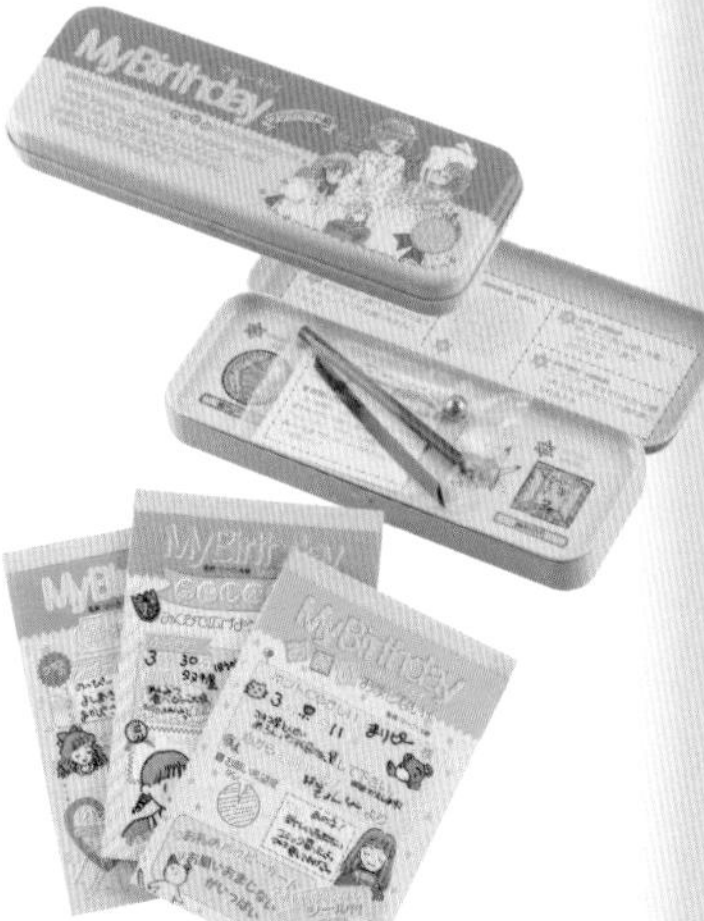

マーク・矢崎 監修 My Birthday 缶ペン プライベート編（上） My Birthday おまじないメモ帳（中） おまじないノート（下）

89年ごろに発売されていた文房具シリーズ。「缶ペン」は魔法陣を使っておまじないができる本格仕様♡「おまじないメモ」をクラスで回覧すれば人気者に!? A4判の「おまじないノート」も。

すべてセイカノート〈年代不明〉

My Birthdayふろく 魔女っこパック おまじないかわら版

本誌だけでも大充実なのに、新聞風の「おまじないかわら版」や別冊の占いブック、切り取って使える護符やカードなど、「MB」ならではのふろくはどれも楽しみだった！

「My Birthday」1986年2月号ふろく「魔女っこパック」／「My Birthday」1989年10月号ふろく「おまじないかわら版」（ともに実業之日本社）

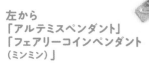

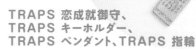

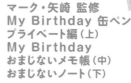

特別インタビュー

「My Birthday」元編集長 酒井文人さん

「My Birthday」初代編集長の酒井さん（説話社代表）に、創刊のきっかけや雑誌が全国的にブレイクしたころのお話など、貴重なヒストリーを伺いました。

「My Birthday」（実業之日本社）1979年5月創刊号

編集プロダクション「説話社」は1977年に設立しました。いくつかの出版社の雑誌の編集ページを請け負っていましたが、実業之日本社・柴野さんからの依頼で、子ども向けのポケット百科を作り始めました。納期の短いポケット百科の編集を通じて、我々の編集力とスピード感、そして売れる本が作れるということを分かっていただいたのが、その後「My Birthday」の編集を委託されるきっかけになったのだと思います。

実業之日本社には「少女の友」（明治41〜昭和30年）という伝統的な少女雑誌があり、少女のための新しい雑誌をまたやりたいという構想があったようです。そこで目を付けたのが「占い」でした。当時占いは大人向けだったんですね。どちらかというと、怖いことを言って驚かすというようなな。でも思春期の少女たちは「自分はどういう人なんだろう」とか「あの人は何を考えているんだろう」というようなことを考え始めるんです。占いは、思春期の少女に夢を与え、人生の悩みを解決する手助けになると考えました。友達との話題のひとつにもなりますよね。

雑誌名は実業之日本社の柴野さんが「Birthday」はどうかな、と案を出しました。10代の女の子にとって誕生日は特別な意味を持っています。一つひとつ大人になっていく。そして、自分のこと、これからの自分を考える大切な日だということで「My」を付けました。

「My Birthday」（実業之日本社）1989年3月号ふろく「魔女っこハウス新聞」

売りものの記事として、星座ごとの毎日の占いを載せることにしました。表紙は写真ではなく、少女漫画風のロマンチックでインパクトのあるものにしようと、まつざきあけみ先生に依頼しました。実売部数は創刊後1年で10万部に達し、最盛期には40万部を突破したんです。「My Birthday」は読者の口コミで広がった雑誌。関連雑誌も含めると、1日に郵便件数が5千通、ひと月に十万通の郵便物が編集部に届くようになりました。手紙の内容はさまざまで、恋や友情、進路の問題の相談や、自分の心境をつづったもの、自作のポエムやイラストなどが大量に届き、担当者が一枚一枚仕分けして読んでいましたね。

とくに反響のあった記事はやはり「おまじない」です。「ハローバースデイ」という読者コーナーで、読者が考えた的中率バツグンのおまじないを紹介したのがきっかけでした。読者の考えたおまじないはとても簡単にできて、電話機やアルミホイルなど身の回りの素材を使ってできるというのがよかったのでしょうね。編集部を訪ねてくる読者のための憩いの場所を作ろうと、87年には「魔女っこハウス」をオープンさせました。編集部から早稲田駅まで、少女たちの長い行列ができていたのも思い出です。全員プレゼントのアクセサリーは、多い時は10万個ほど売れたこともありました。「My Birthday」は「占い」を怖いものではなく、人生や友達作りに前向きに活かせる雑誌。つまり、「占い」を超えた雑誌だったんですね。

MB読者必見！「マイカレWeb」

日本で唯一の占い雑誌「My Calender（マイカレ）」がWeb版となってリニューアル。占いにまつわる情報のほか、酒井さんによるMBの編集エピソード連載も。
https://mycale366.jp/

いつでもどこでも神頼み!

占いファンシーアイテム

80年代後期の「占い&おまじないブーム」の真っ只中、ファンシー文具業界にもその波が押し寄せた! いつでも占い&おまじないモードになれる、キュートなファンシーアイテムが勢ぞろいです♪

ミニサイズの恋みくじ♡

恋占い みくじ筒

メーカー不明〈年代不明〉

キーホルダータイプの「恋占い みくじ筒」があれば、どんなときも恋の行方を占えちゃう! 意外と芯を突く結果が出てドキッ!?

当たるも八卦、当たらぬも八卦じゃ!

おみくじ消しゴム

サンエックス〈1986年〉

サンエックスのユル〜い占いシリーズ。消しゴムのケース裏に占いが書いてあるゾ。

そっと手紙に忍ばせて♡

恋ぐすり

サンエックス〈1987〉

彼チャマへのラブレターにそっと忍ばせて使う、「恋ぐすり」という名の香り玉。これでデートは大成功!?

おまじないNOTE

サンエックス〈1988〉

サンエックスの「おまじないランド」シリーズのノート。32ページ、全部違う占いやおまじないが載っていて、もはやノートというよりおまじないブック!

32ページ分のおまじないを掲載!

神のおつげ キッズバン

ユーカリ社〈年代不明〉

ユニークな絆創膏が人気だった80年代、占いのできるタイプも登場。これぞ「ケガの功名」か?

ケガの功名!? 占い付き絆創膏!

おまじないキュートバン

サンエックス〈1988〉

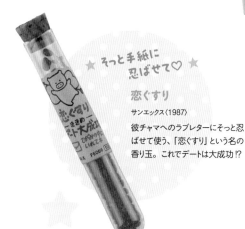

ゆかしなもんの!

'80sガールズカルチャー年表

世の中のトレンドやガーリーカルチャーのトピックを振り返る♡
アツすぎる激動の80年代よ、フォーエバー!

世の中の流行&ガールズトピック

(昭和55年) 1980年

ラジカセで流す音楽に合わせ、奇抜な衣装で踊る竹の子族が原宿のホコ天で流行

B&B、紳助・竜介らによる漫才ブーム

「3年B組金八先生」第2シリーズ放送。「腐ったミカン」のフレーズが話題に

松田聖子「青い珊瑚礁」
田原俊彦「哀愁でいと」でデビュー♡

山口百恵引退。
自叙伝『蒼い時』がベストセラーに

(昭和56年) 1981年

「ぶりっ子」という言葉が一般に広まる

免許証風カードでお馴染み、なめ猫が大流行

ナメンナヨ

ピンク・レディー解散

「今夜は最高!」「オレたちひょうきん族」
「欽ドン! 良い子悪い子普通の子」が放送スタート

パーデンネン! パ~

寺尾聡の歌う「ルビーの指環」が「ザ・ベストテン」で12週連続1位を獲得

『窓ぎわのトットちゃん』(黒柳徹子)
『なんとなく、クリスタル』(田中康夫)

アニメ 少女漫画

1980年

セキグチの人気キャラクター「モンチッチ」がアニメ化
(「ふた子のモンチッチ」)

p.62

60年代から続いた「東映魔女っ子シリーズ」の最終作「魔法少女ララベル」放送

p.43

「ドラえもん」(藤子・F・不二雄)
映画第1作「ドラえもん のび太の恐竜」公開

1981年

「なかよし」(講談社)の人気連載「おはよう! スパンク」
(原作・雪室俊一、作画・たかなし♡しずえ)がアニメ化。
のちにイタリアでも人気を博す

p.18

「Dr.スランプ アラレちゃん」(鳥山明/集英社)のアニメ放送スタート。関連玩具も大人気

ほよよ~♪

高橋留美子「めぞん一刻」「うる星やつら」などの人気で少年漫画誌の女性読者が急増

「機動戦士ガンダム」がアニメ再放送をきっかけに社会現象に。劇場版映画が公開され、プラモデル「ガンプラ」がブームとなる

おもちゃ ファンシー&キャラクター

1980年

LSIゲーム「ゲーム&ウオッチ」
(任天堂)

「ルービックキューブ」
(ツクダオリジナル 現パルボックス)

「ドラえもん ドンジャラ」
(ポピー 現バンダイ)

清里ブーム到来。牛さん、MILKなどメルヘンアイテムが流行

テニス、レンタサイクル、ソフトクリーム…

p.53

「あみもの教室」「手織教室」(タカラ ※当時)など、女児ホビーラインの商品がじわじわと人気に

「スパンクのクッキー・クッキング」
「スパンクのタイプライター」
(ポピー 現バンダイ)

レッツチャット
バイキンくん
(ソニー・クリエイティブプロダクツ)

p.80
p.81

1981年

「んちゃアラレちゃん」
(ポピー 現バンダイ)

p.88

金太くん
MILK TEEN
NYANNEES
(ミドリ 現デザインフィル)

「リカちゃんのカードクッキング」
「メイクちゃん」
(タカラ ※当時)

ヘッドストロング
(コクヨ)

p.93

「マジック・スネーク」
(ツクダオリジナル 現パルボックス)

p.92

otto tot(コクヨ)

「あくま島脱出ゲーム」(エポック社)
「チクタクバンバン」(野村トーイ)

ジョーカーフェイス
(サンエックス)

p.86

※各年度内は順不同。また、掲載した商品や曲、書籍その他は発売年ではなく、多く流通した(ヒットした)年度に記載している場合があります。

(昭和57年) 1982年

世の中の流行&ガールズトピック

「笑っていいとも!」「タモリ倶楽部」放送スタート

中森明菜、小泉今日子、早見優、堀ちえみ、シブがき隊ら「花の82年組」がデビュー!

現役女子大生デュオ、あみんのデビュー曲「待つわ」が大ヒット。この年のシングル年間ベスト1に

『ルンルンを買っておうちに帰ろう』(林真理子)

「オリーブ」(マガジンハウス)「Lemon」(学習研究社)創刊

映画「E.T.」(スティーブン・スピルバーグ監督)日本公開

アニメ 少女漫画

「あさりちゃん」(室山まゆみ/小学館)アニメ化

池野恋「ときめきトゥナイト」が「りぼん」(集英社)で連載スタート。同年、アニメ化も果たす p.16

魔法少女ブームの先駆けとなった「魔法のプリンセス ミンキーモモ」(葦プロダクション)放送スタート p.44

NHK「おかあさんといっしょ」で「にこにこぷん」スタート

じゃじゃまる、ぴっころ、ぽろり♡

おもちゃ ファンシー&キャラクター

「あさりちゃん ぐるぐるペン」(ポピー 現バンダイ)

「魔法のプリンセス ミンキーモモ ピカピカペンダント」(ポピー 現バンダイ) p.44

絵本から生まれた「星座のティンクルちゃん」、玩具や文具にも展開 p.100

ガーデンスタッフ(コクヨ) p.93

米マテル社のファッションドール「バービー」がタカラ(当時)から発売。関連玩具がコンスタントにヒット

A.H.O(ユーカリ社)

(昭和58年) 1983年

世の中の流行&ガールズトピック

東京ディズニーランド開園

朝ドラ(NHK連続テレビ小説)「おしん」最高視聴率62.9%を記録

わらべ「めだかの兄妹」
杏里「キャッツ・アイ」
ラッツ&スター「め組のひと」

フジテレビの深夜番組「オールナイトフジ」から女子大生ブームに火が付く

アニメ 少女漫画

ぴえろ魔法少女シリーズの第1作となる「魔法の天使クリィミーマミ」放送スタート p.45

「キン肉マン」(ゆでたまご/集英社)アニメ化。キン肉マン消しゴム・通称「キン消し」が大ブーム

女子小学生を対象とした漫画雑誌「キャロル」(講談社)創刊

おもちゃ ファンシー&キャラクター

東京ディズニーランド開園に合わせて関連玩具が続々登場

「ファミリーコンピュータ」(任天堂)発売。瞬く間に大ヒットして社会現象に

タマ&フレンズ うちのタマ知りませんか? p.82

マリーン スカウツ(ソニー・クリエイティブプロダクツ) p.81

ファンシーグッズで和風キャラが躍進

ドジでノロマな亀！
「スチュワーデス物語」

金妻シンドローム
「金曜日の妻たちへ」

山田太一原作・脚本
「ふぞろいの林檎たち」

♥
「オリーブ」(マガジンハウス)が「リセエンヌ宣言」。オリーブ少女たちのあいだでパリの女学生をお手本にしたスタイルが大流行

ロサンゼルスオリンピック開催

長与千種とライオネス飛鳥の「クラッシュ・ギャルズ」人気により女子プロレスブーム

実録モノ
「不良少女とよばれて」
「スクール☆ウォーズ」

東京、名古屋、鹿児島の動物園でコアラの飼育開始。一目見ようと大行列に

♥
70年代後半に始まったDCブランドブームが加速

わらべ「もしも明日が…。」
チェッカーズ「涙のリクエスト」
松田聖子「Rock'n Rouge」
中森明菜「十戒」

「愛してナイト」(多田かおる/集英社)、「伊賀野カバ丸」(亜月裕/集英社)、「みゆき」(あだち充/小学館)、「キャッツ♥アイ」(北条司/集英社)、「キャプテン翼」(高橋陽一/集英社)がアニメ化

ノルウェーの児童文学が原作の「スプーンおばさん」がNHKで放送開始

p.9
読み切り系漫画雑誌「ジュリエット」(講談社)創刊

パピィVS北野くん！
いまも熱狂的なファンを持つ、岡田あーみん「お父さんは心配症」が連載開始(りぼん/集英社)

宮崎駿監督による映画「風の谷のナウシカ」公開

コアラ人気に関連し、コアラが主人公のアニメが制作される。(「ふしぎなコアラ ブリンキー」「コアラボーイ コッキィ」)

「まんがはじめて物語」シリーズ第2弾「まんがどうして物語」スタート。その後、「まんがなるほど物語」(86年〜)へと続く

p.46

「ガラスの仮面」(美内すずえ/白泉社)、「魔法の妖精 ペルシャ」(青沼貴子/集英社)がアニメ化

アニメ「愛してナイト」も登場！
占いができるLSIゲーム「ハーピット」(バンダイ)が女の子の間で話題沸騰

p.55

米国発の通称「キャベツ人形」(キャベッジ・パッチ・キッズ)が人気

動物番組やCMで話題となったエリマキトカゲの玩具が続々登場

ミスタードーナツ×原田治コラボスタート

p.61
「リカちゃんのマクドナルドショップ」(タカラ ※当時)発売。その後シリーズがリリースされるヒット商品に

p.86
ヘルシーモーモー
MERRY POPORIN
(サンエックス)

トリプレッツ3J
(コクヨ)
p.93

p.94
レモンヴィレッジ
(学研ステイフル)

p.81
うめぼしごふぁん
やったぁ！晴れたっ！
(ソニー・クリエイティブプロダクツ)

p.87
ペンシルクラブ
それはヒミツです
(サンエックス)

イーストボーイ
(ジャパンクラフト)

さてんのに〜ちゃん
(ユーカリ社)

(昭和60年) 1985年

(昭和61年) 1986年

世の中の流行&ガールズトピック

1985年

国際科学技術博覧会「科学万博つくば'85」開催。ロボットのパビリオンが話題に

p.104

「夕やけニャンニャン」(フジテレビ)で結成されたおニャン子クラブがデビュー。衣装の「セーラーズ」も注目の的に

ミポリン(中山美穂)ドラマデビュー作！主題歌はC-C-B

「毎度おさわがせします」シリーズ

初代・麻宮サキは斉藤由貴

「スケバン刑事」シリーズ

チェッカーズ「ジュリアに傷心」「あの娘とスキャンダル」

中森明菜「飾りじゃないのよ涙は」「ミ・アモーレ」

松田聖子「天使のウィンク」

パステルカラーが流行(家電、ファッション、ファンシーグッズ)

1986年

「鶴ちゃんのプッツン5」「痛快なりゆき番組　風雲！たけし城」「加トちゃんケンちゃんごきげんテレビ」放送スタート

映画「霊幻道士」が日本でも公開され大ヒット。のちに多くのキョンシー作品がつくられる

さんま&しのぶ

「男女7人夏物語」

タカ&ユージ

「あぶない刑事」

アニメ　少女漫画

1985年

「ASUKA」(角川書店)創刊。人気連載「花のあすか組！」(高口里純)は88年にテレビドラマ化されヒット

岡崎京子、桜沢エリカ、内田春菊らによる大人女子漫画に注目が集まる

83年にCM(サントリーCANビール)で人気となったペンギンを主人公にした映画「ペンギンズ・メモリー 幸福物語」公開

「は〜い ステップジュン」(大島やすいち／講談社)、「タッチ」(あだち充／小学館)、「プロゴルファー猿」(藤子不二雄A／小学館)、「アルペンローゼ」(赤石路代／小学館)がアニメ化

1986年

「りぼん」(集英社)が発行部数200万部突破

「ちびまる子ちゃん」(さくらももこ)が「りぼん」(集英社)誌上で連載スタート。のちにアニメ化もされ、現在も続く国民的人気作品に

80年代後半の「なかよし」(講談社)を代表する人気作品「なな色マジック」(あさぎり夕)連載開始

玖保キリコによる「いまどきのこども」がその人気により文具やお菓子にも登場

うさぎのパティが主人公の「メイプルタウン物語」が玩具とともにヒット

おもちゃ　ファンシー&キャラクター

1985年

「シルバニアファミリー」(エポック社)など、ドールハウスと動物をモチーフにしたフロッキー人形の玩具がブーム

ファミコン用ソフト「スーパーマリオブラザーズ」(任天堂)発売

愛の使者です♡

焼そばのCMでウーパールーパーが話題となり、ぬいぐるみなど関連玩具が登場

SPORTS WAVE(サンエックス)

p.86

1986年

モノトーンでカッコいい！

フィリックス・ザ・キャットの雑貨が人気を博す

タカラ(当時)からファッションドール「ジェニー」発売

p.57

(昭和62年) 1987年

子猫のチャトランの冒険を描いた
映画「子猫物語」(監督・畑正憲)公開

前年に「仮面舞踏会」でデビューした
少年隊が各音楽賞の新人賞を総ナメ

バブル景気到来

♥ 「ピチレモン」(学習研究社)創刊

♥ DCブランド全盛期でモノトーンブーム

光GENJI「STAR LIGHT」でデビュー

視聴者参加型お見合い番組「ねるとん紅鯨団」
放送スタート。「大どんでん返し」
「ちょっと待ったコール」などのフレーズも話題に

娘役は国民的美少女・ゴクミ(後藤久美子)
「ママはアイドル」

田村正和・主演のホームコメディ
「パパはニュースキャスター」

マイケル・ジャクソン初来日ツアー

ホイチョイ・プロダクションズ原作シリーズ
第一弾・映画「私をスキーに連れてって」
(主演・原田知世)公開

『サラダ記念日』(俵万智)
『ノルウェイの森』(村上春樹)

♥ 女子高生を中心に朝シャンが流行
ワンレン、ボディコンブーム

「ドラゴンボール」(鳥山明/集英社)、
「めぞん一刻」(高橋留美子/小学館)、
「光の伝説」(麻生いずみ/集英社)、
「ファミリー!」(渡辺多恵子/小学館)がアニメ化

映画「天空の城ラピュタ」(スタジオジブリ)公開

ロッテのシール入り菓子「ビックリマンチョコ」が
一大ブームとなり、アニメ化も果たす

人気占い誌「My Birthday」から
派生した漫画雑誌「おまじないコミック」
(実業之日本社)が月刊化

鈴木由美子「白鳥麗子でございます!」
(講談社)が連載開始。
89年にテレビドラマ化もされた

p.36
漫画家として活動していた折原みとが
少女小説家としてデビュー。のちに
『時の輝き』(講談社)などベストセラーを連発

「陽あたり良好!」(あだち充/小学館)、
「きまぐれオレンジ☆ロード」(まつもと泉/集英社)、
「シティーハンター」(北条司/集英社)アニメ化

「チャプチャプ人魚ちゃん」(タカラ ※当時)
「おしゃれメイク・アンナ」(バンダイ)
「ソフトクリームハウス いただきます」(バンダイ)
「ふわふわわたあめ」(トミー ※当時)
「ゲゲゲの鬼太郎 ゲゲゲハウス」(バンダイ)
p.53

ピニームー(サンエックス)
p.87

MINEKO CLUB
(ミドリ 現デザインフィル)
p.88

「ブタミントン」(野村トーイ)
「フラッフィーバルーン」(セキグチ)
p.62

(昭和63年) 1988年

(昭和64年／平成元年) 1989年

世の中の流行&ガールズトピック

「君が嘘をついた」(主演・三上博史)
「君の瞳をタイホする」(主演・陣内孝則)など
トレンディドラマブーム。「抱きしめたい！」では
W浅野(浅野温子、浅野ゆうこ)の共演が話題に

「ガラスの十代」「パラダイス銀河」の
ヒットで光GENJIが社会現象を巻き起こす

人気タレントのグッズを販売する
タレントショップが原宿を中心に乱立

邦ちゃん、マーシー、所さん、のりピー…

ソウルオリンピック開催

男闘呼組「DAYBREAK」でデビュー

♥「Hanako」(マガジンハウス)創刊

♥「渋カジ」ブーム

紺ブレ、リーバイス501、ルイ・ヴィトンのボストン……

元号が昭和から平成へ

消費税スタート(3パーセント)

山田邦子初冠番組「邦ちゃんのやまだかつてない
テレビ」スタート。KAN「愛は勝つ」、
大事MANブラザーズバンド
「それが大事」など数々のヒット曲も生まれる

やまかつファミリー！

第二次バンドブームの最中、「平成名物TV
三宅裕司のいかすバンド天国」が話題に

『TUGUMI』(吉本ばなな)

アニメ　少女漫画

女子小学生向け漫画誌「ぴょんぴょん」
(小学館)創刊

p.11

「動物のお医者さん」(佐々木倫子)が「花とゆめ」(白泉社)で
連載開始。2003年にテレビドラマ化

「週刊ヤングマガジン」(講談社)で連載されていた「AKIRA」を、
原作者・大友克洋が自ら監督してアニメ映画化

映画「となりのトトロ」「火垂るの墓」
(スタジオジブリ)公開

「レディ!!」(英洋子／秋田書店)、
「ホワッツ マイケル？」
(小林まこと／講談社)がアニメ化

実在のタレントとタイアップしたアニメ
「アイドル伝説 えり子」(葦プロダクション)が
大人気に。関連する玩具もヒット

p.42

女性漫画家集団「CLAMP」が
商業誌デビュー。のちに
「カードキャプターさくら」(講談社)
などヒット作を生み出す

映画「魔女の宅急便」(スタジオジブリ)公開

おもちゃ　ファンシー&キャラクター

アニメ「ひみつのアッコちゃん(第2作)の関連玩具
「ひみつのアッコちゃん テクマクマヤコンコンパクト」
(タカラ ※当時)がヒット

MR.FRIENDLY
(スーパープランニング)

p.102

やなせたかし・原作アニメ
「それいけ！アンパンマン」の
放送がスタート。関連玩具も発売開始

「のらくろくん のらくろロック」(タカラ ※当時)
「レディレディ!! ひみつのかぎペンダント」
(バンダイ)
「モコリンペン」(トミー ※当時)

前年に発売された「フラワーロック」
(タカラ ※当時)が大流行

音に反応して動くよ♪

「ゲームボーイ」(任天堂)発売

東映不思議コメディーシリーズが
「魔法少女ちゅうかなぱいぱい」
「魔法少女ちゅうかないぱねま」など
美少女シリーズに路線変更。
変身アイテムをはじめとする玩具も発売される

【 staff 】

アートディレクション+デザイン:松永 路
デザイン:井上直子
撮影:蟹 由香
編集:大庭久実(グラフィック社)
編集協力:今井夕華、森 かおる

【 画像データ/撮影物 提供先一覧(順不同、敬称略) 】

〈p.16右下、p.45〉株式会社まんだらけ 〈p.21上〉たちいりハルコ 〈p.16,19,38〜45〉東映アニメーション株式会社、株式会社トムス・エンタテインメント、日本アニメーション株式会社、東宝株式会社、株式会社ぴえろ、株式会社葦プロダクション、株式会社エイケン、株式会社日本アドシステムズ、株式会社ICHI 〈p.47〉株式会社TBSテレビ 〈p.48,49〉株式会社毎日新聞社 〈p.50〉東宝株式会社 〈p52,53左下, 57上,58,59,61下,70左下〉 株式会社タカラトミー 〈p.59左上から2番目,60,61上・中〉一般財団法人日本玩具文化財団 〈p.56上,62上〉株式会社セキグチ 〈p.62左下〉オリエンタルトーイ株式会社 〈p.57下,63上〉株式会社オオイケ 〈p.63下〉株式会社サン・アロー 〈p.64〜p.69〉株式会社吉徳 〈p.70〉株式会社キデイランド 〈p.83,85上〉株式会社ソニー・クリエイティブプロダクツ 〈p.89〜p.91〉株式会社デザインフィル 〈p.54,100,101〉株式会社TWINKLE 〈p.102,103〉株式会社スーパープランニング 〈p.104右上〉公益財団法人 つくば科学万博記念財団 〈p.106〜p.119〉味の素AGF株式会社、エスビー食品株式会社、味覚糖株式会社、クラシエフーズ株式会社、カバヤ食品株式会社、江崎グリコ株式会社、株式会社扇雀飴本舗、株式会社不二家、株式会社ブルボン、株式会社明治、森永製菓株式会社、雪印メグミルク株式会社、株式会社ロッテ 〈p120,121〉佐久間由紀子 〈p124,125〉株式会社資生堂、ライオン株式会社、ニベア花王株式会社、ユニリーバ・ジャパン株式会社 〈p.139〜p.141〉大高輝美 〈p.142上〉株式会社あかね書房 〈p.145左下〉株式会社説話社
※ここに記載した以外は、本書著者の私物を中心に掲載しています。

【 主な参考文献(順不同) 】

『私の少女マンガ講義』萩尾望都・著(新潮社) 『日本マンガ全史』澤村修治・著(平凡社) 『別冊太陽 子どもの昭和史 少女マンガの世界II 昭和38年—64年』(平凡社) 『デザインのひきだし』39号「アノニマスデザイン史 第14夜 デザインの遊歩道/りぼん」デザインのひきだし編集部・編(グラフィック社) 『コバルト文庫40年カタログコバルト文庫創刊40年公式記録』烏兎沼佳代・著(集英社) 『コバルト文庫で辿る少女小説変遷史』嵯峨景子・著(彩流社) 『日本TVアニメーション大全』(世界文化社) 『'80s&'90s魔女っ子おもちゃブック』愛原るり子・著(グラフィック社) 「月刊トイジャーナル」(東京玩具人形協同組合) 『リカちゃん 生まれます』小島康宏・著(創美社) 『'90s〜2010s サンリオのデザイン』グラフィック社編集部・編、株式会社サンリオ・監修(グラフィック社)

ゆかしなもん

1975年生まれ。2010年より「昭和的ガーリー文化研究所」として文具、漫画、アイドルなど1970～80年代の昭和ガーリーカルチャーを懐古&発信するブログをスタート。同テーマに関する雑誌への寄稿や、イベント、グッズの監修等を行う。2017年、自身の1500点を超えるコレクションから選りすぐりのファンシーグッズを展示した「'80sガーリーコレクション～"カワイイ"は時間を超える～」展を監修(宝塚市立手塚治虫記念館)。2019年「昭和ファンシーミュージアム(昭和レトロ　懐かわいい市)」(渋谷ヒカリエ・ShinQs)、2023年「'80sガーリーコレクション展」(なんばパークス)監修。単著に『'80sガーリーデザインコレクション』(2017年)、『'80sガーリー雑誌広告コレクション』(2018年)、『'80s少女漫画ふろくコレクション』(2019年、すべて小社刊)がある。

ゆかしなもんの
'80s《エイティーズ》ガーリーカルチャーガイド

2023年5月25日　初版第1刷発行

著　者　ゆかしなもん
発行者　西川正伸
発行所　株式会社 グラフィック社
〒102-0073 東京都千代田区九段北1-14-17
TEL 03-3263-4318　FAX 03-3263-5297
http://www.graphicsha.co.jp
振替 00130-6-114345
印刷・製本　株式会社シナノパブリッシングプレス

定価はカバーに表示してあります。
乱丁・落丁本は、小社業務部宛にお送りください。小社送料負担にてお取り替え致します。

本書に掲載されている商品は、一部を除き現在販売されておりません。各メーカー、制作会社、発売元、その他関係者へのお問い合わせはご遠慮下さい。
なお、本書の出版にあたり、掲載物の著作権所有者に可能な限りご連絡を取ることを努めましたが、最終的にご連絡を取ることができなかった権利者の方がいらっしゃいます。不行き届きをお詫びするとともに、情報をお持ちの方がいらっしゃいましたら小社編集部までご一報頂けると幸いです。

ISBN978-4-7661-3717-0 C0076